石勒

奴隶皇帝——后赵明帝

王平客 著

中国书籍出版社
China Book Press

图书在版编目（CIP）数据

奴隶皇帝：后赵明帝石勒 / 王平客著. — 北京：中国书籍出版社, 2021.6
ISBN 978-7-5068-8272-9

Ⅰ.①奴… Ⅱ.①王… Ⅲ.①石勒（274-333）-传记 Ⅳ.①K827=38

中国版本图书馆CIP数据核字(2021)第000919号

奴隶皇帝：后赵明帝石勒

王平客 著

责任编辑	王志刚　刘　娜
责任印制	孙马飞　马　芝
版式设计	添翼图文
出版发行	中国书籍出版社
地　　址	北京市丰台区三路居路97号（邮编：100073）
电　　话	（010）52257143（总编室）（010）52257153（发行部）
电子邮箱	chinabp@vip.sina.com
经　　销	全国新华书店
印　　刷	三河市顺兴印务有限公司
开　　本	710毫米×1000毫米　1/16
字　　数	300千字
印　　张	18
版　　次	2021年6月第1版　2021年6月第1次印刷
书　　号	ISBN 978-7-5068-8272-9
定　　价	56.00元

版权所有　翻印必究

前言

从两汉到隋唐，之间有魏晋南北朝。"魏晋"二字其实还不能准确表达当时的历史，因为还有两个国家与魏并存，而晋在时间上还分西晋与东晋，所以也称"三国两晋"。然而"两晋"以及"南北朝"也不能准确表达当时的历史，因为还有"十六国"与其并列一段时间。

准确地讲，十六国时期开始于西晋惠帝建武元年（304），结束于南朝宋文帝元嘉十六年（439），也是北朝魏太武帝太延五年。也就是说，西晋还没有结束时，十六国便开始了。至于东晋，则完全与十六国并列，而南北朝开始后，十六国时期尚未结束。

十六国时期前后长达整整一百三十五年。在这一百三十五年中，前后主要出现了十六个国家。这些国家存在的时间大都很短，最长的六十二年，最短的只有十二年。十六国中，最多时八个国家同时并列，最少时只有一个国家，即前秦。

十六个国家的疆域有大有小，最大的是前秦，拥有整个北方，与南方的东晋对峙。按西晋十九州来说，前秦拥有其中的十四个州，而东晋则有五个。疆域大小仅次于前秦的是后赵。后赵拥有十九州中的十个州。前秦、后赵都占据中原，地跨关东、关西，比东晋强盛。十六国中，比前秦、后赵还要小的国家，有的只在关东，有的只在关西，有的只有一个州大小，有的甚至比一个州还小，大多局促一隅。

十六个国家共有六十六位帝王，有作为的比较少。前秦是一个很了不起的国家，相应地，前秦的天王苻坚在历史上的评价也很高。苻坚最大的功绩便是完全统一了北方。然而笔者认为，后赵开创者石勒才是十六国中最有本领的一位帝王。

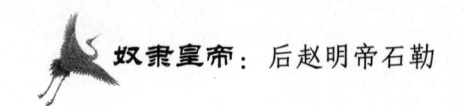

从个人角度来看，苻坚是个悲剧，而石勒不是。苻坚在世时，他的国家便四分五裂，自己本人还被俘虏、囚禁，最终被杀，年仅48岁。石勒60岁病逝，算是善终。石勒的儿子石弘继位不久，为石勒立下汗马功劳的侄儿石虎便夺了石弘的皇位。石虎虽然残暴，但还能维持后赵强盛地位，并且持续了十余年。

从后赵国的创立到强盛，可以看出石勒的才能要强于苻坚。石勒的后赵国虽然比前秦小一些，但攻城略地一点不比前秦容易。前秦消灭一个前燕，即能称雄北方。其实前燕当时已经过了强盛之时，有能力的人要么去世，要么离开，其国已经腐朽，灭亡只是迟早之事。前凉也同样如此，最终被前秦消灭，都在情理之中。

苻坚出身贵族，而石勒曾沦为奴隶，是古代帝王中最为低微的一位。从奴隶到将军的，可能不少，而从奴隶到皇帝，中国历史上只有这么一位。不识字的皇帝可能不止一位，而不识字却喜爱听读史书并且十分重视教育的皇帝可能只有石勒一个。石勒的成功，是一个传奇，他的军事指挥才能、驾驭部下的才能、政治才能都值得我们去了解、研究。

石勒是羯族人，是五胡之一，生活在乱世之中，然而乱世并非石勒所致。石勒曾滥杀兵民，但后来有了很大转变，不仅不准屠杀，还保护汉人士大夫。石勒的侄儿石虎是个暴君，但石虎不能代表石勒，也不能把石虎与整个羯族人等同起来。

总体来看，石勒是乱世中走出的一位英雄。1951年，毛泽东同志与纪登奎谈话时曾说："少数民族里，历史上也有了不起的人物呢。石勒算是一个。"毛泽东还说："两晋时出过一个马上皇帝石勒，他是一位很有军事统帅能力和政治远见的少数民族政治家。"军事科学出版社出版的《中国军事通史》评价石勒："少数民族出身的一位著名军事指挥家"。

就让我们看看史书上记载的石勒到底是怎样的一个人。

目录

第一章　北战南征 ················· 1
　　一、遭遇饥荒，沦为奴隶 ············· 3
　　二、追随汲桑，一攻邺城 ············· 9
　　三、激战白马，再攻邺城 ············ 12
　　四、不敌苟晞，又败赤桥 ············ 15
　　五、招降二张，投奔汉赵 ············ 18
　　六、会合王弥，三攻邺城 ············ 21
　　七、设君子营，任用张宾 ············ 24
　　八、助战上党，围城打援 ············ 27
　　九、攻略冀兖，斩杀刺史 ············ 30
　　十、重门盟誓，会攻洛阳 ············ 34
　　十一、进入豫荆，三战流民 ··········· 38
　　十二、挥师北上，决战宁平 ··········· 40

十三、东进蒙城，擒获苟晞 ……………………… 45
十四、设宴己吾，杀死王弥 ……………………… 47
十五、驻屯葛陂，刘琨来信 ……………………… 50

第二章　占据襄国 ……………………………… 53

一、遭遇困境，葛陂对策 ……………………… 55
二、率部北上，占据襄国 ……………………… 58
三、激战襄国，降段末柸 ……………………… 62
四、广宗城外，杀死祁弘 ……………………… 66
五、一败刘演，攻克邺城 ……………………… 68
六、攻打上白，遇到郭敬 ……………………… 71
七、言辞谦卑，谋图王浚 ……………………… 74
八、攻入幽州，擒获王浚 ……………………… 79
九、攻打邵续，欲讨曹嶷 ……………………… 83
十、攻打兖州，再败刘演 ……………………… 86
十一、击败刘琨，占领并州 ……………………… 89
十二、任用李回，安抚流民 ……………………… 92
十三、祖逖北伐，遭遇石虎 ……………………… 94
十四、刘曜即位，猜忌石勒 ……………………… 98
十五、石虎祖逖，激战浚仪 ……………………… 102
十六、孔苌北征，攻取幽州 ……………………… 105

第三章　称王建赵 ……………………………… 109

一、石勒称王，建立后赵 ……………………… 111
二、出兵厌次，擒获邵续 ……………………… 116
三、激战洛阳，俘获宋始 ……………………… 120

四、出兵兖州，徐龛一叛 ………………………… 123
　　五、祖逖北进，桃豹败退 ………………………… 125
　　六、南征徐龛，先降再叛 ………………………… 128
　　七、再攻厌次，擒获二段 ………………………… 131
　　八、治理国政，喜聚乡人 ………………………… 134
　　九、擒获徐龛，夺回兖州 ………………………… 137
　　十、祖逖病逝，祖约南撤 ………………………… 139
　　十一、张宾去世，石勒痛惜 ……………………… 143
　　十二、攻打曹嶷，占领青州 ……………………… 146
　　十三、出战徐州，横扫四郡 ……………………… 148

第四章　二赵相争 ………………………………………… **151**
　　一、攻打新安，二赵开战 ………………………… 153
　　二、宇文鲜卑，激战慕容 ………………………… 156
　　三、激战刘岳，石佗阵亡 ………………………… 158
　　四、石虎刘岳，大战洛阳 ………………………… 161
　　五、刘曜败退，刘岳被俘 ………………………… 164
　　六、击败李矩，表彰功臣 ………………………… 167
　　七、擒获祖济，威胁祖约 ………………………… 170
　　八、离开邺城，愤愤不平 ………………………… 172
　　九、推行考试，石勒改元 ………………………… 174
　　十、攻克南阳，进入荆州 ………………………… 177
　　十一、攻入扬州，击败祖约 ……………………… 180
　　十二、激战河东，石虎遭败 ……………………… 182
　　十三、石勒刘曜，决战洛阳 ……………………… 186
　　十四、进入长安，占领雍州 ……………………… 191

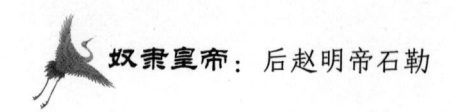

十五、攻取上邽，消灭汉赵 …………………………… 194

第五章　称雄北方 …………………………………………… **197**

　　一、代国归附，石勒称帝 …………………………… 199

　　二、南攻东晋，西使凉州 …………………………… 203

　　三、计退周抚，夺取襄阳 …………………………… 206

　　四、石生西进，威震凉州 …………………………… 209

　　五、接见使臣，三赦境内 …………………………… 212

　　六、海路南下，再袭东晋 …………………………… 214

　　七、郭敬大意，两失襄阳 …………………………… 216

　　八、修建邺宫，忠臣力谏 …………………………… 218

　　九、谈古论史，自知之明 …………………………… 221

　　十、治理雹灾，勤政爱民 …………………………… 224

　　十一、劝说石勒，铲除石虎 ………………………… 228

　　十二、身患重病，石勒去世 ………………………… 231

附　录 ……………………………………………………… **235**

　　西晋十九州 …………………………………………… 235

　　石勒"十八骑" ……………………………………… 238

　　石勒的文官武将 ……………………………………… 244

　　西晋君王及年号 ……………………………………… 251

　　东晋君王及年号 ……………………………………… 256

　　成汉国君王及年号 …………………………………… 263

　　汉赵国君王及年号 …………………………………… 266

　　后赵国君王及年号 …………………………………… 268

　　前凉国君王及年号 …………………………………… 271

　　十六国简介 …………………………………………… 276

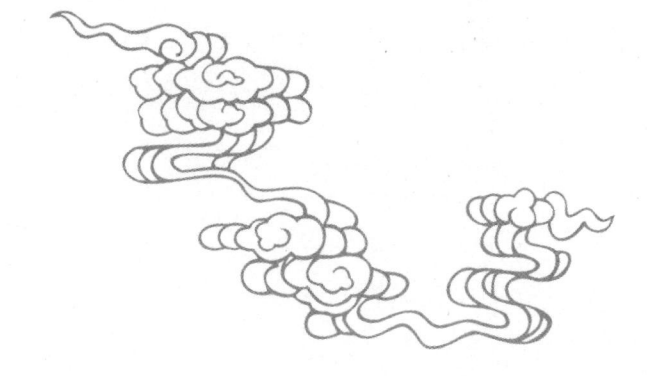

第一章　北战南征

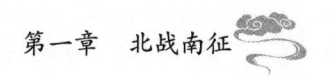

一、遭遇饥荒，沦为奴隶

石勒出生于西晋武帝泰始九年（274）。

晋武帝便是司马懿的孙子司马炎。这一年是司马炎建立西晋的第九年，但并没有完全统一天下，三国的最后一国东吴仍然苟活于江东，在位的是暴君孙皓。

石勒是并州上党郡武乡县（今山西省榆社县）羯族人。羯族是五胡之一，是匈奴别部羌渠的后裔。匈奴也是五胡之一，当时已经内迁入塞，也被称为南匈奴。羌渠是匈奴的一支部落，如同屠各部落一样，但屠各部落是匈奴中的贵族，而羌渠在匈奴部落中地位比较低。南匈奴当时已经被分为左、右、南、北、中五部，居住在并州境内，而羯族也在并州境内。

史书上说，石勒出生当日，满屋子都是红光，室外还有一道白气从天空一直连到庭院之中。这种异象记载，当然是后人附会的，因为石勒后来当了皇帝。历史上很多皇帝在出生时，都有异象记载，特别是平民出身的皇帝。

"石勒"这个名字是后来由别人起的，起初取名为匐（读音如贝）。石勒姓什么？史书上没有说清楚，"石"这个姓也是别人给起的。石勒父亲名叫周曷朱，但并不姓周，"周曷朱"只是一个名字，他还有一个名字叫"乞翼加"。石勒的祖父、父亲都曾担任过部落的小率。"小率"虽然不是什么大官，但也是一个小部落的首领，可见

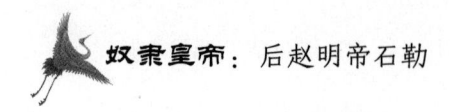

石勒的家世并不算很差。

然而石勒小时候没有读过书，所以基本不识字。

按石勒的家世，应当有条件去读书，之所以没有读书，一个很可能的原因就是他是羯族人，羯族人可能不必非得认汉字、读汉人的书。石勒从小生活在羯族人的环境中，羯族话肯定是会讲的，至于羯族人有没有文字，一时还说不清楚。汉语对石勒来说，是第二门语言。石勒当然也会讲汉语，能够与部落之外的汉人交流，至于汉字就不识几个了。

石勒十四岁那年曾与乡人到京都洛阳去贩卖货物。

这一年是西晋武帝太康八年（287）。晋武帝司马炎已经于七年前消灭了东吴，完全统一了天下。司马炎统一天下后，设立司州，至此，西晋王朝共有十九个州，即司州、平州、幽州、并州、冀州、青州、兖州、豫州、徐州、雍州、秦州、凉州、梁州、益州、宁州、扬州、荆州、广州、交州。每个州设若干郡国，十九个州共计一百七十三个郡国，每个郡国设若干县。州的最高官职为牧或刺史，郡的最高官职为太守，国则以内史代替太守，县的最高官职大县称令，小县称长。完整统一的西晋王朝是汉人与胡人的共同家园。在西晋王朝的十九州之中，不仅居住着大量汉人，还有许多胡人，主要有匈奴、鲜卑、羯、氐、羌等五胡，大都生活在北部州郡。

公元280年到公元289年的十年，四海康宁、天下繁荣，史称"太康之治"。从东汉末年天下大乱以来，华夏大地已经乱了将近一百年。"太康之治"可谓来之不易，但有人已经预言石勒会为祸天下。这人便是西晋朝廷的司徒王衍。王衍是在洛阳大街上看到十四岁的石勒后，作出这个预言的。

石勒当时在洛阳大街上叫喊贩卖，声音不同寻常，司徒王衍正好经过。王衍并没有停下他的车马，而是一边前行，一边对左右之人说道："刚才那个胡小子，我听他的声音、口气，确实与众不同，再看他的长相，更是非同寻常。我能看出，这个胡小子一定有非凡的志向，恐怕会成为天下的祸患。"王衍说完这话，便派人去捉拿石勒，然而石勒已经离开了。

唐朝诗人司空图也读过史书中的这段记载。司空图经过洛阳时，想起这段历史，便吟诗一首。这首诗名叫《洛阳咏古》，全文如下：

> 石勒童年有战机，
> 洛阳长啸倚门时。
> 晋朝不是王夷甫，
> 大智何由得预知。

王衍能够看出石勒是个胡人，看来石勒的长相与汉族人的长相还是有明显区别的。大致有两个方面的特征，一个是皮肤偏白，一个是眼眶深陷。王衍看出石勒将来会为祸天下，一定是后人附会的。王衍擅长清谈，而且口中有雌黄，"信口雌黄"这个成语说的便是王衍。

石勒回到武乡后，一晃两年。石勒虽然才16岁，但长得英俊威武、身强力壮，尤其擅长骑马射箭。石勒还有一个特殊的本领，那便是懂得相马，可以说是当时的"伯乐"。

石勒的父亲周曷朱虽然担任部落小率，因其性格凶狠粗鲁，羯族人并不依附他。周曷朱于是常常让石勒帮自己管理一些事务。石勒待人与他的父亲不一样，所以部落中的人都非常信赖石勒。

就在石勒帮助父亲管理部落事务时，西晋朝廷发生政变。

公元290年四月，晋武帝司马炎病逝，其子司马衷继位，是为晋惠帝。司马衷是个白痴，朝政便由辅政的太傅杨骏完全掌控。司马衷的皇后贾南风为了掌控朝政，于公元291年三月与楚王司马玮合谋，发动禁卫军政变，杀死杨骏。让贾南风没有想到的是，朝政大权却又落在汝南王司马亮和元老卫瓘的手中。当年六月，贾南风又派司马玮杀死司马亮与卫瓘，然后反诬司马玮矫诏擅杀大臣，再将司马玮处死。从此，贾南风控制朝政长达十年。贾南风掌控朝政期间，任用大臣张

一、遭遇饥荒，沦为奴隶

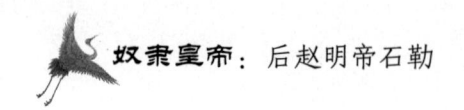

华，国家相对安定，没有出现大的战乱。

这十年，石勒在家乡过得还算不错，也娶妻生子。

有一天，一个看相占卜的人经过武乡县，看到北原山上的草木呈现骑兵的形状，又听说石勒家的庭院中生长的人参，花叶繁茂，长出人的模样。这位看相占卜的人对乡里人说："这都是因为周曷朱家里有一个非同寻常的儿子。这个胡小子相貌奇异，志向高远，度量非同寻常，未来不可估量。你们都应当宽厚地对待他。"

乡里人不相信占卜人的话，甚至嗤之以鼻，认为石勒没有什么不一样。但当时有一个叫郭敬的地主却相信这一说法，他还常常资助石勒一些钱财。石勒也非常感激郭敬，为郭敬家奋力地耕作。

石勒在田里耕作的时候，常常听到军中鼙鼓金铎的声音。石勒回家后，就对母亲说起这件事。石勒母亲听后对石勒说道："你劳作辛苦，所以耳中鸣响，这没有什么大不了的。"

石勒听到鼙鼓金铎的声音，并没有看到战争，其实当时的天下已经乱了起来。这便是司马家族的"八王之乱"，这仍然与皇后贾南风有关。西晋惠帝元康九年（299）十二月，贾南风废黜太子司马遹（读音如玉），并于次年三月杀害司马遹。贾南风的这一系列动作终于引发司马诸王为争夺统治权而展开极其凶残的内战。

从公元300年四月到306年五月，整整六年间，朝政接连发生变乱，先是皇后贾南风被杀，再是赵王司马伦、齐王司马冏、长沙王司马乂、成都王司马颖、河间王司马颙、东海王司马越等人先后掌控朝政大权。司马诸王在争权之时，大规模的战事接连不断。

就在司马诸王大战之际，并州一带出现了饥荒。

并州刺史司马腾正为并州的饥荒犯愁时，建威将军阎粹劝其将并州青壮年胡人拘捕起来，将他们卖到收成好的冀州去充当兵卒。司马腾对这个既能赚到钱又能减少并州吃饭人口的建议非常赞同，于是派将军郭阳、张隆去拘捕胡人。不多日，郭阳、张隆就拘捕了很多胡人，石勒也在其中。

《晋书》上说石勒是自愿被拘捕的。石勒当时十分困苦，又饥又寒，在逃荒途中遇到郭敬。郭敬卖掉身上值钱的东西，给石勒买了食物、衣服。石勒对郭敬说："现在饥荒严重，不能待在家中等死，我们胡人的日子更是艰难。听说冀州那里收成还不错，可以让官府将胡人引诱到那里去谋食，然后趁机把他们抓起来卖到冀州为奴，这样可以彼此受益。"石勒能够想出这样的主意，可见其当时是何等艰难。

从并州向东前往冀州，要翻越太行山，道路崎岖难行。郭阳、张隆怕这些胡人在途中逃走，便用木板做成枷锁，枷板上有两个孔，正好让两个胡人共戴一枷。很多胡人在途中因又饥又累而无法前行，张隆就用鞭子抽打，不少胡人被活活打死。郭阳是郭敬的堂兄，郭敬让他照顾石勒。一路上，石勒全靠郭阳照应。

史书记载，石勒被拘捕贩卖，是在西晋惠帝太安年间，即公元302年至公元303年之间，石勒当时29岁或30岁。此后的石勒，再也没回过家乡，而自己的老母亲以及妻子、儿子仍在家乡。

到了冀州后，石勒被卖到平原郡茌平县（今山东省东阿县西北）一个叫师欢的地主家为奴。在师欢家，石勒与很多胡人一样耕田种地。

有一回，石勒在耕作时，又听到鼓角之声，他就问和他一起干活的奴隶："你们听到战鼓的声音了吗？"这些奴隶都说听到了。石勒又说："我以前在家乡种地的时候，也常听到这种声音。"

有人将这件事告诉了师欢，师欢就将石勒叫到跟前。看到石勒高大威武、仪表堂堂，师欢觉得这个相貌不一般的胡人一定不寻常。从此不把石勒当作奴仆，而给了石勒自由。

不久，另一个汉人也赏识石勒，此人便是牧率汲桑。

牧率就是牧马场的首领，汲桑管的牧马场离师欢家不远，与其是邻居。然而汲桑并不认识石勒，也不知道师欢家有这么一个奴隶。石勒听说附近有个牧马场，便主动去与汲桑结交，这也能看出石勒是个有志向的人。当然，石勒去结交汲桑是因为他懂得相马，这也是汲桑

一、遭遇饥荒，沦为奴隶

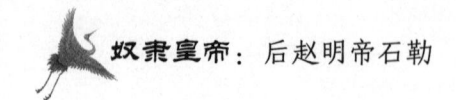

愿意与他结交的原因。

石勒不久组建了"十八骑"。

"十八骑"即十八个人，都是石勒在外结交的人，大都是与他一起耕作过的人，多为胡人。一开始有八个人跟着石勒，他们是王阳、夔安、支雄、冀保、吴豫、刘膺、桃豹、逯明。后来又有十个人前来相投，他们是郭敖、刘徵、刘宝、张噎仆、呼延莫、郭黑略、张越、孔苌、赵鹿、支屈六。石勒带着"十八骑"，干起了偷盗抢掠的营生，把他们所抢的财物都送给了汲桑。

二、追随汲桑，一攻邺城

"八王之乱"尚未结束，十六国历史大幕便已拉开。

西晋惠帝永安元年（304）十月，31岁的巴氐族人李雄在成都称成都王，改元建兴。李雄虽然还没有确定国号，但史家认为五胡十六国第一个国"成汉"就此建立。就在当月，匈奴左部帅刘渊在左国城南郊设立祭坛，登上汉王王位，改元元熙，定国号为汉，五胡十六国第二个国"汉赵"（也称前赵）正式建立。随着"成汉""汉赵"的建立，西晋王朝已经不再是一个完整统一的王朝。

司马家的内乱已经延伸到外部，还在不断扩大。

十二月，河间王司马颙以晋惠帝司马衷的名义下诏，废黜皇太弟司马颖，册立豫章王司马炽为皇太弟，再擢升东海王司马越为太傅，与司马颙共同辅政。司马颙、司马越当月又调平昌公司马模代替司马颖镇守邺城（今河北省临漳县西南），任命司马模为宁北将军、都督冀州诸军事。司马模是司马越的弟弟。

司马颖镇守邺城时，在卢志的辅助下，有一定的功绩。黄河以北的人士听说司马颖被废黜，大都感到不满。西晋惠帝永兴二年（305）七月，司马颖的旧将公师藩、楼权、郝昌等人自称将军，在赵魏地区（今河北省南部、河南省北部）聚众起兵，响应的人很多，部众达数万人。

公师藩起兵的消息传到了茌平县（今山东省东阿县西北）时，牧

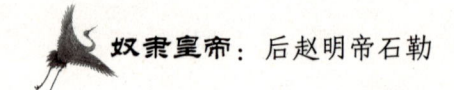

率汲桑仍在牧马场管理马匹，石勒则带着"十八骑"四处为盗。汲桑不想一辈子困守在牧马场，石勒也不想终生为盗。二人决定前往投奔公师藩，想在天下大乱之际，干一番事业。

石勒与李雄同年，但却没有李雄幸运。李雄已经占领了梁州的梓潼郡、巴西郡、广汉郡、德阳郡、新都郡以及益州的蜀郡、犍（读音如前）为郡，并且称王改元。这一年，石勒32岁，离开家乡也有两三年了，虽然获得了自由，但仍是奴隶身份。很多历史人物都是28岁开启自己的功业，而石勒那时被卖为奴，经历不可谓不凄惨。

而且，石勒此时连个像样的名字都没有。32年来，石勒的足迹虽然历经并州、冀州，但人们只知道他叫㔨（读音如贝）。"㔨"这个字是不常用的，很可能是羯族语言中的一个音，故而找了这么一个生僻的字来表示。

现在石勒就要兵戎天下了，得有一个像样的名字，当然是一个汉名。汲桑让石勒以石为姓，以勒为名。石勒从此不仅有了一个汉人名姓，还有了字，即世龙。以后，在江湖上，再遇到人，可以这样介绍自己："在下姓石名勒，字世龙。"虽然不识几个汉字，但有了这样的名号，也算是不同寻常了。

不知汲桑取"石勒"这个名字，是出于什么考虑，难道有"燕然勒石"之意？《水浒传》里边有一位好汉叫石秀，绰号"拼命三郎"，作者施耐庵可能也喜欢石勒这个人，因为石勒也有"拼命三郎"之称。

当然，石勒不是历史上第一个姓石的人，之后姓石的也不全是他的后人，也不全是羯族人。比如五代十国时的那位"儿皇帝"石敬瑭，便与石勒没有关系，也不是羯族人。然而，石勒家人，以及家族中人，从此都姓石，比如在上党武乡老家的儿子便叫石兴，侄儿便叫石虎。石勒在战斗生涯中收的义子也姓石。用不了多久，一大群姓石的人便出现在史书之中。

石勒是奴隶，生活在底层，带着"十八骑"去投军，是很正常的事。然而汲桑不一样，汲桑是牧率，掌管一个牧马场，过得应当不算太差。汲桑的这个牧马场不是普通的牧马场，里边有供皇家观赏的苑马。汲桑能够放弃这个牧马场去投军，可以看出汲桑也有着自己的梦想。

汲桑不只是自己与石勒去投军，还带着牧马场的数百牧民。

当汲桑、石勒等人来到司州境内的魏郡时，公师藩已经带领部众攻克了不少郡县城池，杀了多位太守县令。公师藩对汲桑、石勒等人来投，感到十分高兴。公师藩决定前往攻打魏郡的治所邺城。公师藩让石勒带领"十八骑"当前锋，任命石勒为前队督。

邺城里的司马模得知公师藩来攻，非常害怕，只是坚守城池，不敢出战。然而公师藩攻得很猛很急，司马模危在旦夕。就在这时，广平郡太守丁绍率领郡兵前来援救司马模。广平郡与魏郡一样，都属于司州，离魏郡不是很远。丁绍善于指挥，士兵也很勇猛，公师藩不敌而退。司马模脱险了，十分感激丁绍，特地为丁绍立了生碑。

公师藩第一次攻打邺城以失败告终，于是带领部众转战他处，汲桑与石勒仍然跟着公师藩。司马模、丁绍等人也没有派人追赶。此后的一年中，汲桑与石勒跟随公师藩无战事。

二、追随汲桑，一攻邺城

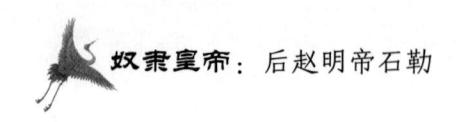

三、激战白马，再攻邺城

"八王之乱"结束，最后的赢家是东海王司马越。

司马越本与河间王司马颙一同辅政。然而司马颙挟持晋惠帝司马衷从洛阳到长安，开始独自控制朝政。司马越对此十分不满，便号召各路大军勤王。幽州都督王浚响应司马越，派将领祁弘率领一支兵马作为前锋一直攻入长安，迎接晋惠帝司马衷东返。公元306年六月，司马衷回到洛阳，改元光熙，由司马越辅佐朝政。

八月，司马越升任太傅、录尚书事。司马越任命司马模为镇东大将军，改镇许昌（今河南省许昌市），范阳王司马虓（读音如骁）为司空，接替司马模镇守邺城。司马越还命南中郎将刘陶捉拿成都王司马颖。

司马颖得知部将公师藩在黄河以北起兵，便带着两个儿子向北逃亡，准备投奔公师藩。司马颖到达朝歌（今河南省淇县）时，招集了旧部数百人。

就在这时，顿丘郡太守冯嵩带着人马杀了过来。

冯嵩的人马数量可能优于司马颖，因为这一战冯嵩取得大胜。冯嵩擒获司马颖及其两个儿子，并将司马颖父子押送到邺城，交给刚到邺城的司马虓。司马虓不忍杀掉司马颖父子，便把他们囚禁起来。

公师藩与汲桑、石勒等人从白马津（今河南省滑县东）南渡黄河，到了白马县境内。白马县属于兖州的濮阳国，兖州的治所便在濮

第一章 北战南征

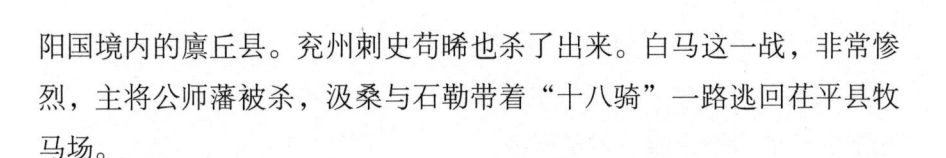

阳国境内的廪丘县。兖州刺史苟晞也杀了出来。白马这一战，非常惨烈，主将公师藩被杀，汲桑与石勒带着"十八骑"一路逃回茌平县牧马场。

在朝歌、白马的两次战斗，史书的记载不太详细。史书上没有记载司马颖与公师藩在朝歌有没有会合。如果两部已经会合，那么在朝歌被冯嵩击败后，公师藩离开朝歌南渡黄河，算是逃走。如果没有会合，则司马颖败于朝歌后，公师藩不应当南渡，应当北上追击冯嵩，以援救司马颖。最大的可能是，司马颖已经与公师藩会合，然后被冯嵩击败。冯嵩擒获司马颖，而公师藩则率部南下。

回到牧马场的汲桑与石勒的人马很少，二人一边待机，一边招集人马。汲桑任命石勒为伏夜牙门，让石勒带领牧民到附近郡县劫掠囚犯，还到山泽之中招引逃亡的流民。汲桑的队伍便又壮大起来。

就在汲桑与石勒败于白马不久，司马虓在邺城去世，长史刘舆担心邺城内外百姓响应司马颖而造反，便连夜派人假扮钦差大臣，宣诏命司马颖自杀。刘舆因在司马颖问题上处理得当，被太傅司马越调回京都洛阳。刘舆推荐司马越的弟弟司马腾镇守邺城，同时推荐自己的弟弟刘琨为并州刺史，代替司马腾镇守晋阳（今山西省太原市）。

司马腾当时已被封为新蔡王，在并州一直被饥荒困扰，还被汉赵国侵扰。接到朝廷诏书后，司马腾立即带领田甄、田兰兄弟，任祉、祁济、李恽、薄盛等官员以及并州的逃难民众一万余人，号称"乞活"军，浩浩荡荡来到邺城。司马腾原以为从此过上富庶的日子，远离汉赵国。没想到汲桑与石勒又杀了过来。

汲桑与石勒听说司马颖在邺城被杀，非常愤怒。汲桑决定为司马颖报仇，没有了公师藩，汲桑便独树旗帜，自称大将军。

西晋怀帝永嘉元年（307）四月，汲桑任命石勒为讨虏将军，担任先锋，率领部众杀向邺城。张泓的旧将李丰也响应汲桑，一同率部杀向邺城。张泓是"八王之乱"中赵王司马伦的征虏将军。

司马腾虽然从并州逃到邺城，但怎么说还有一万余人的"乞活"

三、激战白马，再攻邺城

军,对付汲桑、石勒这支队伍应当不在话下。司马腾听报汲桑等人来攻,很自信地说道:"孤在并州七年,刘渊那些胡人多次来攻也未能取胜,汲桑这个小贼,不足为患。"

然而司马腾有一个最大的缺点,那就是生性吝啬。当时邺城仓库里虽然没有粮秣,但司马腾本人的财富却多得惊人。司马腾的将领多次劝司马腾拿出钱财重赏将士,以让将士们拼死而战,但司马腾就是不听从。

五月,汲桑、石勒、李丰等人率兵抵达邺城。司马腾并不惊慌,似乎早有准备。司马腾想到的是刚任魏郡太守不久的冯嵩。司马腾认为有冯嵩出战,一定能够将汲桑、石勒击退。邺城是魏郡的治所,冯嵩出战,也是守土有责。

汲桑、石勒对冯嵩并不陌生,因为是冯嵩擒获了司马颖。既然要为司马颖报仇,冯嵩当是第一个仇人。冯嵩指挥作战还是有两下子的,但这回就有些不同,因为汲桑、石勒的部众已经同仇敌忾,士气非常高昂。果然,交战不久,冯嵩就无力招架,最后率部撤退。

司马腾听说冯嵩战败,才知汲桑与石勒这两个无名之辈不容小觑。司马腾此时只得依靠自己的将士,终于决定拿出钱财分给将士,以图将士能够为其卖命。岂料司马腾拿出的钱财实在是少得可怜,每人只有几升谷米、一丈布匹。那些跟司马腾从并州逃难到此的将士们看到这些,都纷纷逃散,不愿为司马腾出战。

司马腾看到将士们不愿出战,便也无心应战,于是带着四个儿子逃走。李丰带领一支人马出城追击司马腾,与司马腾父子交战起来。交战中,司马腾被李丰杀死,司马腾的儿子司马虞又将李丰杀死。李丰的部将又将司马虞杀死,只有司马腾的庶子司马确得以逃脱。

汲桑等人杀了司马腾,还占领了邺城,可谓大获全胜。汲桑命人掘出司马颖的棺木,放到车上,遇到事情,先向棺木禀告,然后再执行。汲桑不想据守邺城,下令放火焚烧邺城,熊熊大火一烧就是十多天。汲桑与石勒还屠杀邺城官民一万余人,大肆抢掠一番,然后才率部离去。

四、不敌苟晞，又败赤桥

汲桑与石勒杀了司马腾，烧了邺城，算是为成都王司马颖报了仇，但公师藩将军的仇还没有报。汲桑与石勒决定继续南下，到兖州境内去找苟晞。

汲桑与石勒南下数百里从延津（今河南省卫辉市东）渡黄河，转而向东，兵锋直指兖州的治所廪丘县（今山东省郓城县西北）。

掌管朝政大权的太傅司马越得知汲桑与石勒攻破邺城，杀了他的弟弟司马腾，非常恼怒，也非常痛心。司马越又得知汲桑与石勒一路南下，杀向兖州，更是非常惊慌。司马越立即传令兖州刺史苟晞、将军王赞率部迎战汲桑与石勒。

汲桑、石勒与苟晞、王赞边战边走，一直到达司州、冀州境内。西晋怀帝永嘉元年（307）七月，汲桑、石勒与苟晞、王赞在司州阳平郡（今山东省莘县境内）、冀州平原郡（今山东省平原县）一带，进行大小三十余战，互有胜负。

司马越获报苟晞与王赞未能剿灭汲桑与石勒，非常着急，便亲率大军进驻官渡（今河南省中牟县东北），以声援苟晞与王赞。苟晞与王赞也加紧对汲桑与石勒的追剿。汲桑与石勒边战边退，不久到达阳平郡境内。双方在一个叫东武阳县（今山东省莘县朝城镇）的地方再次进行激烈的交战。这一战，苟晞与王赞大胜，汲桑与石勒大败。

如此长时间地拉锯作战，苟晞精力充沛，越战越勇，似有乐此不疲的感觉。长时间下来，苟晞与王赞开始占据上风，汲桑与石勒接连遭败。汲桑与石勒决定不在东武阳久留，暂且放过苟晞，日后再来找他报仇。

八月，汲桑与石勒率领残兵向北撤到冀州境内的清渊（今山东省临清市），攻占清渊城。二人传令固守这座城池，还在附近修筑多处营垒。

虽然汲桑与石勒已经到达冀州境内，但是苟晞与王赞仍没有放弃追击。苟晞与王赞到达清渊后，没有马上对汲桑、石勒发起攻击，先传令休整。苟晞派一单骑来到清渊城下，向汲桑、石勒分析利害，劝二人放弃抵抗投降。

汲桑、石勒岂能向苟晞这位仇人投降，但那些固守营垒的士兵却无心再战。这些士兵担心临时修筑的营垒根本不堪一击，不少人竟然放弃营垒，回到清渊城中固守。

九月，苟晞与王赞向城外的营垒发起攻击，一连攻下八座营垒，汲桑、石勒的士兵死亡达一万余人。最后，汲桑、石勒连清渊城也无法固守，只得收拾残兵败将，继续向北逃亡。

苟晞在兖州、司州、冀州一带与汲桑、石勒作战三个月，大小数十战，使得汲桑、石勒多次遭败，居无定所，时人便将苟晞比作韩信、白起。司马越也为此奏请晋怀帝司马炽，加授苟晞为抚军将军、都督青州兖州诸军事。

汲桑、石勒在清渊遭到重创，伤亡惨重。二人打算投奔一处，再图发展。二人听说匈奴左贤王刘渊已在并州称汉王建国，近来还将都城迁到石勒的家乡上党郡境内，二人打算前往投奔。

二人商议后，便率领残兵快速北上，没想到在赤桥（今山东省临清市境内）又遭遇了丁绍的兵马。丁绍两年前任广平郡太守，曾在邺城击败过汲桑、石勒。丁绍现在是冀州刺史，听说汲桑、石勒攻入冀州境内，不能不管。

赤桥一战，丁绍的兵马再次重创汲桑、石勒，汲桑、石勒的兵马几乎损失殆尽，就连汲桑、石勒二人也被丁绍兵马冲散。汲桑带领部分人马再次逃回茌平县牧马场，石勒则带领十八骑向西逃亡，准备投奔汉赵国。

　　三个月后，汲桑再次组织兵马，带着成都王司马颖的棺木，前往攻打冀州乐陵郡（今山东省阳信县东南）。当时"乞活"军首领田甄、田兰兄弟以及任祉、祁济、李恽、薄盛等人正在乐陵郡聚众起兵，声称为新蔡王司马腾报仇。"乞活"军打败了汲桑的人马，杀了汲桑，把司马颖的棺木扔到枯井之中。

四、不敌苟晞，又败赤桥

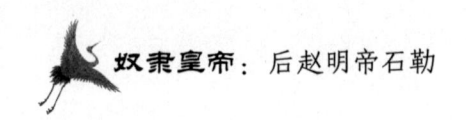

五、招降二张，投奔汉赵

汉赵国以匈奴五部为主，主要控制并州的西河、上党二郡，也深入到北边的太原郡境内。汉赵国的都城一开始在西河郡的离石县（今山西省吕梁市离石区），后来迁至上党郡的黎亭县（今山西省壶关县）。

石勒过了太行山便到达并州的乐平郡（今山西省昔阳县）境内，然后一路南下前往汉赵国的都城黎亭。途中，石勒经过自己的家乡上党郡，但石勒并没有回其老家武乡县。

石勒听说上党境内有一部匈奴人，以部大张㔨（读音如贝）督、冯莫突为首领，部众有数千人。石勒决定先投部大张㔨督、冯莫突，然后劝他们一同投奔汉赵国。也许石勒觉得带领人马去投奔汉王刘渊，刘渊一定不会看轻他。

数日后，石勒带领"十八骑"来到张㔨督、冯莫突大营前，向营门官求见张部大。营门官忙报与张㔨督、冯莫突。张㔨督、冯莫突马上传令将石勒等人带入。张㔨督、冯莫突看到石勒身材高大、相貌不凡，十多位兄弟也都虎背熊腰，都是能征善战之将，非常高兴。张㔨督、冯莫突又听说石勒也是上党人，马上视其为兄弟。

不久，石勒便得到张㔨督、冯莫突二人的信任。

石勒这时才对二人劝说道："听闻刘单于起兵反晋，已经建立汉国，现今正迁都于黎亭，与部大的大营相距不过百余里。我还听说刘单于也曾多次招降部大，部大就是拒而不从。部大仅凭数千人马，能否独存？"

张訇督很直爽，马上笑着说道："不能。"

石勒又道："既知不能，为何不投靠一方？我近日听说刘单于仍在招揽部大的人马，部大的士兵中已经有人在私下谈论，打算背叛你去投奔刘单于，部大应当尽早考虑对策。"

张訇督等人听说部众要离其而去，非常担忧。张訇督此时不再犹豫，马上答应石勒去投奔刘渊。二人决定先去黎亭拜见刘渊，而让冯莫突率部随后前往。石勒与张訇督正式结拜为兄弟，石勒从此称张訇督为兄长，还让张訇督更名为石会，意为二石相会。

西晋怀帝永嘉元年（307）十月，石勒与石会来到黎亭投奔刘渊时，汉赵国迁都黎亭已经快两年。年近六旬的汉王刘渊看到二人身强体壮，就知道是勇猛善战之人。刘渊也听说石勒等人曾经纵横兖州、司州、冀州，让晋朝官兵闻风丧胆，现在看到石勒仪表不凡，而且有勇有谋，更是大喜。刘渊封石会为亲汉王，任命冯莫突为部大，封石勒为平晋王，并任命石勒为辅汉将军，统领石会、冯莫突及其部众。

石勒投奔刘渊后，刘渊交给他的第一个任务，不是出征，而是前往乐平郡，招降以张伏利度为首的一支乌桓兵马。与石会、冯莫突一样，刘渊也曾多次征召张伏利度，但张伏利度就是不归附。刘渊决定再派石勒出马。

石勒并没有像劝说石会那样去劝张伏利度，因为石勒知道张伏利度不是匈奴人，更不是羯族人，他去劝说难以得到信任。石勒于是假装得罪刘渊，受到刘渊的惩罚而逃亡，还让刘渊向外散布这个消息。石勒认为此时再去投奔张伏利度，张伏利度一定坚信不疑。

不久，石勒带领"十八骑"前往乐平，投奔张伏利度。张伏利度听说石勒得罪汉王刘渊，带领"十八骑"来投，非常高兴。张伏利度还提出要与石勒结拜为兄弟。石勒与张伏利度结拜后，仍担心没有完全得到张伏利度的信任，决定在此驻留更长时日。张伏利度让石勒率

五、招降二张，投奔汉赵

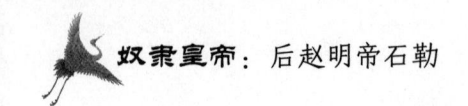

众四处抢掠，石勒便欣然领命。石勒带领"十八骑"抢掠甚丰，张伏利度及其部众都非常敬佩石勒，也更加信任石勒。

一月后，张伏利度的部众大都心向石勒，石勒决定开始行动。

一日，石勒与张伏利度一起在营帐中饮酒，张伏利度的将领与石勒的"十八骑"等人都在两旁饮酒相陪。酒过三巡，石勒突然打了一个手势，这时"十八骑"迅速起身，奔向张伏利度，以迅雷不及掩耳之势，将张伏利度绑了起来。

张伏利度的手下立刻起身，正要上前相救，只见石勒迅速起身，高声说道："各位兄弟，不要慌张，我们不会加害张首领。各位兄弟，如果我们去干一番大事，我与张伏利度谁可为首领？"

众将领齐声说道："石将军可为首领。"

石勒这时让"十八骑"为张伏利度松绑。石勒接着说道："实不相瞒，我们是受汉王刘大单于所派，前来劝大家归汉的。"

张伏利度与部众再无二话，都愿投奔刘渊。

十一月，石勒带着张伏利度及其部众一同来到黎亭。刘渊大喜，加授石勒为督山东征讨诸军事，命石勒统领石会、张伏利度的人马。从此，石勒不仅有了汉赵国这个依靠，也有了自己的部众。

六、会合王弥，三攻邺城

石勒在汉赵国都城待了一个月，便接到新的作战任务。

西晋怀帝永嘉二年（308）正月，汉赵国汉王刘渊派石勒带领自己的部众，到太行山东边的赵、魏一带攻城略地。赵、魏一带，便是冀州的南部与司州的北部。这一带是平原，土地肥沃，城池林立。石勒离开汉赵国的都城黎亭之后，便没有再回过黎亭。

石勒第一个作战任务便是攻打邺城。

提到邺城，石勒当然不陌生。邺城是司州魏郡的治所，石勒曾经攻打过两次。第一次是三年前，与汲桑一起跟随公师藩攻打，没有取胜。第二次是去年五月，与汲桑一起攻打，攻克邺城，杀了司马腾，一把大火将邺城烧了十多天。

镇守邺城的新蔡王司马腾已经被石勒他们杀掉了，现在镇守邺城的是征北将军和郁。和郁是贾谧的"二十四友"之一，原为西晋朝廷尚书右仆射，于去年十一月被任命为征北将军，前来镇守邺城。和郁来到邺城时，看到的是一片瓦砾。

和郁没有想到，他来到邺城还不到一年，石勒又杀了来。

和郁更没有想到，这回杀来的还有一位厉害的人物。

这个人便是飞豹王弥。

王弥的出身与石勒不同，王弥家族世代是两千石的官吏。两千石的官吏是什么样的官呢？在"三公九卿"官制下，至少是"卿"这样的朝廷官。如果在地方，至少是太守这样的官。王弥20多岁时在京都洛阳游历，与当时在洛阳作人质的刘渊交上了朋友。两年前，王弥带领家奴，追随县令刘柏根起义。起义失败后，王弥带领部众转战各处，攻城略地。

当年五月，王弥攻打京都洛阳，失败后来到黎亭，投奔刘渊。刘渊见老友来投，十分高兴，把王弥比作自己的诸葛孔明。刘渊任命王弥为司隶校尉，加授侍中、特进，王弥不敢接受，坚决辞让。刘渊最后任命王弥为镇东大将军，命令王弥与石勒一同攻打邺城。

石勒投奔刘渊，得到的将军名号是辅汉将军，属于杂号将军。王弥则不一样，镇东大将军，这可不是什么杂号将军。镇东大将军下面，还有安东大将军、平东大将军，所以镇东大将军要比石勒的杂号将军高几级。

九月，王弥、石勒带领各自部众到达邺城。

这是石勒与王弥第一次见面。石勒当时35岁，作为胡人，自是身材高大，体格剽悍。王弥虽是汉人，但容貌也不寻常。史书记载，王弥说话的声音像豺狼，眼睛像豹子，一看就是个喜欢祸乱的人。王弥当时虽已年过半百，但作战勇猛，故而人称"飞豹"。石勒的将军等级不及王弥，两军会合，自然以王弥为主将。

石勒帐下将领除了"十八骑"，便是刚刚结拜不久的石会与张伏利度等人。石勒的部众数量不明，但也有数千人。王弥帐下将领也不少，有堂弟王桑，左长史曹嶷，将领赵固、徐邈、高梁等人。曹嶷更是有勇有谋。王弥的部众数量也不明，应当不在石勒之下。

王弥、石勒重兵压境，面对一个刚被战火摧残过不久的城池，更是如同泰山压卵。和郁能守得住邺城吗？和郁听说王弥、石勒来攻，马上弃城逃走。王弥、石勒等人率兵进入邺城，城内已无兵可挡。

掌管西晋朝政大权的太傅司马越得知王弥、石勒攻占邺城，担心二人继续南下，连忙派豫州刺史裴宪北上驻屯白马（今河南省滑县东），车骑大将军王堪驻屯东燕（今河南省延津县东），以作防备。

十月，汉赵国汉王刘渊在新的都城蒲子（今山西省隰县）正式称帝。也许是王弥、石勒攻占邺城有功，也许是刘渊称帝要给将领们官升一级，刘渊颁诏，升王弥为征东大将军，石勒为平东大将军。从此，石勒不再是杂号将军，但要比王弥低三级，因为中间还有镇东大将军、安东大将军。

　　石勒与王弥占领邺城并不镇守，而是分开行动。

六、会合王弥，三攻邺城

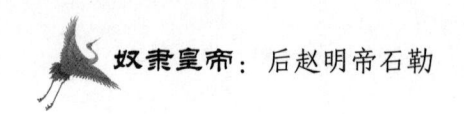

七、设君子营，任用张宾

西晋怀帝永嘉二年（308）十一月，石勒在司州境内的魏郡、顿丘郡及汲郡一带作战。这些地方的百姓大多自筑营垒坚守，听闻石勒大军到来，无不闻风而降，前后共有五十余座营垒投降。石勒给这些营垒的垒主授予将军或者都尉的印绶，还从归降的百姓中选取五万名强壮者编入自己的队伍之中。石勒又命令将士不得抢掠，社会秩序安定如初。

从石勒命令诸将不得抢掠百姓一事来看，石勒已经有了不少转变。在那个人命如同草芥的年代里，杀降甚至屠杀百姓、屠杀异族，并不少见。石勒注重保护百姓，这很可能与他投奔汉赵国有关。汉赵国皇帝刘渊是非常痛恨杀害百姓的，关爱百姓、注重百姓的感受，正是刘渊定国号为"汉"的原因之一。

不久，石勒又来到魏郡的邺城。

石勒已是第四次兵临邺城。石勒与王弥一样，虽然四处作战，略地无数，然而就是克而不守。就拿邺城来说，虽然多次被攻克，可是一旦离开，西晋朝廷便派将领前来夺取并镇守。两个月之前镇守邺城的和郁被吓跑，现在又来了一位魏郡太守叫王粹，与和郁一样，王粹也是贾谧的"二十四友"之一。王粹是西晋名将王濬的孙子。

邺城几经战火，早已破败不堪，无法固守，然而王粹没有像和郁那样被石勒吓跑，而是据守在邺城西北的三台抗拒石勒。三台，就是

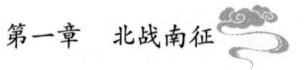

曹操当年修建的铜雀台、金虎台与冰井台，不仅坚固，还有险可守。然而，三台也不能阻挡石勒的大军，众将士最后在三台将王粹活捉、斩首。

石勒攻克邺城后，又北上冀州作战，不久进入赵郡境内。

赵郡是冀州最南边的一个郡，治所在高邑县（今河北省高邑县）。在赵郡境内有两支兵马，一支是西晋冀州西部都尉冯冲镇守在此的兵马，一支是赵郡中丘县（今河北省内丘县西）境内的一部"乞活"军，首领是田甄。两年前，在乐陵郡杀害汲桑的"乞活"军中，就有田甄率领的人马。

面对田甄的"乞活"军，石勒及"十八骑"首先想到的便是为汲桑报仇。既然报仇，就要消灭这支兵马。石勒非常冷静，决定先攻打冯冲，再攻打田甄。

我们可以简单分析一下：如果先攻田甄，作为冀州西部都尉的冯冲一定不会坐视不管，必定会派兵前来援助。如果先攻打冯冲，田甄的"乞活"军则可能不会攻打石勒，毕竟他们从并州逃难至此，只求活命，并不像冯冲那样担负驻守一方的重任。然而，如果消灭了冯冲，田甄的"乞活"军也就成了囊中之物。

果然不出石勒所料，大军攻打冯冲时，田甄的"乞活"军真的按兵不动。石勒大军毫不费力就将高邑县城池攻破，杀掉冀州西部都尉冯冲。然后，带领将士们马不停蹄，南下杀向中丘县。田甄获知石勒回马杀来，自知不是石勒对手，连忙率领"乞活"军逃跑。可怜田甄这支"乞活"军，自并州开始逃难，辗转司州，直到冀州，终被消灭。

汉赵国皇帝刘渊听说石勒在冀州再立战功，下诏升石勒为安东大将军，准许开府，还可以设置左右长史、司马、从事中郎等官职。

我们不妨回顾一下石勒的将军名号。最早跟随汲桑时，为讨虏将军，是杂号将军。投奔汉王刘渊后，石勒是辅汉将军，仍是杂号将军。刘渊称帝后，升石勒为平东大将军，终于不是杂号将军。现在升石勒为安东大将军，比平东大将军高一级，但比王弥的征东大将军要

七、设君子营，任用张宾

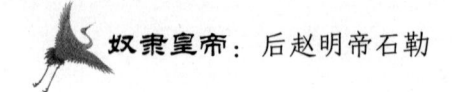

低两级。

　　石勒升官了,还可以设置左右长史,然而石勒却犯愁了。

　　石勒这些年四处征战,将领、兵马增加不少,可是文官不多,根本没有合适的长史人选。且不说手下的"十八骑"没有读过什么书,就说石勒自己吧,至今仍是一字不识。

　　就在石勒忧虑之际,赵郡的一位读书人来到石勒的营门前。

　　此人名叫张宾,字孟孙,赵郡人,父亲张瑶曾任冀州中山郡太守。张宾饱读史书,胸怀大志,认为自己的谋略不在汉初的张良之下,只是感叹自己没有遇到汉高祖。天下大乱以来,张宾历观诸将,认为石勒这位胡人将军可以共谋大事。于是,张宾手提宝剑,来到石勒的营门前,高呼求见。

　　石勒命人将张宾带到营帐之中。张宾免不了在石勒面前将自己的才能说了一番,然而石勒并不觉得张宾有什么过人之处。后来,张宾不断献计献策,才让石勒刮目相看。

　　西晋怀帝永嘉三年(309)四月,石勒继续北上,攻打冀州的巨鹿郡、常山郡,一连攻下一百余个营垒,部众越聚越多,达十万余人。石勒在冀州一带攻城略地,投靠者众多,不仅有能征善战的将领,更有善于运筹的士大夫。

　　在将领方面,有夔安、孔苌、支雄、桃豹、逯明等。孔苌到底是不是"十八骑"中的孔豚,难以考证。从史书上的记载来看,孔苌的名字多次提到,是石勒的一位重要将领,而孔豚只提过一次。笔者认为孔苌应当不是"十八骑"之一,而是石勒在冀州作战时才前来投奔的。

　　石勒这个不识字的人却非常重视文官。石勒将前来投奔的士大夫设为一个营,起名为"君子营"。石勒用张宾为谋主,让张宾担任军功曹,专门负责人才的选拔举荐,大小事务都与张宾商讨。石勒还设置左右长史,由张敬与刁膺担任。

　　不久,汉赵国皇帝刘渊令石勒前往上党郡(今山西省长治市)配合楚王刘聪作战。

八、助战上党，围城打援

上党郡本在汉赵国控制之下，半年前被并州刺史刘琨夺走。

刘琨，字越石，生于公元271年，比石勒年长三岁，冀州中山郡魏昌县（今河北省无极县）人。刘琨是西汉中山靖王刘胜的后裔，祖父刘迈曾任相国参军、散骑常侍，父亲刘蕃官至光禄大夫。刘琨与祖逖同为司州主簿时，曾同床共寝，有闻鸡起舞的故事。

西晋惠帝光熙元年（306）十月，刘琨被任命为并州刺史，代替新蔡王司马腾镇守晋阳（今山西省太原市）。刘琨"朝发广莫门，暮宿丹水山。左手弯繁弱，右手挥龙渊"，历经艰险，只身一人来到并州赴任。

十二月，刘琨到达上党郡，就在上党招兵买马，集结五百余人。汉赵国的都城当时就在上党境内的黎亭，汉王刘渊听说刘琨来到上党，便派前将军刘景前往阻截。刘琨兵马虽然不多，竟然将刘景击退。

刘琨到达晋阳后，看到府衙、屋舍都被焚毁，田野城池一片荒凉，不禁感慨万千。刘琨于是安抚百姓，招抚流民，逃亡的百姓开始重返家园。刘琨虽有招揽民众的能力，但因安抚不力，一天之中有数千人来投，也往往有数千人离去。刚到晋阳的刘琨还没有实力与汉赵国对抗，于是与驻屯盛乐城（今内蒙古和林格尔县）的代公拓跋猗卢结好。

西晋怀帝永嘉二年（308）七月，汉赵国将都城向西迁到平阳郡境内的蒲子（今山西省隰县）。刘琨觉得上党一定空虚，决定乘机攻打壶关（今山西省长治市北），以收复上党。刘琨担心自己的兵马不足，难以战胜汉赵国的守兵。于是想到北部的拓跋鲜卑兵马，派人前往盛乐城，向代公拓跋猗卢求援，拓跋猗卢愿意派兵帮助刘琨。

十一月，刘琨命上党太守刘惇带领鲜卑兵马来到上党境内，不日进逼壶关城下。汉赵国镇东将军綦毋达获报后，亲自披挂上阵，出城迎战刘惇。鲜卑兵马确实勇猛，綦毋达很快就败下阵来。綦毋达不敢恋战，也不敢守城待援，率部逃离壶关。

公元309年四月，汉赵国皇帝刘渊决定收复上党。刘渊令楚王刘聪与征东大将军王弥一同攻打上党，还传令安东大将军石勒前往助战，让石勒担任前锋都督。刘聪是刘渊的第四子，虽然不是嫡子，但多次率兵在外作战，已经被任命为车骑大将军。车骑大将军不是杂号将军，比征东大将军还要高两级。

石勒接到命令，立即率部翻越太行山，进入上党境内。

上党郡太守刘惇自知不敌刘聪、王弥、石勒等人，一边固守上党城北的壶关，一边派人前往晋阳，向并州刺史刘琨求救。刘琨连忙派护军黄秀、韩述等人各率一支兵马快速南下，前往援救壶关。

刘惇坚守城池等待援兵，刘聪决定围城打援。

刘聪认为能够很快前来增援刘惇的，只有并州刺史刘琨。刘琨在上党的西北，如果派兵来援，一定会从上党的西边或北边来。刘聪决定留一部人马继续在壶关城下搦战，再兵分两路到壶关北边的封田及壶关西边的西涧伏击援兵。刘聪派前锋都督石勒率所部人马到封田埋伏，自率一部人马到西涧埋伏。

石勒到达封田后，随即在道旁埋伏，专等刘琨援兵到来。不久，刘琨所派的护军黄秀果然带领一支人马来到封田。石勒看到黄秀率一支兵马进入埋伏之地，马上传令攻击。黄秀慌忙迎战，不敌被斩。就在这时，刘琨所派的另一支兵马在西涧也被刘聪击败，主将韩述被斩。刘聪、石勒消灭刘琨的两支援兵之后，便一同来到壶关城下。

令刘聪没有料到的是，西晋朝廷也派兵前来援救壶关，淮南郡太守王旷，将军施融、曹超等人奉命率兵北上阻截刘聪。王旷率部渡过黄河后，便长驱直入前往壶关，很快便越过太行山进入并州境内。

正在围攻壶关的刘聪获知朝廷派军来援，便又率部南下，迎战王旷。两军在并州境内的长平（今山西省高平市）遭遇，进行了激烈的战斗。这一战，刘聪大获全胜，王旷、施融、曹超等人全部战死。

从斩黄秀、韩述到杀王旷等人，刘聪与石勒打了两场围城打援之战。长平战后，刘聪没有立即去攻壶关，而是将壶关附近的屯留、长子两县攻克，俘杀一万九千余人。消息传到壶关，上党太守刘惇就是有心守城，城中将士也无心恋战了。刘惇为减少伤亡，免于杀戮，便献出壶关，以上党一郡向刘聪投降。

八、助战上党，围城打援

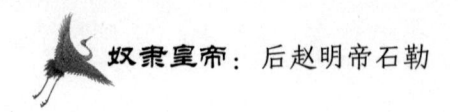

九、攻略冀兖，斩杀刺史

石勒协助刘聪收复上党后，便又前往冀州境内作战。

公元309年九月，石勒一路北上，到达赵郡的元氏县（今河北省元氏县）。石勒怎么也没有想到，在元氏县西北的飞龙山（又名封龙山）遇到了劲敌。这支劲敌是幽州刺史王浚所派，主将是名将祁弘。此外，王浚的女婿、辽西公段务勿尘也率十万段氏鲜卑一同来战。鲜卑兵骑术高超，个个骁勇善战。

飞龙山这一战，规模很大，双方兵马都在十万以上，必定是一场恶战，可惜史书记载非常简略。此战结果，石勒惨败，阵亡一万多人。石勒不敢恋战，传令南撤。石勒这一撤，竟然撤退五百余里，一直到达司州魏郡的黎阳县（今河南省浚县），才敢安营扎寨。

飞龙山之战，应当是石勒与幽州大将祁弘的第一次交锋。祁弘是当时名将，也是幽州刺史王浚的得力助手，确实不可小看。这一战，也是石勒与段氏鲜卑的第一次交锋。段氏鲜卑一直与王浚交好，就如同拓跋鲜卑与刘琨的关系。几年来，石勒一直在冀州境内作战，终于见识祁弘以及段氏鲜卑的厉害，将来要是北上幽州作战，他们必定是强有力的对手。

两个月后，石勒继续北上冀州境内作战。

由于史料的缺乏，我们难以得知石勒一直在冀州境内作战的原因。很可能是汉赵国给他的任务就是夺取冀州甚至幽州。当然，石勒也可能是为了报仇，因为冀州刺史是丁绍。

丁绍很有本领，石勒已经见识过了。然而老天不佑冀州，就在石勒再度进入冀州作战不久，丁绍暴病而亡。丁绍临死时叹息道："这是上天要灭亡冀州，不是我的命。"

丁绍死了，冀州新任刺史是王斌。石勒这次进入冀州境内，目标便是攻打据守信都城（今河北省衡水市冀州区）的王斌。

十一月，石勒到达信都城下。王斌坚守城池待援，不敢出城作战。然而石勒的兵马很多，很快便将信都城攻破。王斌没有逃跑，也没有投降，最终战死在信都城中。

冀州刺史王斌战死的消息传到洛阳，西晋朝廷立即传令车骑将军王堪与北中郎将裴宪率兵前去讨伐石勒。石勒得到消息，不仅没有退却，反而率部南下迎战。

石勒再一次经过邺城时，魏郡太守刘矩献出城池，向石勒投降。刘矩还率一支人马与石勒一同南下，石勒让刘矩的部众担任中军的左翼。这是石勒第五次来到邺城，有所不同的是，这一次是纳降，未动一兵一卒，避免了一场杀戮。

不久，石勒再次到达黎阳。裴宪听说石勒已经来到黎阳，非常恐惧，竟抛弃军队，向南一直逃到扬州的淮南郡（今安徽省寿县）。车骑将军王堪也不敢迎战石勒，竟向南撤退到兖州陈留国境内的仓垣（今河南省开封市东北）固守。

石勒杀掉冀州刺史，还吓退西晋朝廷兵马，为汉赵国又立战功。已经迁都到平阳（今山西省临汾市）的汉赵国皇帝刘渊决定给石勒加官晋爵。刘渊下诏，升石勒为镇东大将军，封汲郡公。

石勒听到这个消息，很是高兴，但石勒非常清醒。他决定只接受镇东大将军一职，不接受汲郡公的爵位。石勒主动辞让爵位，是非常明智的，这也能看出他的政治头脑。

当时汉赵国在外征战的非皇家兵马共有三支，一支由征东大将军王弥率领，一支由征北大将军刘灵率领，还有一支由镇东大将军石勒

九、攻略冀兖，斩杀刺史

率领。刘灵与石勒一样，一直在冀州境内作战，所向披靡，也略地无数，但也只是被刘渊升为征北大将军，未闻晋升爵位。石勒与刘灵同在冀州境内征战，而将军等级低于刘灵，自然也不想在爵位上高于刘灵。

石勒到了黄河边，逼近兖州，准备到兖州境内作战。

石勒为何要到兖州，是自己的主张，还是汉赵国的命令？史书记载不详。从后面的情况来看，石勒进入兖州，目标还是车骑将军王堪，因为王堪当时便驻屯在兖州陈留国的仓垣。

公元310年正月，石勒从石桥秘密渡过黄河，进入兖州境内的白马县（今河南省滑县东）。白马县，石勒以及"十八骑"一定不会忘记这个令他们痛心的地方。

四年前，石勒与汲桑跟随公师藩到达白马，被兖州刺史苟晞截杀，公师藩阵亡，此仇至今未报。不过，苟晞现在不在白马，也不在兖州，而是在青州任刺史。

石勒攻陷了白马县，还坑杀了三千名百姓。

这是史书上第二次记载石勒屠杀兵民。第一次是攻克邺城之时，不过那时的主将是汲桑。这一次在白马，主将却是石勒。要说明的是，《晋书》对这两次的屠杀都有记载，而《十六国春秋》及《资治通鉴》都没有记载石勒在白马坑杀百姓。鉴于此，石勒在白马是否坑杀百姓，尚存疑问。

如果要前往仓垣，应当从白马直接南下，然而石勒却一路向东，前往攻打鄄城（今山东省鄄城县北）。这是为何呢？一个重要的原因是兖州刺史袁孚当时便镇守在鄄城。鄄城离白马只有一百多里，石勒想先解决袁孚。

二月，石勒在鄄城杀死袁孚，接着南攻仓垣，又杀死王堪。

三个多月来，石勒一连杀掉两位刺史，还杀掉西晋一位车骑大将军，可谓战功赫赫。此战之后，石勒又北渡黄河进入司州、冀州境内作战。石勒一路攻打冀州的广宗、清河、平原以及司州的阳平等县，有九万余人向石勒投降。

四月,汉赵国冀州刺史刘灵被幽州大将祁弘击败、斩首。从此,汉赵国在外征战的非刘家兵马,只有王弥与石勒两支。祁弘北返幽州后,石勒招集刘灵旧部,兵马又为之增加。

就在这时,石勒接到汉赵国传来新的作战命令。

九、攻略冀兖,斩杀刺史

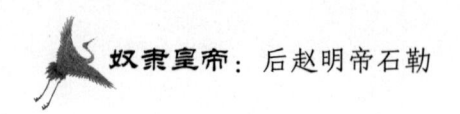

十、重门盟誓，会攻洛阳

汉赵国皇帝刘渊传令石勒进入司州，与楚王刘聪、始安王刘曜等人一同攻打河内郡（今河南省沁阳市）。石勒为尽快与刘聪、刘曜等人会师，便只率骑兵南下。

不多日，石勒西渡黄河，进入司州汲郡的共县（今河南省辉县市），与刘曜会师于重门（今河南省辉县市西北大史村）。重门在共县西北，因境内的重门山而得名。

这应当是石勒与刘曜第二次相见。

刘曜，字永明，是汉赵国皇帝刘渊的侄子，小的时候父亲就去世了，由刘渊抚养长大。刘曜年长后，双手过膝，身高九尺三寸，白眉毛，眼冒红光，胡子不多，但却很长。刘渊常常称赞刘曜是他们家的千里驹。

刘曜性情豁达，喜爱独处，好读书但不求甚解，然而对兵书常常能背诵。刘曜勇武过人，能射穿一寸厚的铁板，当时号称"神射"。对于历史人物，刘曜有其独到的评论。刘曜看不起吴起、邓禹，把自己比作乐毅、萧何、曹参，当时的人大都不理解，只有刘聪能够知其意，说刘曜是光武、魏武之流。刘曜20岁时在洛阳游玩，坐事当诛，逃至朝鲜，遇赦而回。刘曜后来隐居管涔山抚琴写字，擅长草书、隶书，也喜爱写文章。刘渊建立汉赵国时，刘曜前来投奔，被封为始安王。

刘曜第一次与石勒相见，应当是石勒前往黎亭投奔汉赵国的时候。至于二人有没有深入交谈，就不得而知。数年来，石勒一直在外征战，而刘曜也曾多次跟随刘聪出征。

石勒与刘曜在重门再次相见，进行了盟誓。至于盟誓的内容，史书记载不详。从后面的史料来看，二人可能有惺惺相惜之感，便永结盟好，为汉赵国奋力作战，同朝共进。盟誓完毕，二人各率所部人马，快速南下进抵河内郡境内。

公元310年七月初，刘聪、刘曜、石勒以及赵固、王桑等部对怀县进行了合围。驻守在怀县的西晋河内郡太守裴整，面对汉赵国的几路大军，不敢出战，只能坚守待援。西晋朝廷得到消息，派征虏将军宋抽前去救援。

刘聪获知宋抽前来救援裴整，立即派石勒与王桑率部迎战宋抽。这又是一次围城打援之战。可叹宋抽，还在驰援途中便遭遇石勒与王桑的人马。宋抽不是石勒、王桑的对手，一战而亡。

石勒与王桑打援之后，又加入到包围怀县的阵营。怀县民众见晋朝救援无望，便将太守裴整捉拿，送与刘聪。刘聪带着裴整班师回到汉赵国都城平阳（今山西省临汾市）。刘渊没有杀裴整，任命裴整为尚书左丞，以收拢河内郡百姓之心。

关于包围怀县以及围城打援一战，《晋书》与《资治通鉴》记载有不少出入，而且《晋书》又一次记载石勒此战坑杀了一万余名降卒。《晋书》的记载不够严谨，而且前后矛盾，笔者采用了《资治通鉴》的记述。石勒此次是跟随刘聪作战，坑杀降卒的可能性不大。

刘聪、刘曜回到平阳不久，汉赵国皇帝刘渊便患病了。数日后，刘渊任命刘聪为大司马、大单于，刘曜为征讨大都督，兼单于左辅，在平阳城西修筑单于台。七月十八日，刘渊病逝，太子刘和继位。数日后，兄弟相争，刘聪杀死刘和，夺得帝位。

新皇登基，石勒又得以加官晋爵。刘聪任命石勒为并州刺史，升征东大将军，封汲郡公。石勒此次接受了汲郡公的爵位，却辞让征东

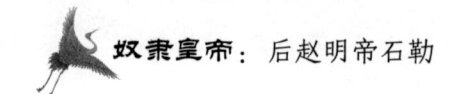

大将军的名号。由于石勒坚决辞让，刘聪便没有授予石勒为征东大将军，石勒依然是镇东大将军。

石勒辞让征东大将军的名号，可能是考虑到王弥。刘聪即位，并没有给王弥加官晋爵，王弥仍是刘渊在位时任命的征东大将军、东莱郡公。石勒不想在将军等级上与王弥一样，但又不能再次拒绝汲郡公的爵位，因而才有上面的结果。

石勒接受加官晋爵的诏书不久，便接到新的作战任务。

九月，刘聪将先帝刘渊安葬之后，便决定攻打西晋都城洛阳。刘聪当了皇帝，没有亲自领兵出征，而是派其子河内王刘粲统领始安王刘曜、征东大将军王弥出征。刘聪还传令石勒率部到河东郡的大阳县（今山西省平陆县）与刘粲会师，再一同会攻洛阳。

石勒将辎重留在重门，只率两万名骑兵西进。

石勒不带辎重，只率轻骑，显然对刘聪的旨令十分重视。数年来，石勒在外作战，虽然打着汉赵国的旗号，实质与独自行动无异。然而，一旦汉赵国有命令前来，石勒也是不敢怠慢的。

十月，石勒到达大阳县，与刘粲会师。刘粲、刘曜、王弥的兵马共有四万，加上石勒的骑兵，共有六万。刘粲作为皇长子，自然是会师后的大军统帅。刘粲带领这支兵马，渡黄河南下，首攻洛阳西边的渑池（今河南省洛宁县西北）。刘粲在渑池击败西晋监军裴邈的兵马，接着长驱直入洛川。

进入洛川，就逼近洛阳，然而刘粲没有直接攻打洛阳，而是将大军分为两路。一路由刘粲率领，攻打辗辕关（今河南省偃师县东南），一路由石勒率领，攻打成皋关（今河南省荥阳市西北）。两路大军，一路从洛阳南边插入，一路从洛阳北边掠过，对洛阳形成了威胁，并未对洛阳发起攻击。

石勒穿过成皋关，一路向东，于十月十三日，到达兖州陈留国的仓垣城。陈留国内史王赞驻守在这里。王赞，对于石勒来说，自然不陌生。王赞曾与苟晞将石勒与汲桑打得到处逃窜。石勒得知王赞在仓垣，便不想放过他，立即将仓垣城紧紧包围。

然而，王赞守城很有办法，石勒攻不下来。

石勒没有辎重，又都是骑兵，攻城不是很有利。石勒便放弃攻打仓垣，退守文石津（今河南省滑县西南），准备北上。石勒听说幽州刺史王浚的部将王申始，带领段氏鲜卑的骑兵，在文石津之北打败了汉赵国的将领赵固，便不打算北上作战。

石勒率部南下重门，取走辎重，继续南下豫州境内作战。

十、重门盟誓，会攻洛阳

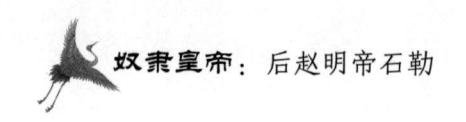

十一、进入豫荆，三战流民

石勒向豫州的襄城郡（今河南省襄城县）进发，兵锋直指荆州的南阳郡（今河南省南阳市）。石勒又开始独自行动，只是不在并州、冀州、兖州、司州境内，而是进入了豫州、荆州境内攻城略地。石勒进入豫州、荆州后，首先就与雍州来的流民发生了战事。

先说说雍州来的流民。

公元310年九月，原本是个收获的季节，但雍州发生了灾荒，大量流民来到荆州的南阳郡。西晋朝廷下令流民返回乡里，流民因关中残破，无以为生，都不愿返乡。西晋征南大将军山简、南中郎将杜蕤，分别派出一支兵马，强迫流民限期返乡。

流民中有一人名叫王如，暗中结交壮士，乘夜袭击，大破山简、杜蕤，于是流民纷纷起兵。流民严嶷、侯脱也带领部众，攻击城池，诛杀太守、县令，响应王如。不久，王如的部众聚集到四五万人。于是，王如自称大将军兼司州、雍州二州牧，上表归降汉赵国，愿做藩属。

十月，汉赵国大军攻打洛阳，太傅司马越传令各地兵马入援京师，只有山简派督护王万率军入援。王万刚到涅阳（今河南省镇平县南），就被王如击败。王如乘机南下大掠沔水、汉水一带，进逼征南大将军府所在的襄阳（今湖北省襄阳市）。不久，山简被流民将领严嶷逼迫，放弃襄阳，移防夏口（今湖北省武汉市）。

王如、严嶷、侯脱三位首领听说石勒进入豫州，非常担心石勒侵占他们的领地，于是派一万人进屯襄城郡，阻截石勒。石勒也许不想与这支流民队伍发生交战，毕竟王如等人已向汉赵国称藩。然而当听说王如等人派兵到襄城来阻截，石勒便决定攻打襄城。交战结果，一万名流民队伍不堪一击，全部被俘。

石勒继续南下，抵达南阳郡境内，逼近侯脱据守的宛县（今南阳市宛城区）。据守穰县（今河南省邓州市）的王如听说石勒要攻打侯脱，不仅不派兵马援救，反而悄悄派人给石勒送去厚礼，愿与石勒结拜为兄弟，还劝石勒攻打侯脱。

石勒下令三军鸡鸣出发，清晨到达宛县城下。石勒立即向宛县城池发起进攻，没想到这一攻竟攻了十二天，才将宛县城池攻破，侯脱被俘。另一首领严嶷率兵来救侯脱，到达宛县城下时，石勒已经攻入宛县，占领城池。严嶷不想再战，于是向石勒投降，石勒表面上接受投降，等到严嶷入城，立即下令拿下严嶷。石勒杀了侯脱，把严嶷装上囚车，派人押往京师平阳（今山西省临汾市）。两位流民首领的部众全部被石勒兼并，石勒的势力更加强大。

石勒继续南下，一连攻陷三十余座壁垒，最后占领襄阳。

石勒准备攻打王如，命右长史刁膺驻守襄阳，自率精骑三万，北上穰县。石勒担心王如兵力太强，一时难以消灭，便先回襄城再作打算。王如得到这一消息，派兄弟王璃率两万五千名骑兵，以犒劳为名，准备袭击石勒，石勒识破后，率精骑三万对王璃迎头痛击，阵斩王璃。

回看石勒与流民的战事，主要有三场。第一场，襄城攻打万名流民，流民全部被俘，或许战斗不算激烈。第二场，宛县攻打侯脱，用时十二天，这一战必定激烈，死伤无数，不会只是场小战。第三场，石勒与王璃骑兵对战，一方兵马三万，一方兵马二万五千，这更是一场硬战。可惜这些战事在史书上的记述非常简略。

石勒击败流民队伍之后，又回到襄阳。石勒不想再四处流动作战，想选一处作为据所，然后再经略四方。石勒想雄踞江汉，谋主张宾不赞同，劝石勒返回北方占领城池。石勒没有听从张宾的劝说，张宾也不再多言。石勒虽然没有采纳张宾的建议，但从此让张宾专管军中之事，任命张宾为参军都尉、兼记室，级别仅次于司马。

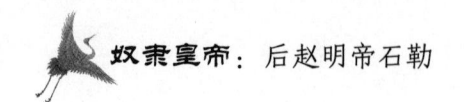

十二、挥师北上，决战宁平

几年来，石勒一直流动作战，足迹遍及司、并、冀、兖、豫、荆六州。到了荆州境内时，石勒想建立根据地，这不能不说是个有远见的想法。至于在哪里建立根据地，石勒与张宾有不同看法，石勒想雄踞江汉，张宾却劝他到北方去建立根据地。石勒没有接受张宾的建议，张宾决定等待时机再劝石勒。

公元311年正月，石勒在江汉一带已经三四个月，时间一长，他面临严重的困难：一是大军缺乏粮草；二是瘟疫流行，士卒死亡大半。张宾又劝石勒离开江汉，这次石勒终于采纳张宾的建议。

石勒下令焚烧辎重，聚集军中余粮，收起铠甲，渡过沔水，攻打荆州的江夏郡（今湖北省云梦县）。正月十五日，石勒攻打江夏城，江夏郡太守杨珉弃城而逃，石勒占领江夏郡。

二月，石勒继续北上，先攻新蔡（今河南省新蔡县），再取南顿（今河南省项城市），杀死新蔡王司马确。司马确是司马腾的儿子，继承了司马腾的爵位新蔡王。四年前石勒攻打邺城时，司马腾只有这个儿子得以逃脱。

杀了司马确，石勒马不停蹄，又向西北方向的许昌（今河南省许昌市）进发。石勒攻克许昌后，杀死西晋平东将军王康。新蔡属于汝阴郡，南顿属于汝南郡，许昌属于颍川郡，而汝阴郡、汝南郡、颍川郡都属于豫州。

从江夏到新蔡、南顿，再到许昌，石勒大军一路北上将近一千里。石勒会在哪里立足，会在哪里建立自己的根据地呢？一时还看不出来，石勒自己也在寻找。当然，石勒在寻找合适根据地的同时，也想攻打西晋的都城洛阳，也想为汉赵国立功。石勒一路北上到达许昌，正是为了逼近洛阳。

不久，石勒得到消息，西晋太傅司马越在项县（今河南省沈丘县）去世，留下一支十万人的队伍无人统领。石勒决定不攻打洛阳，而去追击晋朝这支最后的有生力量。石勒认为，如果消灭这支兵马，攻克洛阳、消灭西晋就不是难事。

掌管朝政大权的东海王司马越为何会在项县去世？

司马越作为"八王之乱"的最后一王，于公元306年最后胜出开始控制朝政。司马越掌控朝政，晋怀帝司马炽形同傀儡，其所作所为也大失民心。汉赵国频繁进攻洛阳，司马越对此深感不安。

公元310年十一月，司马越决定亲率大军，征讨一路南下的石勒。司马越将裴妃与世子司马毗留在洛阳，派龙骧将军李恽、右卫将军何伦保卫京师。司马越亲率四万名将士从洛阳出发，不久经许昌进驻项县。司马越让太尉王衍担任军司，把京师主要官员、能战之士全部纳入队伍之中，共有十万余人。司马越任命豫州刺史冯嵩为左司马，自兼豫州牧。

司马越离开洛阳之后，晋怀帝司马炽原本应当高兴，可是他无兵可守，洛阳一时空虚。司马炽知道司马越近来正与青州刺史苟晞不和，便与苟晞秘密往来。司马越知道后，愤怒异常，一气之下竟然患病卧床不起，把军中诸事全权交予太尉王衍。

公元311年三月十九日，司马越去世，众将推举王衍为元帅。王衍不敢担任，让与襄阳王司马范，司马范也不接受。于是这路大军就在没有统帅的情况下，由王衍等众官员一起率领。王衍封锁死讯，悄悄护送司马越的棺木，前往他的封国东海国（今山东省郯城县）安葬。

消息还是传了出去，留守洛阳的何伦、李恽得到司马越的死讯，立刻带着裴妃、司马毗以及司马皇族亲王等人,撤出洛阳,向东逃走。晋怀帝司马炽更是追贬司马越为县王,任命苟晞为大将军、大都督、都督青徐兖豫荆扬六州诸军事。苟晞一时成为司马炽依赖的重要人物。

四月,石勒率轻骑从许昌向东追击王衍大军,将领孔苌跟随。石勒只率轻骑追击,显然是为了尽快与司马越留下的这支兵马激战。岂料王衍等人率领的这支兵马由于组织涣散,行军非常缓慢,不久便在一个叫宁平城(今河南省郸城县宁平镇)的地方被石勒追上。

宁平城在项县东北方向数十里处,是东汉开国皇帝刘秀妹妹宁平公主的封地。宁平城是个平原之地,王衍大军根本无险可守。王衍派将军钱端迎战,被石勒击败。王衍初战即败,原本就没有严谨部署的大军,竟然乱作一团。石勒骑兵把王衍兵马团团围住,一时箭如雨下,晋军十万余人号叫奔跑,互相践踏,尸体堆积如山。西晋王朝最后一支强大的军队霎时瓦解,不是被杀,就是被俘,无人逃脱。

宁平一役,石勒俘获晋朝太尉王衍、襄阳王司马范、任城王司马济、武陵王司马澹、西河王司马喜、梁王司马禧、齐王司马超,以及吏部尚书刘望、廷尉诸葛铨、豫州刺史刘乔等。

石勒命人将王衍等人带入营帐,面对这位年过半百的清谈名士,石勒笑问:"听闻王公善谈老庄玄理,倾动一时,王公能否谈谈晋朝如何到了今天这般地步?"

56岁的王衍果然口中有雌黄,在向石勒讲述了晋朝失败的缘由之后说道:"所有这些,都与我无关,我原本无心为官,进入官场,实乃身不由己。将军纵横天下,无人能敌,何不早登帝位,以慰苍生。"

石勒早知王衍大名,也非常想见见王衍,但听王衍话语推脱,十分反感。石勒面有怒色道:"王公盛名远扬,年轻时便入朝为官,且身担重任,怎能说与国事无关呢?今天下残破,百姓受苦,正是你等所致。"

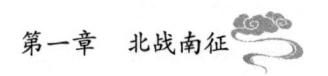

石勒说完，命左右将王衍等人推出去斩首，王衍等人非常恐惧，纷纷高呼与己无关，希望石勒能够放过他们。只有襄阳王司马范冷静异常，转身喝阻道："事已至此，说这些还有什么用。"

石勒不忍将王衍等人杀掉，问将领孔苌道："我走遍天下，尚未见过此等人才，何不留下他们？"

孔苌说道："他们都是晋朝王公大臣，绝不会真心效忠将军。"

石勒叹道："也罢，但真的不忍心对他们动刀。"

深夜，石勒命人推倒屋墙，将王衍等人全部压死。石勒还命人劈开司马越的棺材，拖出尸首，纵火焚烧。石勒切齿道："祸乱天下者，正是此人。今天我替天下人报仇，焚骨扬灰，昭告天地！"

石勒率部西返许昌，途中遇到逃亡的李恽、何伦等人。石勒大军发起攻击，李恽、何伦等人不堪一击，四散而逃。司马越的世子司马毗以及司马皇族48个亲王，全被石勒俘虏。

石勒消灭西晋的大军，会乘胜攻打洛阳，一举消灭西晋吗？

五月，汉赵国皇帝刘聪决定向洛阳发起攻击。刘聪派前军大将军呼延晏率二万七千人马，从平阳出发前往洛阳，与刘曜、王弥、石勒三部会攻洛阳，各部人马统由刘曜节制。始安王刘曜当时正率一支皇家劲旅进入豫州，与王弥会合作战，此时不在平阳。

刘聪显然已经得知石勒消灭晋朝的大军，洛阳城已经无兵可战。刘聪没有直接派石勒攻打洛阳，而是派出自家兵马，当然也传令石勒一同会战。那么石勒会参与这场战斗吗？

五月二十七日，呼延晏进逼洛阳城下。六月初五，王弥率所部人马到达洛阳城，直接进抵宣阳门。六月初六，刘曜大军进抵西明门。至此，除石勒大军未到洛阳之外，汉赵国三路大军均到达洛阳城下。可叹此时的西晋王朝早已回天无力，如同一只受伤的绵羊，只能任由匈奴胡马宰割。

六月十一日，晋怀帝司马炽被俘。六月十二日，刘曜杀死太子司马诠、吴王司马晏、竟陵王司马楙、右仆射曹馥、光禄大夫闾丘

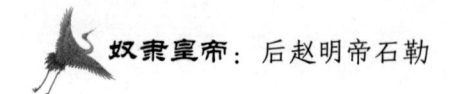

冲、河南尹刘默等人。刘曜还下令挖掘晋朝历代皇帝坟墓，焚烧历代皇家祭庙、皇宫。刘曜还把晋惠帝司马衷的皇后羊献容藏于军中，暗纳为妃。

刘曜对王弥不等他到来便进入洛阳城很是不满，二人产生了矛盾。攻占洛阳后，王弥率部先行离开，一路东行。刘曜则与呼延晏率兵北返平阳，同时把晋怀帝司马炽及皇帝六颗玉玺带回平阳。

六月二十一日，刘曜、呼延晏到达平阳，汉赵国皇帝刘聪大喜，下诏大赦，改元嘉平。刘聪任命司马炽为特进、左光禄大夫，封为平阿公，在朝会上的位置仅排在太宰、太傅、太保三公之后。

汉赵国三路大军攻陷晋朝都城洛阳，石勒为把功劳让与刘曜、王弥，只对洛阳形成包围之势，并未攻入洛阳城。攻破洛阳后，石勒便东出镮辕关，仍回驻许昌。

石勒虽然只是声援，但汉赵国皇帝刘聪知道，如果没有石勒在宁平城消灭司马越的大军，刘曜、王弥不可能这么容易地攻克洛阳。所以，刘聪在论功行赏时，除了升刘曜为车骑大将军、王弥为大将军外，也升石勒为征东大将军。当然石勒既然不想抢功，更不会接受征东大将军封号。石勒此次仍是"固辞不受"。

十三、东进蒙城，擒获苟晞

苟晞本为青州刺史，于西晋怀帝永嘉五年（311）正月，在临淄（今山东省淄博市东临淄镇）被汉赵国安东大将军曹嶷击败后，投奔兖州高平郡（今山东省金乡县西北），招募数千兵马。苟晞与太傅司马越不和，又逢司马越屯兵在外，便秘密与晋怀帝司马炽往来。司马炽令苟晞讨伐司马越。苟晞于是一路向东，进驻仓垣（今河南省开封市北），与陈留国内史王赞会合。

三月，司马越去世，苟晞被任命为大将军、大都督、都督青徐兖豫荆扬六州诸军事。石勒在宁平城消灭司马越大军后，苟晞曾上书司马炽，请求迁都仓垣，司马炽未能成行。

六月，洛阳沦陷、司马炽被俘，皇太子司马诠的弟弟豫章王司马端逃到仓垣，苟晞率文武官员，拥立司马端为皇太子，组建行台，成为临时朝廷。司马端承制任命苟晞为太子太傅、都督中外诸军事、录尚书事，并从仓垣迁到蒙城，而派王赞到阳夏县（今河南省太康县）驻兵。

苟晞自从建立行台，越发凶暴残忍，不可理喻。苟晞出身卑微，官至大将军，感到非常满足，奴婢近千、侍妾数十、整日足不出户，纵情肆欲。曾任辽西郡太守的阎亨，屡次规劝苟晞，苟晞不仅不听，还把他诛杀。卧病在家的从事中郎明预听说此事，立刻乘轿前往劝谏。苟晞暴跳如雷，说我杀阎亨，与别人何干？苟晞的部众也纷纷怨

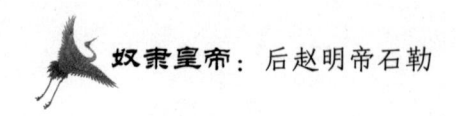

恨离散。

九月，石勒率部从许昌向东进发，前往蒙城，中途经过阳夏县。石勒决定先攻打驻屯阳夏的老对手王赞。阳夏小城哪能抵挡石勒的大军，石勒毫不费力便攻下阳夏，擒获王赞。石勒没有杀王赞，而是任命王赞为从事中郎。

石勒大军继续快马向东进发，不日进抵蒙城。

苟晞在蒙城已经众叛亲离，又加上数月的饥荒、瘟疫，早已无力固守蒙城。苟晞听闻石勒大兵压境，面对多年的仇敌，只得硬着头皮固守城池，然而苟晞的部将听说王赞已降，也均有降意。苟晞仍然誓死固守，毕竟他对石勒这位仇家心存芥蒂，知道石勒不会轻易放过他。

尽管苟晞仍想坚守城池，但石勒已不是当年的石勒。现今的石勒已经拥有强大的兵马，攻打蒙城，已非难事。再说晋朝皇帝被俘，在守城将士看来，晋朝已亡，何必苦苦维持，为谁效忠呢？石勒所部人马并未用多久，便将城池攻破，司马端、苟晞等人都被擒获。

石勒看到苟晞这位多年的老对手，不禁感慨万千。五年前，石勒与汲桑跟随公师藩到达白马时，苟晞率兵阻截，杀了公师藩将军。四年前，石勒与汲桑在兖州、司州、冀州境内被苟晞与王赞追杀，无处立足。

想到这些，石勒不禁怒从中来，但石勒并不想就这样杀掉苟晞，因为杀掉他就是便宜了他。石勒决定把苟晞当狗拴着，以消心头之气。石勒于是让人找来铁链子，拴住苟晞的脖子，用手牵着。后来石勒气消了，让苟晞做他的左司马。

汉赵国皇帝刘聪得知石勒又立战功，下诏升石勒为征东大将军、幽州牧。石勒仍然坚决辞让征东大将军名号。这已经是石勒第三次辞让征东大将军名号，石勒这辈子难道永远不当征东大将军？

十四、设宴己吾，杀死王弥

石勒擒获司马端、苟晞，消灭一个行台，有一个人知道后并不开心，这人便是汉赵国大将军王弥。数年来，王弥看到同样在外征战的石勒不断壮大，如果不是三次推辞征东大将军名号，可能早已与其一样是大将军了。石勒当然也担心王弥迟早会成为他的劲敌，因而一直居功不自傲，就是想让着王弥，也防备着王弥。二人可以说是面和心不和。

王弥手下有一位智囊叫刘暾（读音如吞），曾是西晋的司隶校尉，其曾在青州与王弥作过战。刘暾看到洛阳沦陷，觉得西晋王朝已经日薄西山，就投奔王弥。刘暾多次劝说王弥寻找机会杀掉石勒，但王弥看到石勒部众越来越多，实力越来越强，一直没有下定决心。

刘暾又劝王弥召回前往青州的安东大将军曹嶷，来共同对付石勒，王弥终于接受，并派刘暾带着信件前往青州。刘暾在前往青州的途中，被石勒的游骑兵截获。石勒这才得知王弥的阴谋，便将刘暾秘密杀掉，王弥对此一无所知。

王弥在派出刘暾之后，还派人给石勒送去一封信。石勒不识字，就让参军都尉张宾读给他听。王弥在信中祝贺石勒擒获司马端与苟晞，末了还说，如果苟晞成为石勒左手，王弥成为右手，则天下不难平定。石勒感到不妙，对张宾说道："王弥位高，而言辞卑下，必将图我。"

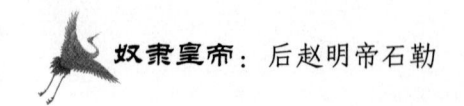

的确，王弥当时是大将军，要比石勒的镇东大将军高好几级。

张宾劝石勒除掉王弥，还给石勒讲了长长的理由。张宾说道："我看王弥，一定有称王青州的想法。青州是他的故土本乡，也是人情留恋之处，将军难道没有夺取老家并州的想法吗？王弥之所以迟迟没有这么做，就是怕将军也步其后尘。王弥已有谋图将军的心思，只是没有找到机会而已。将军如果还不动手的话，恐怕会后悔。两年前，曹嶷被王弥派往青州，近来徐邈也离开王弥在外作战。王弥的力量有所减弱，此时可以引诱他，一举消灭他。"

石勒听后，觉得很有道理，就等待时机。

不久，王弥与另一支"乞活"军首领刘瑞相持不下。王弥派人向石勒求救。石勒此时正在蓬关（今河南省开封市南）攻打并州来的"乞活"军首领陈午，石勒打算拒绝王弥的请求。张宾说道："将军一直担心没有机会接近王弥，现在机会来了，将军不能放弃。"

石勒仍有忧虑道："我部正与陈午交战，恐一时难以分兵。"

张宾说道："王弥乃人中豪杰，将来必为将军劲敌，应该早日铲除。现今机会到来，将军岂能为陈午小儿而失去良机。"

石勒于是率部增援王弥，很快就将刘瑞消灭。王弥非常高兴，认为石勒非常敬重自己，不再有疑心。王弥还将在洛阳抢掠的财物与美女送了不少给石勒，石勒为防王弥起疑，照收不误。为表谢意，石勒决定设宴款待王弥。

西晋怀帝永嘉五年（311）十月，石勒在豫州梁国境内的己吾城（今河南省宁陵县黄岗镇己吾城村）摆下筵席，请王弥赴宴。此时的己吾小城正值深秋，寒意逼人。王弥的长史张嵩劝告道："将军不可赴宴，此宴乃鸿门宴也。"

王弥根本不听，毅然前往己吾城赴宴。

王弥虽然作战勇猛，人称飞豹，但也不是一个莽汉。王弥是一个很有头脑的人。那么王弥为何不听属下之劝，一定要去赴宴呢？一个很可能的原因就是上了石勒的当，不再怀疑石勒。还有一个可能的原因就是王弥也想谋取石勒，还不想让石勒对他产生疑心。总之，王弥没有觉察石勒此时要对他下手。

石勒与王弥在宴席之上，少不了叙说别后之事，互相再恭维恭维。酒过三巡、菜过五味，王弥已有几分醉意。石勒突然起身，拔出随身佩戴的短刀，将王弥杀死。王弥也是身强力壮之人，但单打独斗，不是石勒的对手，毕竟王弥年近六旬，石勒才38岁。

石勒兼并了王弥的兵马，势力更加强大。石勒派人前往汉赵国都城平阳，向汉赵国皇帝刘聪奏呈王弥谋反，故而将其杀掉。刘聪不傻，不相信石勒的说辞，马上派使来到石勒的军中，斥责石勒谋害公爵辅臣，藐视君王。不久，刘聪又升石勒为并州牧、都督并幽二州诸军事，以示安抚。

刘聪此举，显然是担心把石勒逼反。刘聪还不想失去石勒，毕竟其手里有一支强大的军队，曾经为汉赵国立下战功，汉赵国还要依靠石勒继续南征北战。

不久，苟晞与王赞谋划叛离石勒，石勒将二人杀掉。

十四、设宴己吾，杀死王弥

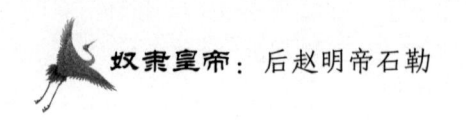

十五、驻屯葛陂，刘琨来信

石勒杀掉王弥之后，率部从己吾城南下，一路劫掠豫州各郡，临近长江而返，最后驻屯豫州汝南郡平舆县葛陂（今河南省平舆县东）。葛陂虽然在豫州境内，但石勒已经南下五百余里。

石勒以葛陂为据点，在故楚国之地攻城略地，降服不少郡国。石勒每次出征，郭黑略总能预先知道胜负。郭黑略是石勒的"十八骑"之一，并无过人的谋略，石勒感到非常惊奇。

一天，石勒问郭黑略："你跟随我六年多了，我从未看出你有出众的智谋，为何近来总能预先知晓出征结果？"

郭黑略笑笑道："我哪里有什么智谋，全因近来投奔我的一位老沙门。这位老沙门说他已经有一百多岁了，而且能掐会算。将军每次出战，他总能算出结果。"

石勒高兴地说道："快将此人带来见我。"

郭黑略便将一位老和尚带到石勒面前。

老和尚对石勒道："贫僧来自天竺，俗姓为帛，法名佛图澄。"

石勒便让郭黑略好生对待佛图澄。

石勒怎么也没有想到，他在葛陂驻屯数月，有人费尽心机，历尽艰辛将其母亲、妻儿、侄子从并州送达。此人便是并州刺史刘琨。并州是石勒老家上党郡武乡县所在的州。

前面讲过，石勒被拘捕贩卖，是在晋惠帝太安年间，即公元302年

第一章　北战南征

至303年之间，石勒当时29岁或30岁。就按长一点时间算，石勒在老家共有三十年。现如今，石勒已经38岁，也就是说离开家乡已有八年。

在这八年中，石勒在冀州做奴隶，大概有两年。这两年，地主师欢对石勒不错，牧马场的汲桑也赏识他。从公元305年七月开始，石勒跟随汲桑踏上军旅生涯。数年来，石勒四处征战，纵横六州。

虽然石勒大名响彻中原，但他家乡的百姓甚至母亲、妻子可能并不知晓，因为石勒离开家乡时还没有一个像样的名字。但有一个人知道，他就是晋朝并州刺史刘琨。刘琨知道那位驰骋南北的将军石勒就是并州人。

刘琨深知石勒经过多年作战，已经兵强马壮，晋朝各地守兵难以抵御。为了晋朝的安危，刘琨想劝降石勒。刘琨于是派张儒到石勒的家乡找到了石勒的母亲王氏、妻子刘氏以及儿子、侄子，又一路送到葛陂。也许这时石勒才给儿子取名叫石兴，给侄儿定名为石虎。

张儒还给石勒带来了刘琨的书信。书信全文如下：

　　将军发迹河朔，席卷兖豫，饮马江淮，折冲汉沔，虽自古名将，未足为谕。所以攻城而不有其人，略地而不有其土，翕尔云合，忽复星散，将军岂知其然哉？存亡决在得主，成败要在所附。得主则为义兵，附逆则为贼众。义兵虽败而功业必成，贼众虽克而终归殄灭。昔赤眉黄巾，横逆宇宙，所以一旦败亡者，正以兵出无名，聚而为乱。将军以天挺之姿，威震宇内，择有德而推崇，随时望而归之，勋义堂堂，长享遐贵。背聪则祸除，向主则福至。采纳往诲，翻然改图，天下不足定，螳（读音如蚁）寇不足扫。

　　今相授侍中、持节、车骑大将军，领护匈奴中郎将、襄城郡公，总内外之任，兼华戎之号，显封大郡，以表殊能，将军其受之，副远近之望也。自古以来，诚无戎人而为帝王者，至于名臣而建功业者，则有之矣。今之怀想，盖以天下

十五、驻屯葛陂，刘琨来信

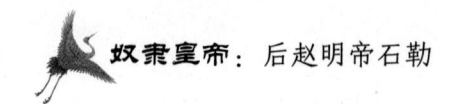

大乱，当须雄才。遥闻将军攻城野战，合于机神，虽不视兵书，暗与孙吴同契，所谓生而知之者上，学而知之者次。但得精骑五千，以将军之才，何向不摧？至心实事，皆张儒所具。

刘琨的书信，文采很好，值得一字一句读一遍。

在信中，刘琨对石勒这些年南征北战作了总结，还向石勒提出一个问题，那就是为何攻城略地而没有得到一寸领地。刘琨认为，只有归顺晋朝，才是义兵，否则就是贼寇，自然也不会有所成功。刘琨还给石勒任命官职为侍中、车骑大将军，封襄城郡公。刘琨劝说石勒，自古夷人不可能成为帝王，但可以建功立业。

对于刘琨的一番苦心，石勒会听从吗？

石勒不为所动，让张宾修书，请张儒带给刘琨，信中寥寥数语："事功殊念，非腐儒所闻。君当逞节本朝，吾自夷，难为效。"石勒的意思是，我们所走的道路不同，不是你这位腐儒能够明白的。石勒让刘琨继续效忠晋朝，而他是一位夷人，不可能与他一样。

石勒虽然这样说，但还是要感激刘琨，毕竟刘琨将他的家人送到了葛陂，让他与家人团聚。石勒于是给刘琨送去名马、奇珍异宝，厚待刘琨来使，以此表示感谢，但从此断绝往来。

石勒的侄儿可能本名为虎，现在有了姓，便叫石虎。石虎时年17岁，相貌奇伟、生有壮骨。石虎生性残忍，刚到军中，喜欢驱驰狩猎，终日游荡，毫无节制。不仅如此，石虎还常用弹丸射人，多次射中军士，军中将士都视他为祸害。

石勒得知后，非常生气，打算杀了石虎，除去这个祸害。石勒的母亲王氏阻止道："快牛小时，往往会拉破车辆，你应当容忍他。"

石虎18岁时，稍加克制。石虎身高七尺五寸，善于骑马射箭，勇冠三军，军中将领无不敬畏。石勒从此非常赏识石虎，任命石虎为征虏将军。石虎行军作战，身先士卒，严厉而不烦琐，无人敢冒犯他。

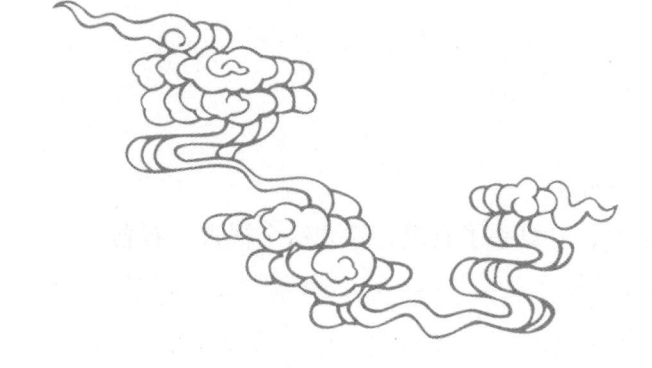

第二章 占据襄国

一、遭遇困境，葛陂对策

西晋怀帝永嘉六年（312）二月，石勒仍在葛陂驻屯。

一年前，石勒在江汉不能立足，终于采纳张宾的建议而挥师北上。后来在己吾城杀了王弥，又率部南下攻略。由此看来，石勒仍想在南方建立基地。石勒在葛陂便驻屯了将近三个月，不仅修建房屋，也注重农业生产。

石勒还修造船只，准备进攻琅琊王司马睿驻守的建业（今江苏省南京市）。岂料大雨连下三个月不止，石勒的粮草不足，军队又出现瘟疫，死者大半。石勒又得到消息，说司马睿任命长史纪瞻为扬威将军，令纪瞻统领各军前来征讨，已经调集江南各部人马到达寿春（今安徽省寿县）。石勒大军面临危险。

石勒连忙召集文官武将商议对策。

右长史刁膺说道："将军应当先归顺司马睿，请求扫平河朔，等司马睿的大军退回江南，再作打算。"

石勒听说要向司马睿投降，不禁忧伤长叹。

中坚将军夔安说道："将军可以找个地势高的地方暂避雨水。"

石勒反问道："作为将军，你怎么如此胆怯？"

孔苌、支雄等三十多位将领则认为："应当趁司马睿的兵马尚未聚齐，让我们各带三百名步兵，乘船三十余艘，分路夜袭寿春。我们一定斩掉江南武将头颅，占据城邑，夺其粮草，在年内攻下建业、平

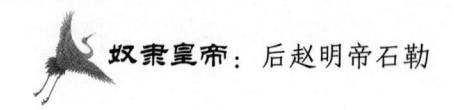

定江南。"

石勒听后面露笑容道："这才是勇将的计策啊！"

石勒给孔苌、支雄等人各赐铠甲一副、骏马一匹。

石勒见参军都尉张宾一言不语，问道："先生认为该当如何？"

张宾说道："将军攻陷京城，囚禁晋朝皇帝，杀害王公大臣，占有嫔妃，就是拔下头发也不够列数将军的罪过，将军岂能再以臣子尊奉晋朝呢？去年在己吾杀了王弥，就不该来到这里。现今方圆数百里连月降雨，暗示将军不要在此久留。北方的邺城有三台之固，四周有山河之险，西与汉国都城平阳相连，占有要害之势。将军应当北上占领邺城，经略黄河以北。一旦平定河北，举国无人能够超过将军。司马睿派兵到寿春，不过是惧怕将军攻打建业，一旦将军北上，他们必定欢欣不已。将军可令辎重队伍北上，再派一支人马向寿春进发，佯装迎战，待辎重队伍远去后，这支人马再北返，还用担心进退无路吗？"

石勒听后，抚髯须赞赏道："先生之计甚好。"

石勒接着责备刁膺道："你既为辅佐，应当勉励我成就大业，岂能劝我投降？出此计者应当杀头，但我知你生性胆小，就不加罪于你了。"

于是，石勒把刁膺贬为将军，升张宾为右长史，加中垒将军。

张宾与石勒在公元312年二月的葛陂对意义非常，从此开辟了石勒奋斗生涯的新方向。葛陂对可以媲美公元前206年七月的韩信与刘邦的汉中对以及公元207年十一月的诸葛亮与刘备的隆中对。

有所不同的是，韩信、诸葛亮都是首次面对主公而进献的对策，而张宾三年前来到石勒军中，开始并没有得到重用。到达豫州、荆州后，张宾一直劝石勒北返，建议在北方建立根据地，而石勒一直没有接受。

现在石勒终于认识到在南方作战的困难，终于接受张宾的建议，还升了张宾的官，由此可见之前石勒给他的官职并不高。一开始，石勒只让张宾掌管人事，后来在江汉才让张宾参与军事。张宾一开始的官职是军功曹，现在是右长史，从此称为"右侯"。张宾开始参与军事时，只是担任参军都尉，现在终于升为将军，尽管只是杂号将军。

关于刁膺，被降为将领后，在史书中再未提及其名。

一、遭遇困境，葛陂对策

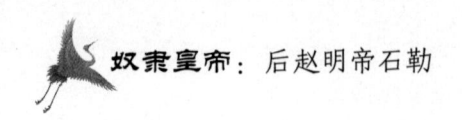

二、率部北上，占据襄国

公元312年六月，石勒从葛陂北上。

为了从葛陂安全撤退，石勒派侄儿石虎率领两千骑兵前往东南方向，以威慑寿春，石勒则率领大部人马及辎重离开葛陂北上。

石虎在前往寿春的途中，遇到晋朝运送粮草的船队，石虎命令将士截获了数十船粮食。由于数月缺粮严重，将士们竞相夺取，石虎不能制止，以致无人设防。正在这时，琅琊王司马睿所派的扬威将军纪瞻率兵赶到，向石虎骑兵发起进攻，石虎带领将士仓促应战，五百余人落水而死。石虎不敢再战，带领余部兵马向北逃窜，纪瞻乘胜追击一百余里，跟石勒率领的兵马相遇。

石勒之所以率部北上，就是因为所部兵马在葛陂减员过多，已经不堪一战。石勒之所以派石虎威慑寿春也是为大军北上争取时间。现在石虎不敌败回，纪瞻又率兵追至，石勒既不能战，又不能让纪瞻看出实情。石勒到底是久经沙场，临危不惧，不慌不忙，传令备战。纪瞻看到石勒排兵布阵，准备迎战，而且队伍齐整，也不敢交战，于是回兵寿春。

石勒带领部众继续北上，沿途官兵百姓得知石勒大军经过，都坚壁清野，以致石勒大军一路上得不到粮食。石勒大军再次大闹饥荒，士兵互相残食，所部人马死亡很多。

六月末，石勒到达东燕（今河南省延津县东北），临近黄河。

第二章　占据襄国

时值夏季，黄河水面宽阔、水流湍急。黄河对岸的枋头（今河南省淇县东南淇门渡）驻扎着一支兵马，由汲郡民众首领向冰统领，有数千人。石勒北渡黄河最近的一个渡口是棘津渡（今河南省卫辉市东），而棘津渡对岸不远之处便是向冰大营。石勒担心向冰会趁其半渡而击。

石勒正为渡河而犯愁，右侯张宾说道："据报，向冰的船只都停泊在河流之中，还没有进入堤堰的木栅之内，正好可以偷取。将军可选一千名猛士，从隐秘的地方偷渡过去，偷取他们的船只，可载大军渡河，大军渡河之后，向冰可擒矣。"

石勒采纳了张宾的建议，但从何处渡河才好呢？

从棘津渡口沿黄河顺流而下，数十里处有一个渡口叫文石津（今河南省滑县东南古黄河渡口），向冰没有在那里设防，从那里偷渡应当最为隐秘。石勒于是派孔苌、支雄等人带领一千名猛士前往文石津偷渡黄河。

七月的一天，孔苌、支雄等人到达文石津，乘临时捆绑的木筏，于夜间悄悄渡河。到达黄河北岸后，孔苌、支雄等人又沿黄河北岸西进。天还没有亮，孔苌、支雄等人便来到向冰大营附近，营中无人发觉。孔苌、支雄等人将河中三十余只船全部偷取，迅速划至对岸棘津渡。

有了这三十余只大船，石勒大军便开始渡河。大军渡河之后，立即向向冰大营发起袭击。向冰虽有数千人马，但不是石勒的对手。石勒击败向冰后，抢得向冰粮草，大军再度振作。

史书记载，石勒北上经过枋头时，佛图澄对郭黑略说，晚上向冰会派兵前来偷袭，须严加防备。郭黑略便向石勒禀报。于是，石勒下令加强戒备，晚上向冰果然派兵前来偷袭。这段记载只是为了又一次表明佛图澄神机妙算，似与当时情况不符。

石勒继续北上，直扑邺城。

当时镇守邺城的是魏郡太守刘演，他是并州刺史刘琨的侄儿。刘演听说石勒大军即将逼近邺城,决定依靠三台之险,全力固守。岂料一年前投奔而来的王弥堂弟王桑的长史临深、将领牟穆,率部向石勒投降,刘演的势力一下子减弱。石勒部将想攻打刘演,右侯张宾却有新的打算。

邺城是张宾在葛陂向石勒推荐的据守之地。现在到了跟前,而且守将刘演势孤力单,攻打正是时候,张宾却又劝石勒放弃邺城。张宾还劝石勒继续北上寻找根据地。张宾到底是怎样想的呢?

张宾是这样说的:"刘演士众仍有数千,三台地势险固,难以立即攻克,放弃进攻可使敌人内部溃散。幽州刺史王浚、并州刺史刘琨才是我们的大敌,应该趁他们尚无防备,秘密进攻城池,夺取粮草。一旦扫平幽、并二州,便能成就齐桓公、晋文公那样的功业。如今天下鼎沸,人无定志。将军虽有庞大兵马,如果到处征战,如同周游四海,军心不定,这不是保万全、定天下的做法。得地者昌盛、失地者衰亡,邯郸(今河北省邯郸市)与襄国是古时赵国的旧都,依山据险,可择一处作为都城,然后命令诸将四处出击,授予他们奇策,所占之地必将更加巩固。则群敌可除、王业可图。"

石勒听后,说道:"右侯之计甚是!"

张宾这时又给石勒推荐两个地方作为据守之地,一个是邯郸,一个是襄国。邯郸与襄国都是司州广平郡属县,不属于并州也不属于幽州与冀州,可以暂避刘琨、王浚。其中襄国又远离邺城的刘演,最终被石勒确定为据守之地。

石勒继续北上,一路无大战,不日即占领襄国。

石勒自公元305年七月与汲桑追随公师藩以来,一直流动作战,纵横南北六州,居无定所。到公元312年七月,整整七年,石勒终于有了自己的根据地襄国,从此没有放弃过襄国。石勒从葛陂北上襄国,一千多里可谓历尽艰难。

刚到襄国城,张宾又对石勒建议道:"现在将军定都襄国,必为王浚、刘琨所忌恨。我担心他们会趁我们城池尚未加固、粮草尚未丰足而派兵攻打我们，听说广平郡诸县秋粮丰收，将军可速派各将抢割田中粮草。再者，将军从葛陂北上，在襄国据守，不仅王浚、刘琨不高兴，汉国皇帝也会不高兴。将军应当派使前往平阳，向汉国皇帝言明镇守此地的意图。"

张宾的这席话，大致向石勒提出两项建议。一个是正值秋季，赶紧抢收秋粮；一个是向汉赵国言明镇守襄国的意图。第二个建议十分重要，因为石勒从此便不再流动作战，而是以襄国为根据地，自己派兵四处作战，如同汉赵国内第二个朝廷。张宾找的理由是为汉赵国镇守襄国，汉赵国从情理上也不太好拒绝。

石勒对张宾的建议非常赞同，还向冀州诸县壁垒发起进攻，扫平襄国城周边障碍。汉赵国皇帝刘聪也接受石勒的奏请，准许石勒镇守襄国，还加授石勒为都督冀幽并三州诸军事、冀州牧，晋封上党公。

从此石勒据守襄国，派将领四方征战，表面上听从汉赵国皇帝旨令，实际上完全按照自己的意愿行动。当然，此时的石勒还没有称王称帝，因为实力还不够，所占领地还不多，还须打着汉赵国的旗号。

作为将军，石勒一直带领兵马在外征战。现在以襄国为根据地，派部将出战，石勒便是统帅了，那么他的统驭能力如何呢？我们拭目以待。

二、率部北上，占据襄国

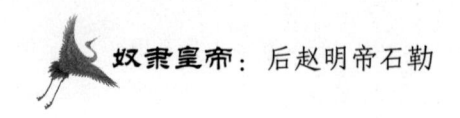

三、激战襄国，降段末柸

石勒到襄国几个月了，近在咫尺的游纶与张豺拒不归附。

游纶与张豺都是广平郡人。二人集结数万人，据守苑乡（今河北省任县东北）自保。二人还归附幽州刺史王浚，接受王浚任命的官职，石勒决定派兵攻打游纶与张豺。

公元312年十二月，石勒派夔安、支雄等七位将领率兵攻打游纶与张豺。夔安、支雄等人很快就攻破游纶与张豺的外围营垒。就在夔安、支雄等人节节胜利之时，幽州刺史王浚派兵来了。

王浚派督护王昌以及辽西公段疾陆眷率五万兵马，南下援救游纶与张豺。段疾陆眷是前任辽西公段务勿尘之子，段务勿尘已于两年前去世。段疾陆眷带来的段氏鲜卑将领有：段疾陆眷的兄弟段匹磾（读音如堤）、段文鸯以及堂弟段末柸（读音如胚）。

不久，段疾陆眷的大军到达渚阳驻屯，离襄国城十余里。

石勒对王浚派兵前来非常担忧，尤其是段氏鲜卑前来，让石勒更为惊慌。三年前，飞龙山一战之惨败仍让石勒记忆犹新。然而听说此次幽州名将祁弘没有前来时，石勒感到稍安。石勒于是派一支兵马到渚阳迎战段氏鲜卑。刚一交战，石勒的兵马便败下阵来。石勒的兵马撤至襄国城内，包围游纶、张豺的夔安、支雄等将领也撤回襄国城内。

段疾陆眷派人赶造大量攻城器械，准备攻打襄国城。

第二章　占据襄国

石勒获知段疾陆眷准备攻城，自知襄国城池并不坚固，非常担忧，连忙召集诸将商议。石勒环顾众将道："现今襄国的城墙及护城河尚未全部建成，而城外敌人众多且勇猛异常。我们外无援兵、内缺粮草，就是古时的孙子、吴起再生，也无法固守。我想带领全部兵马出城，在野外布下战阵与敌人决战，诸位以为如何？"

诸将大都说道："应当固守城池而使敌人疲惫，时日一久，敌人必然退去，到那时我们再出城追击，一定能够取胜。"

石勒看到右侯张宾与将领孔苌不语，便问道："君等以为如何？"

张宾、孔苌说："要想击退远来之敌，当须用计。据报段家鲜卑兵马之中，段末柸最为勇猛凶悍，此次辽西公所率兵马中的精锐正是段末柸部。我们应当固守城池，显示不敢出城作战，然后悄悄在北城凿二十余个暗洞。等到段疾陆眷率部攻城之时，再派出数位将领各领一支精锐兵马从暗洞冲出，出其不意，向段末柸大营发起进攻。段末柸一定毫无准备，必将被我军击败。段末柸一败，段家鲜卑自然退却。"

石勒听后，面露笑容，决定采用张宾之计，派孔苌等人在北城秘密挖凿暗洞，而北门之外的段末柸毫无觉察。

数日后，段疾陆眷开始进攻襄国北门，石勒下令紧闭北门，拒不应战。石勒登上城头，看到北门之外段家兵马开始疲惫懈怠，有的士兵甚至躺下睡觉，根本不把襄国城内的兵马放在眼里。石勒认为出战时机已到，传令孔苌等将率领精锐兵马从二十余个暗洞冲出。石勒还亲自带领将士在城头擂起战鼓，为孔苌等人助威。

孔苌率领人马直扑段末柸帐营，一时不能攻克，遂向后撤退。段末柸奋起反击，独自一人追击孔苌而来。段末柸一直闯入孔苌的营门。孔苌等人将段末柸包围，最后生擒段末柸。

关于生擒段末柸一事，史书还记载石勒对迎战段家鲜卑没有把握，派人去问佛图澄，佛图澄说明日必擒段末柸。第二日，石勒在城墙之上观战，看到段家鲜卑兵马强盛，见首不见尾，非常惊恐，忙又

三、激战襄国，降段末柸

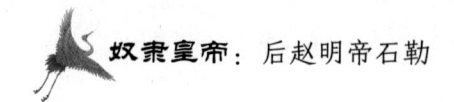

派夔安去问佛图澄，佛图澄掐指一算道："已经擒获段末柸。请将军不要杀害段末柸。"夔安去见石勒时，果然已经擒获段末柸了。

段疾陆眷得知段末柸被擒，非常恐慌，不知襄国城内虚实，连忙下令撤退。孔苌看到段疾陆眷率兵撤退，忙带领精锐兵马追杀。可怜辽西段氏鲜卑劳师远来，在撤退中被杀得尸体堆积如山，护甲战马五千匹亦被孔苌夺得。段疾陆眷收拾残兵败将，回军渚阳。

石勒会如何处置段末柸呢？

石勒得知孔苌等人俘获段末柸，决定将段末柸作为人质，并派使到渚阳拜见段疾陆眷，商议和解。部将则纷纷劝石勒杀掉段末柸，石勒认为不可。石勒说道："辽西段家鲜卑兵力强大，与我们一向无冤无仇，此次来攻，只因受到幽州刺史王浚的指使。如果我们杀了段末柸，必将与段家鲜卑结仇，这绝不是良策。如果将段末柸放回，他一定对我们感激不尽，以后必定不会再听王浚指使。"

为了体现与段家鲜卑和解的诚意，石勒还让石虎前去渚阳，与段疾陆眷结为兄弟。

石虎来到渚阳，拜见段疾陆眷，送上大量财物、布匹，并传达石勒的意思。段疾陆眷非常高兴，准备接受礼物并与石虎结拜为兄弟。段文鸯坚决反对道："石勒之所以如此行事，可以看出他一定无力与我们一战。兄长切莫因段末柸一人之故，放弃攻打就要灭亡的贼寇。如果这样，幽州刺史王浚一定怨恨我们，将会为我们辽西郡招来无穷后患。"

段疾陆眷不听段文鸯的劝说，毅然在渚阳与石虎对天盟誓，结为兄弟。段疾陆眷还回赠石勒护甲战马和金银财宝，又将段末柸的三弟当作人质，交换段末柸。段疾陆眷随即率军北返辽西郡。幽州督护王昌是在此战中阵亡，还是率部北返幽州，史书记载不详。

石虎带着段末柸的三弟返回襄国，石勒非常高兴，当即召见段末柸，并设宴款待，誓言情同父子。宴罢，石勒派人送段末柸返回辽西。段末柸深为感动，在北归途中，每天向南方遥拜石勒三次。

从此，辽西段氏鲜卑改变立场，归附石勒，王浚的力量开始衰退。苑乡的游纶与张豺也主动向石勒投降。石勒考虑到将要北攻王浚，所部兵马需要修整，作为权宜之计，暂且接受游纶与张豺的请降，还任命游纶为主簿、张豺为将军。

击败王浚派来的兵马之后，石勒派参军阎综前往平阳，向汉赵国皇帝刘聪献上战利品。从石勒的举动来看，石勒仍是尊奉汉赵国的，重要战事之后，还是要向汉赵国奏呈战报的。

不久，石勒听说冀州新任刺史王象驻守在两百里外的信都（今河北省衡水市冀州区），于是派兵攻打信都，获胜之后，杀死王象。石勒兵马离开之后，王浚又任命邵举暂为冀州刺史防守信都。

三、激战襄国，降段末柸

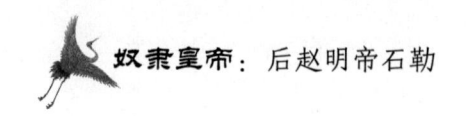

四、广宗城外，杀死祁弘

由于段疾陆眷与石勒结好，王浚此次南下用兵以失败告终。王浚并不想就此罢休。王浚当时虽是幽州刺史，但已是大司马、侍中、大都督、都督幽冀诸军事。王浚不会任由石勒在襄国立足。没有段家鲜卑的帮助，王浚就派名将祁弘南下，攻打石勒。

祁弘快马南下，很快到达广宗（今河北省威县东）。

广宗是冀州安平国境内的一个县，在襄国的东边，只与其相距两百里远。石勒很快便得知王浚再次派兵前来，而且是名将祁弘。石勒感到非常担忧，觉得王浚不消灭他石勒，好像誓不罢休。石勒不想放弃襄国，不想再四处流动作战，决定与祁弘决一死战。

这必是一场恶战，该如何去打这场恶战呢？

固守城池一定不行。王昌与段疾陆眷来战之时，石勒就说过，襄国城池尚未加固。现在刚遭战火，城墙还需加以修缮，这些都还没有来得及做。采用对付王昌与段疾陆眷的办法也行不通。这只是一个计策，不可能再用一次，再说城墙上那些暗洞已经暴露，成为明显的洞口。只能离开襄国城、到野外选一处地方与敌人决战了。没有更好的办法，只能用这个办法对付祁弘了。

其实到野外作战，算不得是一个好办法。野外，没有城墙，无险可守，当然如果找一个有利地形作为战场，也是可能的，但祁弘会来吗？怎样才能将祁弘引诱到这个战场呢？

如果，没有地利，还可能有天时。但这个难以掌控。如果天时、地利都没有，那就只能硬着头皮作战了，也就是硬拼了，看双方战斗力。石勒无法选择地利，也不能盼望天时，只能带领一支精锐兵马前往广宗，找祁弘作战。

祁弘到了广宗，才知还要向西，才能到达襄国，与石勒激战。祁弘担心石勒不敢应战，怕石勒放弃襄国，继续流动作战。如果那样，祁弘此次南下，可能无功而返。祁弘决定马不停蹄，快速西进。

祁弘怎么也没有想到，从广宗向西开进之时，一场大雾出现了。大雾太浓，目视不及百尺。有将士请求停止前行，等待日头高升、浓雾退去。祁弘求战心切，下令继续前进。

就这样，石勒与祁弘两部兵马在大雾中相遇。

无法指挥，只能在浓雾中混战，是死是活，完全凭运气。祁弘本是一位名将，但是在浓雾中就会失去名将的优势，只能看士兵们自己的了。石勒也一样，仍由将士们各自为战，好在带来的将领与士兵都是能征善战的。

可以想象，石勒帐下的大将孔苌以及"十八骑"一定奋力作战，18岁的石虎也一定左冲右突。仓促应战的祁弘不久便身中数箭，跌下马来，名将祁弘就在这场大雾之中被石勒的大军杀死了。

这难道不是老天在帮助石勒？石勒想要谋取幽州，有祁弘在，就是难上加难。现在祁弘死了，石勒还有什么可担忧的呢？

然而石勒非常清楚，此次战败祁弘，纯属天时，而天时不会一直对他有利，他还得要加固城池。现在，石勒终于有时间来加固襄国城池了，回到襄国之后，石勒马上下令开挖护城河，加固城池。此后，石勒就可以坐在襄国城中，与张宾等人运筹帷幄，决胜千里之外了。

四、广宗城外，杀死祁弘

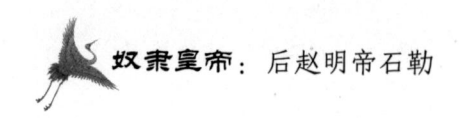

五、一败刘演，攻克邺城

公元313年四月，石勒准备对外用兵。

这一年本是晋怀帝司马炽永嘉七年。司马炽自公元311年六月被俘，至今已经将近两年。司马炽在汉赵国当了会稽郡公，已经不是皇帝了。在这两年中，西晋王朝一直没有皇帝，那些还尊奉晋朝的地方，仍然使用晋怀帝的年号。公元312年九月，秦王司马邺在长安被拥立为皇太子，建立行台，相当于临时朝廷。公元313年二月，汉赵国皇帝刘聪将司马炽杀害。四月二十七日，得知司马炽被杀，司马邺在长安登基即位，改元建兴，是为晋愍帝。司马邺当时只有14岁。

西晋王朝虽然又有了皇帝，但早已支离破碎。十六国当中的成汉国、汉赵国已经建立将近十年。就是还承认西晋王朝的一些区域，也各自为政，形同一盘散沙。就说说石勒所在襄国周边的情况吧。

襄国的西边是并州，北边是幽州，分别由刘琨、王浚掌管。襄国城以南二百余里的邺城，由刘琨的侄儿刘演镇守。在襄国城的东边不远处的冀州境内，有两位由幽州刺史王浚任命的刺史，一位是据守上白（今河北省威县东南）的青州刺史李恽，一位是据守定陵（今河北省威县西南大高庙村）的兖州刺史田徽。

石勒已在襄国站稳了脚，那么他会首先攻打何处呢？

刘琨、王浚这二位势力尚强，石勒还不打算前去攻打。邺城是个非常重要的城池，刘演的兵马也不是很强，去年石勒北上襄国，经过邺城时，就想夺取邺城，作为据守之地。由于当时长途跋涉，兵力也严重不足，因而没有与刘演交战。现在的石勒兵强马壮，首先想到的就是夺取邺城。

选定了目标，石勒还会像以前一样，亲自带领兵马作战吗？不会，石勒准备派将领出战。石勒会派谁作为出征的主将呢？"十八骑"？大将孔苌？都不是。石勒准备派侄儿石虎，尽管石虎当年只有19岁。

石虎来到石勒军中，已经一年多，独自领兵作战的机会并不多，战功也不多。石勒如此用将，显然还是希望自家人多立战功，当然也可能是才开始派兵作战，对自家人比较信任。

当然石勒对石虎独自领兵出战还不是很放心，毕竟去年石虎奉命威慑寿春时，败给了司马睿所派的扬威将军纪瞻。石勒于是派"十八骑"之一的桃豹与石虎一同南征邺城。

魏郡太守刘演听说石虎来攻，决定坚守城池抵御石虎。然而石虎的攻势很猛，邺城很快便被攻破。刘演只得放弃邺城，一路南逃至兖州境内的廪丘县（今山东省郓城县西北）。刘演的将领谢胥、田青、郎牧等人带领流民队伍向石虎投降。刘演后来被叔父刘琨任命为兖州刺史。

石勒任命桃豹为魏郡太守，令桃豹安抚邺城百姓。

石勒不再像以前那样克而不守，此时虽然任命桃豹为魏郡太守，但仍担心桃豹不能胜任。石勒问右侯张宾道："邺城是魏国的旧都，我想在此营建宅第，但这里的风俗十分杂乱，需要有声望的贤人来安抚平定。谁能担此重任？"

张宾回答道："晋朝青州东莱郡原太守赵彭，忠厚聪慧，有治理的才能，将军如能任用他，一定能够胜任。"

于是，石勒召来赵彭，任命其为魏郡太守。岂料赵彭边哭边辞让道："我以前曾经为官晋朝，享其俸禄。我深知晋朝已经芜草丛生，有如大川东逝，一去不返。明公应天受命，如若赴任，也算是攀龙附

五、一败刘演，攻克邺城

· 69 ·

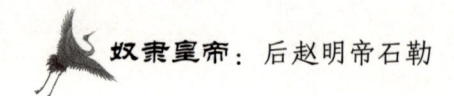

凤，然而犬马尚且留恋故主，我岂敢忘恩。现在让我再去侍奉一个异姓君主，这实在是我无法做到的，恐怕也是明公所不齿的。如能赐我安度晚年，全我一介之愿，便是明公的大恩大德了。"

石勒听后，默然不语。

张宾接言道："将军旗帜所到之处，士大夫无不变节，无人能够坚守大义来决定自身进退。但赵彭也是当世之贤，不必勉为其难，也可成就将军美名。"

石勒听后，面露笑容，高兴说道："右侯之言正合我意！"

石勒于是赏给赵彭安车驷马，用卿的俸禄供养他。卿的俸禄与太守的俸禄是一样的，都是两千石。石勒还任用赵彭之子赵明为参军。石勒最后决定任命石虎为魏郡太守，镇守邺城。石虎从此一直镇守在邺城，虽然也时常率兵出征，但战事结束，便回到邺城。

六、攻打上白，遇到郭敬

石勒准备亲自率兵攻打王浚任命的青州刺史李恽。

李恽带领的是一支"乞活"军。提到"乞活"军，石勒就怒火非常。六年前，汲桑就是被"乞活"军杀死的，那支"乞活"军首领是田甄、田兰兄弟，而任祉、祁济、李恽、薄盛等人也在那支"乞活"军中，是田甄、田兰的部将。后来这支"乞活"军也分开行动。四年前，石勒在冀州赵郡打败田甄的"乞活"军并杀了田甄，算是为汲桑报了仇。现在，李恽、薄盛等人率领的"乞活"军又来到了冀州境内的上白（今河北省威县东南），离襄国城不过两百里。石勒自然不想放过李恽。

石勒到达上白后，立即向李恽、薄盛等人发起攻击。可怜这支"乞活"军，从并州逃难到此，本以为冀州地肥粮丰，没想到又遭遇石勒的大军。上白算不上一个像样的城池，根本不堪一击。作为青州刺史，李恽不免上阵一战，结果被斩于马下。薄盛等人见状，连忙带领一部兵马逃走。李恽留下的这支并州"乞活"军全部向石勒投降。

石勒不接受投降，决定将这支同乡来的"乞活"军全部坑杀。

就在石勒发出坑杀命令准备转马离开之时，石勒目光中掠过一个熟悉的身影。石勒连忙仔细看了一眼，果然是家乡故人。只见投降士卒中有一人衣衫褴褛、面黄肌瘦，面对即将到来的死亡，早已目光无色。

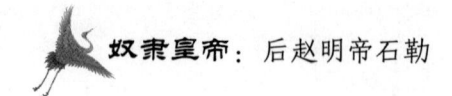

石勒连忙高声问道:"你是郭季子吗?"

那人转身,轻声应道:"我就是郭敬郭季子。"

郭敬,石勒当然不会忘记。石勒小的时候,家里很穷,郭敬时常给予资助。石勒走投无路时,郭敬还曾卖掉身上值钱的东西,给石勒买吃的、穿的。石勒被卖到冀州的途中,郭敬的堂兄郭阳还对其加以照顾。

面对这位离开家乡十余年,如今已40岁的高头大马的大将军,曾是地主的郭敬不敢相认,但石勒不能不相认。

石勒立即跳下马,来到郭敬的面前,拉着郭敬的手,哭着说道:"今日相遇,莫非是天意吧。"

石勒于是给郭敬赏赐了衣服、车马,任命郭敬为上将军。石勒也不再坑杀降卒,而将所有降卒全部交由郭敬统领。

石勒攻克邺城、赶走刘演,幽州刺史王浚也许不生气,因为王浚与并州刺史刘琨不和。石勒攻打上白、杀掉李恽,王浚一定非常震怒,因为李恽是王浚任命的刺史。王浚于是任命薄盛为青州刺史,准备派兵南下攻打石勒。

王浚会派何人来攻打石勒呢?王浚想到的还是段家鲜卑。

王浚决定由女婿枣嵩担任主将,先令枣嵩率幽州兵马驻防易水,同时命令驻守令支(今河北省迁安市)的辽西公段疾陆眷率鲜卑兵马南下。岂料约定日期已到,段疾陆眷的鲜卑兵马并未前来与枣嵩会合。

段家鲜卑已经与石勒结拜,当然不会再响应王浚的号令。王浚知道后,非常愤怒,决定以重金贿赂驻守盛乐城(今内蒙古和林格尔县)的代公拓跋猗卢,请拓跋猗卢派兵攻打段疾陆眷。王浚还派使传令驻屯棘城(今辽宁省义县西)的慕容鲜卑大单于慕容廆,令其派兵参战。

代公拓跋猗卢派其子拓跋六修,率军跟枣嵩会师,随即前往令支对段疾陆眷发起进攻。段疾陆眷率部向西迎战,打败枣嵩与拓跋六修的兵马，拓跋六修不敢恋战，率部返回盛乐城。

慕容廆派其子慕容翰率领兵马攻打段氏鲜卑，夺取段氏鲜卑的徒河（今辽宁省锦州市）、新城（今地不详）等地，逼近辽西郡的阳乐县（今河北省卢龙县）。慕容翰准备继续西进，听说拓跋六修已经率兵回撤，便传令停止进攻，率部回师棘城。

拓跋六修与慕容翰撤兵了，王浚攻打石勒的计划便成了泡影。

石勒一不做二不休，决定再攻打定陵（今河北省威县西南大高庙村）的兖州刺史田徽。定陵是西汉广宗王的陵墓，离上白不远。石勒将这个任务交给了大将孔苌。

公元313年五月，孔苌攻破定陵，杀死田徽。

那位由王浚刚刚任命的青州刺史薄盛，听闻石勒在上白没有杀投降的"乞活"军，还把"乞活"军交由郭敬率领，决定率部向石勒投降。薄盛在向石勒投降前，先攻打冀州的渤海郡，活捉渤海郡太守刘既，再带领五千户百姓向石勒投降。石勒果然没有杀薄盛。

石勒为汉赵国再立战功，汉赵国皇帝刘聪得知后，加授石勒为侍中、征东大将军。刘聪还授予石勒的母亲王氏为上党国太夫人，石勒的妻子刘氏为上党国夫人，印章佩绶及首饰全部与王妃相同。

石勒曾三次辞让征东大将军名号，这一次终于接受此号。

不久，石勒的母亲王氏去世，石勒非常悲痛。石勒派人将王氏的棺木秘密埋葬在山谷之中，无人知晓其处。不久，石勒又按九等官爵之中的最高等级礼仪，再次在襄国城南虚葬其母。

石勒开始注重文官、武将子弟的教育。在襄国设立太学，任用精通书经的官吏为文学掾，挑选文官、武将子弟三百人进行教育。冀州以及司州的魏郡、广平郡一带渐渐安定，境内的百姓已开始缴纳租赋。

石勒下一个要谋取的便是幽州刺史王浚。

六、攻打上白，遇到郭敬

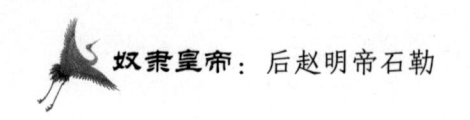

七、言辞谦卑，谋图王浚

王浚生于公元252年，字彭祖，并州晋阳（今山西省太原市）人。王浚母亲赵氏出身贫贱，由于经常出入王沈家才生下王浚，因此连父亲王沈都鄙视王浚这个私生子。但王浚是王沈唯一的儿子。

王沈去世后，王浚继承父亲博陵公爵位，拜驸马都尉。王浚在京先后担任员外散骑侍郎、员外常侍，升越骑校尉、右军将军。此后，王浚出京任东中郎将，镇守许昌；再升宁北将军、青州刺史；再改任宁朔将军、持节、都督幽州诸军事。

"八王之乱"时，四方盗贼蜂起，王浚为了自保与外族通婚结好，将女儿嫁给段务勿尘、宇文素怒延，上表封段务勿尘为辽西公，以辽西郡为封地。公元301年，王浚升安北将军。公元304年七月，王浚杀死幽州刺史和演，自领幽州。公元306年，司马越辅政后，王浚升骠骑大将军、都督东夷河北诸军事，领幽州刺史。公元307年，晋怀帝继位，王浚升任司空，加领乌丸校尉。公元311年，王浚又升大司马、侍中、大都督、都督幽冀诸军事。

王浚为政幽州十余年，官至大司马、大都督，其管辖范围仍只有幽州。虽然王浚一直想兼管冀州，但终未能有效控制。王浚在幽州，政令刑法，一团混乱，戎人汉人，纷纷叛逃离散。中原大乱时，很多士人百姓避乱于幽州，王浚不能安抚，这些士人百姓便前往辽东投靠慕容廆。王浚性格残忍而又多疑，竟下令沿途地方官府追杀这些士人百姓。

王浚还相信谶（读音如趁）言，认为自己有当皇帝的命，并开始密谋称帝。曾任渤海郡太守的刘亮、北海郡太守的王抟、司空掾高柔等人都劝阻王浚，王浚恼羞成怒把他们全部诛杀。燕国人霍原，清廉而有志节，行为高尚，屡次辞让王浚任命的官职。王浚向霍原询问登基称帝的事，霍原不作回答。王浚大怒，指控霍原跟盗匪勾结，砍下霍原人头示众。王浚对官民的惊骇怨恨毫不在意，越发骄纵狂妄。

王浚不问政事，所用官员多为小人，朱硕、枣嵩骄横无比最为突出。幽州民间有歌谣道："府中赫赫，朱丘伯；十囊、五囊，入枣郎。"说的正是此二人。朱硕，字丘伯，枣嵩是王浚的女婿。

幽州蝗灾、旱灾严重，王浚仍然不断征粮、征税、征兵、征差役。百姓无力承担，不少人背叛王浚，投奔北方的鲜卑各部落。从事官韩咸极力称赞慕容廆善待士人百姓，希望以此激励王浚改变政风，岂料王浚大怒，将韩咸杀害。

石勒到达襄国后不久，一直支持王浚的段氏鲜卑、乌桓部落，都悄悄与石勒结好，背离王浚。面对严峻形势，王浚仍然不改政风，继续谋求登基称帝。众叛亲离、行将穷途末路的王浚怎么也没有想到，石勒就要向他动手了。

西晋愍帝建兴元年（313）十一月，石勒召集文官武将，商议谋取王浚的策略。右长史张宾正在病中，未能参加商议。石勒不准备立即向王浚发起攻击，想先派使者前往打探一下王浚的虚实。使者前往幽州必然要带上石勒的书信，但石勒不知以何身份给王浚致信。众将认为应当以对等的口吻来写这封书信，就如同当年的羊祜与陆抗。羊祜是西晋将领，陆抗是东吴将领，二人镇守边境之时，曾互通书信。石勒不能决定，便亲自到张宾处询问。

张宾不赞同像羊祜与陆抗那样与王浚通使。

张宾说道："羊祜与陆抗英雄相惜，平等交往，将军与王浚岂可如此？王浚凭借三部势力，为政一方，虽为晋臣，实有称帝自立之

七、言辞谦卑，谋图王浚

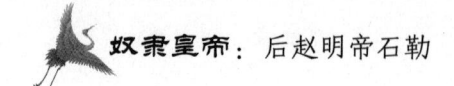

志。王浚此时唯盼天下英雄相助，共图大业。将军威震四海，所在之国存，所去之国亡，所在之国重，所去之国轻。王浚欲得将军，就如当年项羽之欲得韩信。如要密遣使者，心意不诚，就会让王浚心生猜疑，看出将军图谋他的打算，以后纵有奇谋，亦难以成功。成大事者，一定要能够卑下，将军应当向王浚称藩，奉其为主。即便如此，我仍担心王浚不能相信将军，而羊祜与陆抗那种关系，将军不能效仿。"

石勒听后，高兴地说道："右侯之言甚是。"

石勒于是命人拟书，言辞极为谦卑。史书上虽然没有明确记载此信是何人所写，但既然听从张宾的建议，要写就一篇言辞谦卑的信，可能只有张宾知道怎么写。我们就来看看这封信的内容是怎样的。信的全文如下：

> 勒本小胡，出于戎裔，值晋纲驰御，海内饥乱，流离屯厄，窜命冀州，共相帅合，以救性命。今晋祚沦夷，远播吴会，中原无主，苍生无系。伏惟明公殿下，州乡贵望，四海所宗，为帝王者，非公复谁？勒所以捐躯命、兴义兵诛暴乱者，正为明公驱除尔。伏愿殿下应天顺时，践登皇阼。勒奉戴明公，如天地父母，明公当察勒微心，慈眄如子也。

在信中，石勒称自己为"小胡"，来到冀州，也是逃窜亡命而来。石勒当年40岁，而王浚62岁。石勒称王浚为天地父母，希望王浚把他当作儿子一样慈爱眷顾。石勒这封谦卑的信能够打动王浚吗？

十二月，石勒派舍人王子春与董肇，带着财物及奏表，前往幽州蓟城（今北京市）拜见王浚。石勒还让王子春与董肇给王浚的女婿枣嵩带去书信与厚礼，以示交好。

王浚当时正为辽西公段疾陆眷的背离、百姓士族大多离开幽州前往辽东而烦恼。当听说襄国的石勒派使前来，并且愿意归附自己而大喜过望。王浚阅罢言辞谦卑的奏表，非常高兴，但仍有一丝疑虑。王浚问王子春道："石公乃是当世豪杰，据有赵国旧都，占领魏国大部土地，为何向我称藩？莫非有诈？"

王子春能言善辩，不慌不忙，诚恳言道："石将军英武超群，兵马强盛，确实如明公所言。石将军只是希望仰赖明公州乡贵族的声望，以使圣德辉光世代相承，远镇藩国山岳，扬威名于天下，使胡越钦其风范，戎夷颂其功德。如果仅仅守住区区襄国而不向殿下称臣，怎么能做到呢？"

王子春还说："昔日陈婴岂因鄙视王位而不称王，韩信岂因菲薄帝位而不称帝？只因深知帝王之位不能只凭智慧与力量可以取得。石将军与明公相比，有如月亮之与太阳、长江黄河之与滔滔海洋。项羽、公孙述就是石将军的前车之鉴，明公还有什么可奇怪的？再说自古以来，胡人可做名臣，却没有称帝王的先例。石将军并非因为嫌恶帝王之名而辞让于明公，实是担心即便取得天下亦得不到上天与下民的应允。请明公万勿生疑。"

王浚听后，疑虑顿消，立即封王子春、董肇为列侯。王浚也派使前往襄国，并用地方物产来答谢石勒。

公元314年正月二十二日，王子春与王浚的使节一同到襄国。石勒得知王浚派使前来，赶紧把精锐兵马、铠甲兵器藏匿起来，只留下老弱的士卒和空虚的武库。石勒还面向北方谒拜王浚的使者，接受王浚的书信。

王浚送给石勒一个麈（读音如主）尾，石勒假装受宠若惊，不敢拿在手中。石勒将麈尾悬挂于墙，朝夕叩拜。石勒还说："我在襄国不能面见王公，今见王公所赐之物，就如同见到王公。"

石勒又派董肇奉表前往幽州，与王浚约定三月中旬，石勒将亲自前往幽州，奉王浚帝王称号。石勒还写信给枣嵩，希望他在即将登基的皇帝面前，为石勒求赐官职，恳请任命他为并州牧、广平公，以示万分忠诚。

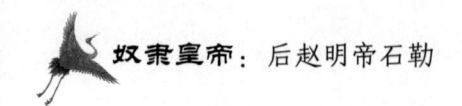

董肇与王浚的使者离开后，石勒才向王子春询问王浚的虚实。

王子春说道："幽州自去年暴发洪水以来，百姓颗粒未收，而王浚囤积百万粮食，却不救济百姓。不仅如此，王浚为政苛刻、刑法严酷，租赋徭役繁杂沉重，杀害贤良、诛责谏官，百姓不堪忍受，几乎叛逃殆尽。外有鲜卑、乌丸挑拨离间，内有枣嵩、田矫贪婪暴虐。现今幽州甲士羸弱，人心涣散，众人皆知王浚将亡，只有王浚一人不知。王浚大兴土木，设置官署，任命百官，以为汉高祖、魏武帝都比不上他。幽州街头谣言纷纷，听闻之后人人寒心，只有王浚坦然自若，毫无惧色。由此可见，王浚的死期不远了。"

石勒听后，手抚案几，笑道："王浚真的可以擒获了。"

王浚的使节回到幽州，向王浚陈述石勒的情况道："石勒部众很少，而且力量寡弱。石勒也诚恳真挚，没有二心。"王浚听后，十分高兴，越发骄傲懈怠，没有任何戒备。

八、攻入幽州，擒获王浚

晋愍帝建兴二年（314）二月，石勒准备攻打王浚。

尽管已经做了不少的准备，但石勒仍然犹豫不决。石勒担心并州刺史刘琨、段氏鲜卑以及乌桓三部兵马会趁机抄其后路。右长史张宾看出石勒的忧虑，便对石勒说道："将军想袭击敌国，应当出其不意。军令连日不下，是否顾虑三方后患？"

石勒说道："是的，右侯以为该当如何？"

张宾早已胸有成竹，说道："三方势力之中，王浚主要依靠鲜卑、乌桓兵力，现在段家鲜卑与乌桓都已叛离，悄悄与将军结好，只有并州的刘琨还与将军为敌。然而刘琨虽与王浚同为晋朝臣属，其实互为仇敌。如果将军给刘琨修书一封，再送去人质请求和解，刘琨一定会为得到将军而喜悦，还会为消灭王浚而高兴，也就不会派兵援救王浚。这样一来，王浚已经外无援兵。近年幽州饥荒严重，百姓难以度日，众叛亲离，兵力寡弱，王浚已经无强兵抵御我们。如果将军此时陈兵幽州城外，幽州必定土崩瓦解。将军应当迅速调兵以征服幽州，轻装往返，不会超过二十天。请将军当机立断，不要贻误战机。"

石勒听后，高兴地说道："我所不明的事，右侯早已洞察，我还有什么顾虑呢？"

石勒于是命张宾留守襄国，亲自率轻骑兵北上袭击幽州，参军徐光随行。一路上，大军手执火把，于夜间悄悄前行。兵马到达冀州赵郡柏人县（今河北省隆尧县）时，石勒担心主簿游纶泄露军机，将大军将攻幽州的消息悄悄报给兄长游统，便下令将游纶杀掉。游统是王浚的司马，镇守在幽州的范阳郡。

石勒派人给并州刺史刘琨送去书信，说自己罪孽深重，请求讨伐王浚以将功补过。刘琨平素忌恨王浚，接到石勒书信，大喜过望。刘琨接受石勒请求，并与石勒和解。刘琨还传檄各州郡，说石勒知命思过，想改正数年来的罪过，请求攻取幽州，报功于国。

《晋书》与《资治通鉴》均记载刘琨传檄各州郡，似与石勒悄悄行军不相符。刘琨传檄各州，对石勒攻打幽州还有什么秘密可言？石勒在行军途中杀掉游纶以防泄密，岂不多余？从常理上分析，刘琨收到石勒书信后，上了石勒的当，没有派兵偷袭襄国，这是可能的，而传檄天下，似乎没有必要。

三月，石勒大军抵达易水。王浚的督护孙纬获知石勒率兵前来，立即派人快马飞报王浚，同时准备带领人马抵御石勒。镇守范阳郡的游统，一直打算归附石勒，当时还不知道兄弟游纶已被石勒杀掉，在获知孙纬准备抵御石勒时，竟令孙纬不要抵御。

幽州的官员听说石勒前来幽州，都劝王浚道："蛮夷贪婪而从不讲信义，石勒此次来幽州，定有诡计，请明公传令迎战。"

王浚大怒道："石公前来，正是要拥戴我称帝，再有进言出击者，定斩不赦！"

王浚还下令准备筵席，以招待拥戴他当皇帝的石勒。

三月初三清晨，石勒带领兵马抵达幽州的治所蓟城，大张旗鼓地来到城门前，高声呵斥城门官打开城门。城门大开之后，石勒担心城内埋有伏兵，便按事先的计策，先驱逐数千头牛羊入城，宣称是呈献的贡品，实际上是要堵塞大街小巷，使王浚的兵马不能迅速集结。这时，王浚才感到情况不妙，心里开始惧怕，时而坐下，时而站起，不知如何是好。

第二章　占据襄国

石勒入城后,下令大肆抢掠。王浚左右官员连忙请求发兵抵抗,王浚心中仍存幻想,不发兵抵抗。

不多时,石勒已坐在王浚平常所坐的公堂之上。王浚仓皇走出府第,刚到大厅,便被石勒的部将擒获,被押至石勒面前。王浚怒骂道:"蛮狗,你竟敢戏弄你老子,如此歹毒!"

石勒并不回话,示意参军徐光。徐光指着王浚历数其罪行道:"你居元台之位,列上公之爵,据守兵强马壮的幽州,坐镇骑士精猛的古燕之地,手中握有强兵,坐观国都颠覆,不去解救天子,却妄想自行称帝。你专断暴虐,杀害忠良,放纵私欲,流毒遍布幽州。你今天到此地步,并非天意,实是咎由自取。"

王浚仍在不停地叫骂,石勒命部将王洛生带领五千骑兵,将王浚押赴襄国。一路上恚恨无比的王浚,乘守卫不备,投水自杀。押送人员把他从水中拖出,绑住手脚,押赴襄国。王浚最后在襄国街市被斩首,时年63岁。

王浚被擒后,幽州的文武官员纷纷到石勒营门前,呈献大量金银财宝,请求恕罪。只有尚书裴宪、从事中郎荀绰不肯前来拜见石勒。石勒命人将二人召来问道:"王浚暴虐,我兴兵诛杀,众人都来祝贺,请求宽恕,你二人却独自跟王浚同流合污,岂能逃脱杀戮?"

二人毫无惧色,从容答道:"我们世代都在晋朝官府任职,接受朝廷赐给的荣耀和俸禄。王浚虽然凶暴粗野,也算是晋朝封疆大臣,所以我们前来投靠,不能怀有二心。将军如不建立恩德仁义,完全依靠酷刑镇压,那死亡正是我们的本分,为何要逃脱,就请下令杀戮我们吧!"

二人仍不参拜,转身就走。石勒忙把他们请回,向二人道歉,以宾客之礼相待。石勒任命裴宪为从事中郎、荀绰为参军,赏赐二人车马、衣服。石勒指责朱硕、枣嵩、田矫等人以贿赂手段扰乱州府,还指责游统不忠于王浚,下令将他们全部杀掉。石勒没收王浚将领和左右官员以及亲属的家产,多达万万钱,只有裴宪、荀绰家中不过书籍百部,食盐、谷米各十余斛而已。石勒高兴地说道:"得到幽州我并

八、攻入幽州,擒获王浚

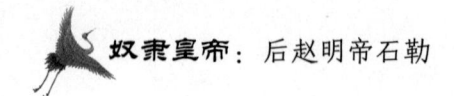

不高兴，所高兴者，是得到二位先生。"

石勒下令把各地逃难到幽州的流民，分别遣送回乡。

石勒在蓟城停留两天，放火焚烧王浚所建的宫殿。石勒任命晋朝尚书、燕国人刘翰行幽州刺史、宁朔将军，镇守蓟城。石勒又任命幽州各郡太守县令，然后班师南返襄国。

《资治通鉴》记载石勒进入幽州，屠杀王浚精锐兵马一万人，而《晋书》没有记载。《资治通鉴》也详细记载了石勒在幽州任用贤能、杀掉贪官，妥善安置幽州官员百姓，似与屠杀行为不符。《资治通鉴》还记载石勒离开幽州前往襄国途中，被王浚的将领孙纬伏击，石勒大败，仅逃出一命。笔者认为作为都护，孙纬没有如此强大的兵马，且与精锐万人已被屠杀不符。

石勒回到襄国后，派东曹掾傅遘（读音如构），带着王浚的首级，到汉赵国都城平阳报捷。汉赵国皇帝刘聪派使者柳纯持节前往襄国，授予石勒骠骑大将军、都督陕东诸军事、东单于、侍中、使持节、开府、校尉、二州牧，赐石勒仪仗增加金钲黄钺，前后鼓吹二部。刘聪还增加了石勒十二个郡的封地，石勒坚决辞让，最后只接受其中二郡。石勒也对自己的文官武将加封，封左长史张敬等十一人为伯、子、侯，文武官员各有升迁。

并州刺史刘琨此时终于明白石勒根本没有归附之意。刘琨感到恐慌，于是给朝廷上表道："东北八州，勒灭其七；先朝所授，存者惟臣。勒据襄国，与臣隔山，朝发夕至，城坞骇惧，虽怀忠愤，力不从愿耳。"

刘琨到底是文学家，一份奏表也写得如此有文采。刘琨在奏表中说石勒消灭了八个州中的七个，其实没有，石勒当时主要控制司州北部的襄国、邺城以及冀州、幽州部分区域而已，至于青州、平州、兖州、并州尚未被石勒占领。刘琨也可能说的不是七个州，而是七个州的刺史。石勒消灭的这七位刺史是冀州刺史王斌、王象，兖州刺史袁孚、田徽，青州刺史苟晞、李恽，幽州刺史王浚。

九、攻打邵续，欲讨曹嶷

石勒消灭王浚占领幽州，冀州乐陵郡太守邵续也归附石勒。

邵续，字嗣祖，魏郡安阳人（今河南省安阳市）。邵续有志向，博览经史，善谈理义，妙解天文，曾任成都王司马颖的参军，后任苟晞的参军，又任沁水县令。天下渐乱时，邵续离开沁水县，招集数百人，被王浚任命为冀州乐陵郡太守，驻屯厌次县（今山东省阳信县东南）。邵续的儿子邵乂被王浚任命为督护，在幽州任职。王浚被杀后，石勒派邵乂招降他的父亲邵续，邵续孤立无援，就投降了石勒。石勒也任命邵乂为督护，在襄国任职。

公元314年四月，石勒刚离开冀州不久，他所任命的幽州刺史刘翰竟然把幽州献给段氏鲜卑。辽西公段疾陆眷已经与石勒结好，不便接受。段疾陆眷的堂弟段末杯更是反对接管幽州背叛石勒。段疾陆眷的兄弟段匹磾、段文鸯却极力请求接管幽州以臣属晋朝。段匹磾最后前往蓟城接管幽州。

段匹磾不仅控制幽州，也企图控制冀州。段匹磾听说邵续忠义，投降石勒实属无奈，便想劝说邵续回归晋朝。段匹磾于是派人前往乐陵，给邵续送去一封书信。

就在这时，王浚任命的冀州渤海郡（今河北省沧州一带）太守刘胤，放弃太守之位，离开渤海郡，投奔邵续。刘胤对邵续说道："凡立大功者，须仗大义。你是晋之忠臣，为何投降盗匪，岂不有

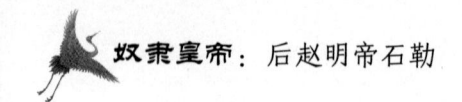

辱自己？"

不久，段匹䃅的书信送达，劝邵续离开石勒，一同归附长江以南的晋朝左丞相司马睿。邵续接受刘胤以及段匹䃅的劝说，准备背叛石勒。部属劝阻邵续道："太守一旦背离石勒，归附幽州的段匹䃅，太守的儿子邵乂恐为石勒所不容。"

邵续哭泣道："我岂能为了一个儿子而背叛晋朝？"

仍有几个人坚决劝阻邵续，邵续把他们杀掉，以示归晋决心。邵续还派刘胤前往江东，晋见左丞相司马睿。司马睿任命刘胤为参军，邵续为冀州平原郡太守。

石勒听说邵续背叛，大怒，下令杀掉邵续儿子邵乂。石勒亲率大军前往乐陵郡的治所厌次，讨伐邵续。石勒大军很快就逼近厌次城下。

由于城中兵马不足，邵续不敢出城迎战。邵续一边坚守城池，一边派人北上幽州，向段匹䃅求救。段匹䃅派兄弟段文鸯带领一支鲜卑骑兵快速南下，救援邵续。

段文鸯到达厌次时，石勒仍在围攻城池，看来邵续守城还是很有办法的。段文鸯是段家鲜卑中的一员猛将，刚一交战，便将石勒的兵马击退。石勒不想再战，便传令离开厌次，准备以后再来攻打。

石勒下一个会攻打谁？青州的曹嶷。

曹嶷是王弥的旧将，于公元311年正月占领青州的治所临淄城（今山东省淄博市东临淄镇）。四年来，曹嶷苦心经营，不仅城坚墙固，兵马也得到壮大，达十余万人。曹嶷还派兵四处出击，攻城略地。曹嶷先攻打汶阳关、公丘，占领两地后，杀死西晋齐郡太守徐浮，活捉建威将军刘宣。曹嶷威震齐鲁大地，郡县堡垒投降的有四十余处。曹嶷又派兵向西攻打青州济南郡的祝阿、平阳等县。曹嶷还沿黄河构筑堡垒。

曹嶷在青州不断壮大的消息传到了八百里之外的襄国，石勒听后甚为担忧。曹嶷迟早会成为他的对手。石勒想攻打曹嶷，但又不敢擅自行动，毕竟曹嶷也是汉赵国的将领，不同于西晋王朝各地守将。

公元315年二月，石勒向汉赵国皇帝刘聪上表，称曹嶷有割据东方的野心，请求发兵讨伐。刘聪岂能相信石勒的说辞？刘聪担心，一旦石勒消灭了曹嶷，便无法控制他了。刘聪于是派使来到襄国，不准石勒攻打曹嶷。

刘聪阻止石勒攻打曹嶷，又担心石勒会有想法。刘聪觉得应当派人安抚一下石勒。半年之后的九月，刘聪的使者大鸿胪范龛持节带着皇帝的策书到达襄国，赏赐石勒弓箭，加封石勒为陕东伯。石勒的长子石兴也得到加封，被封为上党国世子，加翼军将军，为骠骑副贰。

刘聪还下诏授权石勒自行决断征伐之事，有权任命刺史、太守、县令以及将军、列侯诸官，所有事务，只需年终呈报一次。

不让攻打曹嶷，石勒便准备派兵进入兖州，攻打刺史刘演。

九、攻打邵续，欲讨曹嶷

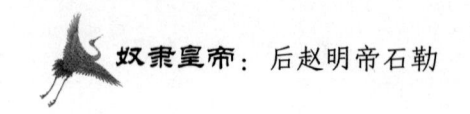

十、攻打兖州，再败刘演

西晋愍帝建兴四年（316）四月，石勒准备攻打兖州刺史刘演。石勒将这个任务交给了侄儿石虎。石虎镇守邺城已有三年。在这三年中，石勒考虑到镇守邺城的重要性，并没有派石虎出征，有战事，也是亲自出马，或者派其他将领。三年过去了，石虎可以出征了，看来石勒对邺城已经很为放心。

前面讲过，刘演当年镇守在邺城，便是被石虎击败的。刘演当时是魏郡太守，后来南下到了兖州，又被其叔父刘琨任命为兖州刺史。石勒此次再派石虎出征，也是希望石虎能够再度击败刘演。

刘演驻屯的地方是兖州境内的廪丘县（今山东省郓城县西北），离邺城两百余里。石虎率兵南下时，坚守在冀州乐陵郡境内的平原郡太守邵续得到消息，担心刘演不是石虎的对手，于是派还在乐陵的猛将段文鸯率一支鲜卑骑兵南下，增援刘演。

石虎当时已经南渡黄河，逼近廪丘，石虎听说段家鲜卑前来，也很担忧。石虎不敢向刘演驻屯的廪丘城发起攻击，而是率兵北撤到黄河卢关津渡口，打算不测之时迅速北渡黄河撤回邺城。没想到石虎屯兵卢关津，段文鸯也不能前进，便屯兵景亭（今地不详）。

兖州、豫州一带大富豪张平听说石虎前来攻打刘演，便召集人马增援刘演。石虎听说张平来援刘演，大怒，认为张平小看他石虎。于是，石虎不打算撤兵回邺城，一定要打场胜仗后再班师，否则无法向叔父石勒交代。

　　石虎还是有些头脑的,石虎在卢关津渡口扬言准备北渡黄河,张平信以为真,于夜间偷袭石虎大营。石虎当然没有离开,而是给张平留了一个空营,将兵马埋伏在两侧。当张平兵马进入空营之时,石虎下令进攻,张平全军覆没。

　　消灭张平后,石虎大军士气大增,石虎决定乘胜奔袭廪丘。

　　卢关津渡口到廪丘不过百里,石虎很快便到达。石虎到达廪丘时,正是夜间。石虎立即下令夜袭廪丘。刘演没有料到石虎会回师来攻,夜间防备也不到位,城池很快被石虎攻破。刘演连夜逃走,投奔段文鸯而去,兄弟刘启被石虎俘虏。

　　石虎派人将刘启送到襄国,交给石勒。石勒念及并州刺史刘琨曾善待他上党的家人,还将母亲、妻儿送到身边,心存感激,于是也善待刘启,给刘启分了田地房屋。石勒看刘启年龄尚小,又派儒官向刘启传授学问。

　　石勒派兵南下攻打兖州,击败刘演,又扩大了领地,也算为汉赵国立了一个大功。如果汉赵国皇帝刘聪得到消息,也一定会为之高兴。然而石勒要到年终才向刘聪奏报,刘聪一时还不知道这个消息。然而三个月后,石勒做的一件事,尽管也没到年终奏呈之时,刘聪却得到消息,还非常生气。

　　七月,石勒听说自己的家乡并州上党郡境内涌现大量流民,石勒打算安抚这些流民。这些流民是如何涌到上党的呢?原来,汉赵国的平阳郡、河东郡近来发生蝗灾,不少百姓逃亡,当中就有逃亡到上党郡境内的。

　　石勒派将领石越率领两万名骑兵进入上党境内,收容、安抚逃难百姓,一时竟有二十万户流民归附。石勒在幽州、冀州甚至兖州境内作战,并没有事先向汉赵国皇帝刘聪奏请,这个没有问题,因为刘聪已经授予石勒征伐大权。然而到并州境内收容流民却不行。并州虽是石勒的老家,更是汉赵国的发家之地,到并州境内收容流民,便是收

十、攻打兖州,再败刘演

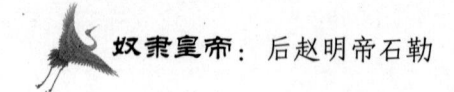

拢人心。这在刘聪看来，便是有了二心。刘聪不能忍受，马上派使者来到襄国，对石勒进行斥责。

石勒当时也很生气，便不接受斥责。过了不久，石勒静下心来，又开始担心刘聪会讨伐他。石勒于是悄悄与青州的曹嶷结好。曹嶷一直据守青州，早就形同独立。石勒如果与曹嶷结好，便可以壮大力量，暗中与汉赵国朝廷抗衡。

一年前，石勒看到曹嶷壮大，还想讨伐曹嶷，就像当年消灭王弥一样。然而汉赵国皇帝刘聪看出石勒的企图，不同意石勒讨伐曹嶷。现在石勒被刘聪斥责，担心刘聪怀疑他，便又与曹嶷结好，想与曹嶷结成强大阵营，正因为此，曹嶷才得以在青州多过上几年。

不让到并州收容流民，石勒准备到并州消灭刘琨。

十一、击败刘琨，占领并州

公元316年十月，汉赵国将领刘曜攻破长安外城。十一月，17岁的晋愍帝司马邺向刘曜投降，西晋至此灭亡。刘曜当时已是汉赵国的大司马，爵位已由始安王晋升为中山王。

汉赵国消灭西晋，领地已经到达并州、司州、冀州、兖州、青州、雍州境内。然而没有哪一个州是完全占领的，每个州内都还有晋朝守将。就在这时，汉赵国的骠骑大将军石勒准备向并州境内的晋朝守将发起攻击了。

此次到并州境内作战，由石勒亲自率领兵马，大将孔苌等人跟随。不多日，石勒率部穿越太行山进入并州境内的乐平郡，包围乐平郡的治所沾城（今山西省和顺县西北）。乐平郡太守韩据自知不是敌手，连忙派人到阳曲（今山西省阳曲县），向大司空、并州刺史刘琨求救。

刘琨会救韩据吗？当然会。一来刘琨是并州刺史，石勒入侵并州，他不会不管。二来刘琨刚刚得到一支劲旅，正想用这支兵马与石勒较量一下。刘琨是怎么得到这支劲旅的呢？

这还是几个月前的事。当年三月，拓跋鲜卑内部发生冲突，代王拓跋猗卢被其子拓跋六修杀害，拓跋猗卢的侄子拓跋普根又带领部众杀死拓跋六修。拓跋普根继任代王后，内部冲突仍然不能平息。原来拓跋普根的部众都是纯粹的拓跋鲜卑部落，称为"旧人"，而拓跋猗

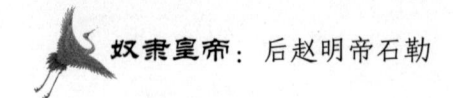

卢的部众中除了拓跋鲜卑部落外，还有汉人及其他族人，称为"新人"。"新人"与"旧人"之间无法融合，便自相残杀。

左将军卫雄、信义将军箕澹，都是代王拓跋猗卢的部众，不愿与拓跋普根的"旧人"相处，二人打算投奔并州刺史刘琨。卫雄、箕澹担心部众不愿意，于是放出话道："听说旧人将屠杀新人，新人该当如何？"

汉人及乌桓人听了这话，非常惊骇，都愿意追随卫雄与箕澹。

卫雄与箕澹便带领汉人跟乌桓人共三万家，马牛羊十万头，连同作为人质的刘琨之子刘遵，南下并州归附刘琨。刘琨大喜过望，亲自来到平城（今山西省山阴县北）迎接，因此刘琨的势力大增。

刘琨听说石勒攻打韩据，不仅要援救韩据，还要与石勒决战。

刘琨对箕澹、卫雄二位将军说道："我得到二位将军的兵马，本想越过太行山攻打石勒，岂料石勒竟率兵攻打我并州城池。就请二位将军率领你们的兵马到乐平郡迎战石勒、援救太守韩据吧。"

箕澹、卫雄没有信心，说道："我们带来的三万户百姓，虽然多为汉人，但因长期居于塞外，对大司空的恩德和名望并不信任，我担心他们的忠心尚不坚定。大司空应当对内聚积鲜卑人留下的谷米，对外抢掠匈奴汉国的牛羊，紧闭关卡，据守险要，劝课农桑，使百姓休养生息。等到这三万户百姓受到大司空的恩惠而心悦诚服之时，再派他们出征，没有不成功的。"

刘琨哪里等得及，命令箕澹率领两万步骑兵作为先锋，增援乐平郡。刘琨则率领所部兵马进驻广牧（今山西省寿阳县西北），以作声援。

石勒听说箕澹率领兵马到达，决定给箕澹来个迎头痛击。

有人劝止道："箕澹带领的塞外兵马，锐不可当，将军应当暂且躲避，掘深沟、筑高垒以挫其锐气，待攻守之势改变后，将军再率兵出击，定能大获全胜。"

石勒听后，非常生气道："箕澹兵马虽多，但远道而来，人马疲急，号令不齐，已是一群乌合之众。我部一战即可击败箕澹，何来强大之说？再说，大军一旦行动，岂能中途而返？如果箕澹趁我部后退而进攻，我部回头迎战尚且来不及，哪有时间去掘深沟、筑高垒？这岂不是自取灭亡之道？"

石勒立即下令将进言之人斩首。

石勒任命孔苌为前锋都督，同时下令三军："最后一个出营门者，斩！"

石勒先派一支人马到山上作疑兵，并部署两道埋伏。石勒然后再派一支轻骑兵与箕澹兵马交战，装作不敌，且战且退。箕澹下令追击，不多时便进入石勒的埋伏圈。伏兵一齐杀出，佯装不敌的轻骑兵马也掉转马头，回杀过来，前后夹击。这一战，石勒大胜，俘获一万余匹战马。箕澹、卫雄死战逃脱，一路逃往幽州的代郡（今河北省蔚县）。乐平郡太守韩据哪有心思守城，立即弃城逃走。石勒派孔苌追击箕澹，一直追到代郡，将箕澹消灭。

此战之后，并州的百姓大为震惊。驻守阳曲的刘琨长史李弘，献出并州归附石勒。石勒将阳曲以及乐平郡的百姓迁到襄国，重新任命郡守县令。石勒还派人前往平阳，向汉赵国皇帝刘聪奏呈战报，同时呈献战利品。

正在广牧声援箕澹的刘琨得知李弘投降石勒，又不敢率所部兵马与石勒交战，一时进退两难。正在这时，幽州刺史段匹磾派人给刘琨送来书信，请刘琨前往幽州。

十二月初五，刘琨率领残余部众，绕道飞狐谷（今河北省蔚县东南），投奔段匹磾所在的蓟城。段匹磾看到刘琨，十分敬重，双方缔结姻亲，结拜为兄弟。

从公元306年十二月到达并州，直到公元316年十二月败退幽州，刘琨在并州待了整整十年。刘琨在并州的十年，北联代国拓跋鲜卑，南抗匈奴汉赵国，一直没有太多作为，终为石勒所败。

刘琨之后，闻鸡起舞的另一位英雄祖逖登场了。

十一、击败刘琨，占领并州

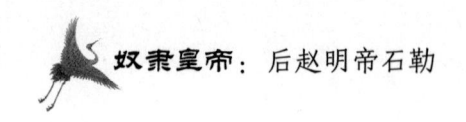

十二、任用李回，安抚流民

我们在讲述祖逖之前，先讲讲石勒治理流民的事。

公元316年十二月，孔苌在幽州代郡（今河北省蔚县）消灭了箕澹，又接受新的作战任务。什么任务呢？原来，司州、冀州、并州、兖州有数万户流民逃荒到辽西郡（今河北省卢龙县），投奔者络绎不绝，百姓不能安心耕作。石勒对此非常着急，便传令孔苌攻打这些流民队伍的首领马严、冯䐦（读音如堵）。

孔苌久攻不下，石勒非常着急，便向右长史张宾问计。

张宾说道："马严、冯䐦等人并不是将军的仇敌，流民也期盼安居，对故土也有眷恋之情。应当停止对流民的讨伐，只需选派一名贤良的太守，对流民妥加安抚，则幽、冀一带必将安定，前往辽西的流民必将重返家园，马严、冯䐦等人也会自行溃散。"

石勒非常赞同，说道："右侯所言极是！"

石勒于是传令孔苌回师，任命冀州安平郡武遂县县令李回为易北督护、振武将军兼冀州高阳郡太守。

马严的部众大多来自原西晋将领李潜的军中，而李回曾任李潜的长史，部众平素就敬服李回的威德，听说李回到高阳郡任太守，便纷纷叛离马严，来投李回。马严非常害怕，立即逃往幽州，没想到途中溺水而死。冯䐦则带领部众向李回投降。

李回来到冀州河间国的易京（今河北省雄县），广发告示，招回流民。一时间，流民纷纷返回家园，不绝于路。

石勒得到消息，非常高兴，认为都是李回的功劳，于是封李回为弋阳子爵，食邑三百户。石勒也没忘记张宾，正是有了张宾的建议，才有李回的走马上任。石勒于是给张宾的采邑增加一千户，升张宾为前将军。张宾坚决不肯接受。

史书上对李回是如何被推荐的，记载不详。从张宾予石勒的建议中，选择一位贤良的太守至为重要，所以李回不是随随便便就被指定的，一定是有人精心推荐的。张宾应当是推荐人，他一定知道李回的为政才能。

不久，石勒又派石虎南下攻城略地，在豫州遇到北伐的祖逖。

十二、任用李回，安抚流民

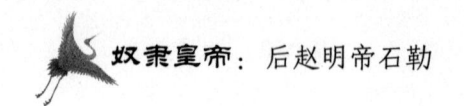

十三、祖逖北伐，遭遇石虎

祖逖，字士稚，幽州范阳郡（今河北省涿州市）人，生于公元266年，长刘琨五岁。祖逖性格豁达，不修仪容，轻视财物，看重侠义。祖逖十四五岁后才开始读书，竟也博览群书、遍涉古今。祖逖24岁时，被司州阳平郡推举为孝廉，又被司州推举为秀才。后来祖逖与刘琨同为司州主簿，二人情投意合、同床共寝。一日夜间，祖逖听到野外鸡鸣，就把刘琨踢醒说道："这不是什么恶声。"二人于是起床舞剑。祖逖与刘琨都有英武气概，谈及世事，时常半夜对坐，互相誓言道："如果天下大乱，豪杰并起，我们应当再到中原，为国建业。"再后来中原大乱之时，祖逖带领父老乡亲到达江南，住在京口（今江苏省镇江市），被镇守建康（今江苏省南京市）的琅琊王司马睿任命为军咨祭酒。

公元313年五月，刚即位不久的晋愍帝司马邺任命琅琊王司马睿为左丞相、大都督、督陕东诸军事，任命驻守上邽（今甘肃省天水市）的南阳王司马保为右丞相、大都督、督陕西诸军事。司马邺想通过"分陕而治"的方式，加封司马保、司马睿官爵，以期得到他们的鼎力相助。司马邺诏令司马睿率二十万精锐兵马北伐，司马睿以刚到江东不久、无力北伐为由而没有响应。其实司马睿到达江东已经六年。

八月，祖逖听说司马睿不愿响应长安城的司马邺北伐，便向司马睿上书，请求派其北伐。祖逖的奏书全文如下：

> 晋室之乱，非上无道而下怨叛也。由藩王争权，自相诛灭，遂使戎狄乘隙，毒流中原。今遗黎既被残酷，人有奋击之志。大王诚能发威命将，使若逖等为之统主，则郡国豪杰必因风向赴，沈弱之士欣于来苏，庶几国耻可雪，愿大王图之。

祖逖认为晋朝战乱的起因，不是皇帝无道，也不是百姓怨恨，而是藩王争权，也就是所谓的"八王之乱"。祖逖希望司马睿派他北伐，一定能雪去国耻。司马睿并无北伐之志，但又不好拒绝祖逖义正词严的奏请。

司马睿于是任命祖逖为奋威将军、豫州刺史。然而司马睿只给祖逖一千人的粮食，三千匹布，不给铠甲兵器，士兵也由祖逖自行招募。祖逖只好带着当初南渡的部曲百余家一同北伐。这一年，祖逖那年已经48岁。

祖逖从京口出发，北渡长江。船行到江心，祖逖看到滚滚江水，顺流而下。祖逖想到此次北伐，如同东去江水，不禁手敲桨楫，誓言道："我祖逖如果不能肃清中原，恢复晋室，有如江水东流，决不回返。"言辞神色慷慨激昂，众人听后，都非常敬佩。

渡江之后，祖逖一路北进，很快到达徐州广陵郡淮阴县（今江苏省淮安市）。祖逖在淮阴驻屯，一边铸造兵器，一边招募士卒。祖逖一共招募到两千多名士兵。三年后，祖逖继续向豫州境内挺进。

公元316年六月，祖逖到达芦洲（今安徽省亳州市东涡水北岸），进入豫州的谯郡境内。祖逖想占领谯郡的治所谯城（今安徽省亳州市）作为据守之地。然而让满怀信心北伐的祖逖没有想到的是，他连谯城都攻不下来。

在谯城，有一支流民队伍，首领是张平、樊雅。这支流民队伍构筑城寨，建立坞堡自守。司马睿曾派参军桓宣前往招降，张平、樊雅听闻桓宣的威名，便接受招降，归附司马睿。祖逖是司马睿派来北伐

十三、祖逖北伐，遭遇石虎

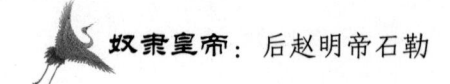

的，想联合这支流民队伍，于是派参军殷乂前往游说张平、樊雅。

岂料祖逖所派非人，殷乂从心底里看不起张平、樊雅这群流民，视其为乌合之众。殷乂到了谯城，张平、樊雅知是祖逖所派，也以礼相待。然而殷乂态度傲慢，看到张平、樊雅所住房屋时，面露鄙夷的目光，笑道："此房适合养马。"

张平、樊雅听后很不高兴，但也未露声色。

殷乂看到院中有一口大铁锅，马上说道："此锅适合铸铁，赶快拿去制造兵器。"

这时，张平、樊雅急了，连忙说道："参军别看此锅外表寻常，却是古物，也算是一件宝物，不能把它毁掉。"

殷乂冷笑道："祖将军到此，二位的首级不知能否保得住，还想保此铁锅？"

张平一听，终于怒不可遏，立即拔出佩刀，将殷乂杀死。

张平、樊雅二人知道得罪了祖逖，便下令固守城寨，决不归附祖逖。祖逖得到消息，下令攻打谯城。岂料整整一年过去了，祖逖不能攻克谯城。

强攻不行，祖逖便开始用计。祖逖派人暗中联络张平的部将谢浮，谢浮敬佩祖逖，便答应归附祖逖。谢浮趁张平未加设防之时，将张平杀掉，但未能杀掉樊雅。谢浮知道樊雅不会放过他，便前往投奔祖逖。祖逖再次派兵攻打谯城，樊雅坚守城池，祖逖不能攻克。

就在祖逖北伐受阻于谯城之时，长安城被汉赵国中山王刘曜攻陷，晋愍帝司马邺被俘。司马睿得到消息，突然下令准备北伐。司马睿还穿上铠甲，大有亲率兵马出征的样子。然而，大军出征之日，司马睿发现粮草没有运送到位，马上将督运令史淳于伯斩首，北伐大计也就宣告结束。三个月后，也就是公元317年三月，司马睿称晋王，改元建武，东晋正式开始。

六月，祖逖请求桓宣再次出马相助。桓宣当时已是南中郎将王含的参军，祖逖派人带上书信拜见王含。王含接到祖逖书信后，马上派桓宣带领五百人前往协助祖逖。

桓宣来到谯城,祖逖对桓宣说道:"参军的恩威信义,已经深得流民信服。参军此来,一定能帮助我说服樊雅。"

桓宣说道:"这些流民,本性不坏,只是遭遇战乱、天灾,为了自保才聚集在此。将军如果强攻,流民必定拼命抵抗,难以攻克。今天我不带兵马,只带数人即可劝樊雅前来归降。"

桓宣于是骑着马,只带两个随从,来到谯城。守城官兵连忙向樊雅禀报,樊雅听说桓宣只带两人到此,并无兵马,便下令打开城门。

桓宣进城后,诚恳地劝说樊雅道:"祖逖将军到此,并非要占领谯郡,夺你们的城池。祖逖将军志在北伐中原,为我晋朝扫平匈奴汉国,铲除刘聪、石勒。祖逖将军只是想得到你们的支援。此前殷乂态度轻薄,岂是祖将军本意?"

樊雅听后,心中疑虑顿消,马上出城拜见祖逖。祖逖终于进入谯城,于是继续招兵买马、打造兵器,准备北伐。

祖逖刚得到谯城不久,石勒便派石虎攻了过来。

祖逖深知准备不足,难以抵抗石虎兵马,连忙派人向南中郎将王含求救,同时向晋王司马睿奏报。王含再派桓宣率领兵马增援祖逖。司马睿也传檄天下,称:"石虎敢帅犬羊,渡河纵毒,今遣琅琊王裒(读音如抔)等九军、锐卒三万,水陆四道,径造贼场,受祖逖节度。"

石虎听说桓宣来支援祖逖,又听说司马睿号令九路大军三万兵马一齐声援祖逖,也不敢迎战,于是传令撤围谯城,北返邺城。不久,司马睿也命令琅琊王司马裒回师建康。

十二月,汉赵国皇帝刘聪杀害晋愍帝司马邺。公元318年三月,司马邺被杀的消息传到建康,晋王司马睿登基即位,改元太兴。司马睿便是东晋的第一位皇帝,史称晋元帝。

司马睿即位不久,汉赵国皇帝刘聪便一病不起了。

十三、祖逖北伐,遭遇石虎

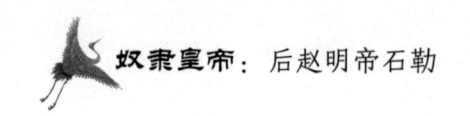

十四、刘曜即位，猜忌石勒

东晋元帝太兴元年（318）七月，汉赵国皇帝刘聪的病情越来越重，开始安排后事。刘聪任命镇守长安的大司马刘曜为丞相，骠骑大将军石勒为大将军，并录尚书事，诏令二人前往都城平阳（今山西省临汾市），共辅皇太子刘粲执政，刘曜、石勒坚决辞让。刘聪于是任命刘曜为丞相兼雍州牧，石勒为大将军兼幽州、冀州牧。石勒再三辞让，坚决不接受。

七月十九日，刘聪在平阳病逝。

刘聪于公元310年七月杀嫡兄刘和登基，在位八年。刘聪在位期间，汉赵国先后攻下洛阳、长安，俘虏晋怀帝、晋愍帝，西晋为之灭亡。刘聪好色成性，整日沉溺于后宫，同时册立数位皇后，晚期宠信宦官，不事朝政。

刘聪去世后的第二日，皇太子刘粲登基。刘粲升丞相刘曜为相国，兼都督中外诸军事，仍镇守长安。刘粲与其父刘聪一样喜好女色，刚登基不久，便将国丧抛到脑后。父皇刘聪留下的靳月华等数位皇太后，正值妙龄，均不足20岁，且天姿国色。刘粲整日待在后宫，"以报后母"，与这几位皇太后厮混，毫无悲伤之情。

八月，皇太后靳月华的父亲靳准发动政变，杀害刘粲，将在平阳的刘姓皇族，无论男女，不管老少，全体绑赴东城街市斩首。靳准又焚烧刘姓皇家祭庙，挖掘汉赵国皇帝刘渊、刘聪的坟墓。刘聪由于入殓不久，尸身尚全，靳准下令砍下刘聪人头。《晋书》记载当时惨景："鬼大哭，声闻百里。"

第二章　占据襄国

靳准自称汉国大王，设立文武百官，准备向晋朝称藩。

平阳发生的重大变乱，很快便传到了长安（今陕西省西安市），也传到了襄国。相国刘曜立即率领一支兵马从长安出发，前往平阳赴难。骠骑大将军石勒则令右长史张宾留守襄国，派左长史张敬率五千骑兵作为前锋，自己率五万精锐兵马前往平阳讨伐靳准。

九月，石勒到达襄陵（今山西省临汾市东南）。靳准获报石勒逼近平阳，立即派兵出城迎战。石勒以守为攻，想先挫挫靳准兵马的锐气。

十月，刘曜进抵赤壁（今山西省河津县西北），离平阳还有三百余里。汉赵国太保呼延晏从平阳前来投奔刘曜，跟太傅朱纪等人一同向刘曜劝进。刘曜接受劝进，就在赤壁称帝续统，改元光初。刘曜大赦境内，只靳准一家不赦。刘曜还任命朱纪兼司徒，呼延晏兼司空，太尉范隆以下，全部官复原职。刘曜继位，没有忘记石勒，也给石勒加官晋爵，擢升石勒为大司马、大将军、加九锡，增加采邑十个郡，晋爵为赵公。

就在当月，石勒向平阳城发起进攻。平阳城内的巴氐人、羌人、羯人投降的有十余万篷帐，石勒把他们全部迁移到他所管辖的郡县。刘曜听说石勒已经开始攻城，便派征北大将军刘雅、镇北大将军刘策进抵汾阴（今山西省万荣县西南），跟石勒共同讨伐靳准。

十一月，靳准自知难守平阳，便派侍中卜泰把皇帝的御用车轿、衣服送给石勒，请求和解。石勒派人将卜泰连同御用车轿、衣服一起送到新皇帝刘曜那里。石勒此举意在让刘曜明白靳准没有归降刘曜的打算，以此挫挫刘曜的士气。石勒此时非常希望靳准能够向他投降，而刘曜也盼望靳准能够向他投降。一个重要的原因就是靳准手中有传承多年的中原皇帝的玉玺，而这个玉玺就是汉赵国当年从洛阳西晋皇帝那里抢来的。

卜泰是刘曜儿子刘胤的舅舅。刘曜让卜泰再返平阳，给靳准带话道："先帝末年，确实伦常大乱，司空（靳准）行伊尹、霍光之事，实乃权宜之计，却使朕得到皇帝大位，司空当居首功。如果朕能早一天迎接大驾，便将国之政事委托于司空。免死之事，何从谈起？"

卜泰返回平阳的途中被石勒截获。石勒也知道卜泰与刘曜有姻

十四、刘曜即位，猜忌石勒

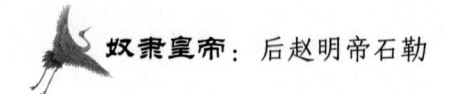

亲，怀疑二人有密谋。石勒打算将卜泰杀掉，以使靳准尽快向其投降。随石勒出征的诸将都不赞同杀掉卜泰，劝说道："如果杀掉卜泰，靳准一定不会再投降。就让卜泰到城中声称已与汉人结盟，准备杀掉靳准，靳准一定会因惧怕而早日投降。"

石勒沉思好久才接受诸将建言，准许卜泰返回平阳城中。

卜泰进入城中，将刘曜的话转达给靳准。靳准认为，他屠杀刘姓皇族时，刘曜的母亲、兄长均被杀于平阳，刘曜岂能免他不死？靳准沉吟迟疑，不敢向刘曜投降。然而平阳的百姓以及官员听说刘曜已经称尊续统，人心都转向刘曜，靳准更加孤立。

十二月，卜泰联络靳准的部将左车骑将军乔泰、右车骑将军王腾等人起兵反抗靳准，就连靳准的堂弟卫将军靳康、尚书令靳明也加入这个行列。乔泰、王腾、靳康等人共同推举靳明为首领，一同起兵杀死靳准。

靳明派卜泰、卜玄带着六颗传国玉玺，悄悄出城向刘曜投降。刘曜得到玉玺大喜道："让朕得到神玺而成为帝王的，是卜爱卿啊。"

平阳城外的石勒听说平阳城中已向刘曜投降，极为愤怒。石勒强忍怒火，先派令史羊升以使者身份进入平阳，指责尚书令靳明杀掉靳准。靳明不接受指责，立即下令杀掉羊升。

石勒更为愤怒，马上传令向平阳城发起进攻。尚书令靳明下令迎战，并亲自出城督战。平阳城外一战，靳明人马大败，尸体绵延二里长。靳明只得退回城中固守。

平阳城作为汉赵国的都城，确实非常坚固，石勒一时攻不下来。这时，驻守邺城的魏郡太守石虎率领幽、冀二州的兵马赶到平阳，与石勒会合。石勒便再次下令向平阳城发起总攻。

靳明无力守城，派人于夜间悄悄出城，向汉赵国皇帝刘曜求救。刘曜派进抵汾阴的刘雅、刘策率军迎接靳明。靳明带领一支人马杀出平阳城，带领平阳百姓一万五千余人，一同投奔刘曜。

刘曜向西移驻粟邑（今陕西省白水县彭衙村一带），下旨逮捕靳姓家族，不论男女老幼，全部诛杀。《晋书》载，靳康的女儿靳氏有姿色，刘曜欲纳为妾，靳氏号泣请死。刘曜为靳氏之举感到哀怜，最后留下靳康一子未杀。如此说来，靳明也未能逃过一死。刘曜将母亲胡氏的灵柩安葬于粟邑，称阳陵，谥号宣明皇太后。

石勒攻入平阳城中，下令烧毁平阳皇宫，派义兄石会、从事中郎裴宪重新整修刘渊墓永光陵（今山西省洪洞县东南）及刘聪墓宣光陵（今山西省临汾市西南）。石勒还让石会、裴宪收殓隐帝刘粲以下一百余人的尸体埋葬，在平阳设立守卫。

石勒派王脩以左长史的名义与副使刘茂以及王脩的舍人曹平乐前往粟邑，向皇帝刘曜呈报平阳战况，然后回师襄国。

公元319年二月，王修等人到达粟邑，刘曜非常高兴。刘曜也派使者郭汜持节前往襄国，加授石勒为太宰、大将军，晋封赵王，准许石勒使用特殊礼仪，出警入跸，如同曹操辅佐东汉王朝前例。刘曜还任命王修、刘茂为将军，封侯爵。

也许刘曜与石勒这两位曾于九年前盟誓于重门且同为汉赵国打下半壁江山的功臣，从此能够以君臣身份一西一东继续友好相处，但现在位于二人中间的平阳皇家突然消失，二人的内心就开始失衡。没想到又有人向这个看似平衡的天平上扔了石块，这个人就是王修的舍人曹平乐。

曹平乐作为舍人，也就是王修的一个随员，没想到他到了粟邑，竟想留在皇帝身边任职，不想返回襄国。曹平乐悄悄晋见皇帝刘曜，对刘曜说道："大司马石勒派王修前来，外表上诚恳恭敬，实是要窥探陛下的强弱虚实，等他回去之后，石勒大军马上就会前来袭击。"

刘曜自知实力不足，担心已被王修等人知晓，便对曹平乐的话坚信不疑。刘曜马上命令郭汜不要前往襄国，再派人将王修绑赴街市斩首，而副使刘茂得以逃回襄国。

三月，石勒已经从平阳返回襄国，刘茂也逃回了襄国。石勒听说王修被杀，大怒道："我侍奉刘家，已经超过人臣之分。他刘曜之所以能登上皇位，都是我的血汗功劳。刚刚登上皇位竟想要谋害我！什么赵王，就是赵帝，我自取之，岂能由他！"石勒下令屠杀曹平乐三族。

十四、刘曜即位，猜忌石勒

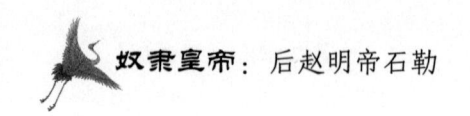

十五、石虎祖逖，激战浚仪

石勒与汉赵国皇帝刘曜产生矛盾，刘曜加授石勒为太宰、大将军，晋爵赵王的诏书也未能送达襄国。此时的石勒应当还是刘曜在赤壁（今山西省河津县西北）称帝时所任命的大司马、大将军、赵公。石勒从此也不会再接受刘曜的旨意，而是按照自己的意愿单独行动。

我们来看一下石勒此时已经拥有的领地。石勒到达襄国，已有六年多。这些年，石勒派兵四处征战，已经完全占领并州，同时拥有司州、幽州、冀州、兖州境内的不少郡县，还与青州的曹嶷结好。

再看看司、幽、冀、兖等州的对手情况。司州境内主要有据守新郑（今河南省新郑市）的李矩，李矩当时已由荥阳郡太守升任为司州刺史。幽州本被石勒占领，后来又被段匹磾占领了蓟城，幽州不少郡县也随之丢失。冀州境内主要有已经升任冀州刺史的邵续，当时正据守乐陵郡的厌次（今山东省阳信县东南）对抗石勒。兖州在三年前曾被石虎攻打过，刺史刘演已经败投段文鸯，但也只有濮阳等郡国被实际占领。

东晋元帝太兴二年（319）四月，东晋兖州陈留国太守陈川献出浚仪县（今河南省开封市）向石勒投降。陈川为何要向石勒投降？原来陈川已经被祖逖打得不能立足。

陈川本是一个坞主，据守在陈留国境内的蓬陂（今河南省开封市南），自称陈留国太守，宣称归附东晋。东晋豫州刺史祖逖在谯郡

（今安徽省亳州市）攻击流民首领樊雅时，陈川曾派将领李头带领一支人马协助祖逖。

李头作战英勇，祖逖也非常赏识他，待他很优厚。李头得到祖逖的赞赏，时常叹息道："能够追随祖逖这样的人，死而无憾。"陈川听到这话，恼羞成怒，竟将李头斩首。李头的部众冯宠带领所部兵马投奔祖逖。陈川更为气愤，竟下令对豫州各郡大肆劫掠，公然向祖逖挑战。

祖逖听说陈川背叛，非常生气，立即下令所部兵马迎战。陈川不敌祖逖，一战即败。陈川于是向石勒投降，希望得到石勒的援助。一直以北伐作为志向的祖逖虽为豫州刺史，但没有驻屯在豫州境内。祖逖乘胜继续北上，一直深入到兖州陈留国境内。祖逖又对驻守浚仪的陈川发起攻击，陈川再次遭败，便派使前往襄国，向石勒求救。

石勒决定援救陈川。然而石勒对祖逖的威名也有所耳闻，两年前石虎曾包围谯郡就因担心不敌而撤围。石勒不会对这位与刘琨齐名的闻鸡起舞的英雄等闲视之，因而再次派出了侄儿石虎，令其率五万兵马从镇守之地邺城南下。石勒仍担心石虎胜算不足，遂又派将领桃豹率领一支兵马从襄国南下，支援石虎。

祖逖听说石虎来战，决定在浚仪城外迎战石虎的五万兵马。这位六年前从江南渡江北伐的英雄，到目前为止除了在谯城与流民首领樊雅以及在蓬陂与坞主陈川作战外，还没有与石勒的部众作战过。此次石虎领兵南下，祖逖下定决心要迎战石虎。

浚仪城外地势平坦，石虎所率领的多为羯族兵马，快马加鞭，尘土飞扬，很快来到祖逖阵前。两军对垒，石虎率领骑兵冲入祖逖阵中，祖逖阵中多为中土汉人兵马，根本不堪冲击，阵势很快为之而乱。

一阵厮杀之后，祖逖知不能敌，便下令收兵，向东撤退至豫州梁国（今河南省商丘市）境内。石虎令将领左伏肃追击，自己则留在浚仪，待桃豹兵马到来，再一齐进击。

十五、石虎祖逖，激战浚仪

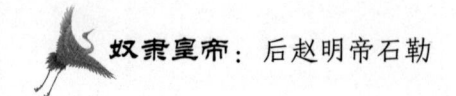

不久，桃豹到达浚仪与石虎会合，石虎立即率兵向东追击祖逖。

祖逖听闻石虎、桃豹两部兵马一齐追来，忙连夜从梁国向南撤退，一直撤到扬州淮南郡（今安徽省寿县）境内，才安营扎寨。祖逖作为豫州刺史，早已不在豫州境内，六年来苦心经营一步一步收复中原全部成为泡影。祖逖兵马本来就不足，又得不到朝廷的支持，而且北伐非常艰难。但是，祖逖并没有因此而放弃北伐。

石虎得知祖逖一路南下撤退，便也不再追击，而回师浚仪。石虎命令陈川率所部兵马及五千户百姓全部北迁广宗（今河北省威县东）境内居住，由桃豹带领一支兵马驻守蓬陂。

石虎在兖州击退北伐的祖逖，孔苌在幽州也立战功。

十六、孔苌北征，攻取幽州

攻取幽州的事，要从并州刺史刘琨来到幽州讲起。

刘琨被石勒击败后，受幽州刺史段匹磾之邀，来到幽州蓟城。琅琊王司马睿在建康（今江苏省南京市）称晋王时，刘琨与段匹磾歃血结盟，誓言一同效忠司马睿，还派使向司马睿劝进。

东晋晋王建武元年（317）七月，段匹磾推举刘琨为大都督，并传令兄长辽西公段疾陆眷、叔父段涉复辰、堂弟段末柸等人在固安（今河北省易县）会师，一同南下，征讨石勒。

一心归附石勒的段末柸对段疾陆眷与段涉复辰说道："二位一个是叔父，一个是兄长，却听侄儿、兄弟的号令，这岂不是奇耻大辱？再说，假使此次南征获胜，功劳也会为段匹磾、刘琨他们所有，我们岂能有功？"

段疾陆眷与段涉复辰便没有出兵，南征的计划便成了泡影。

公元318年正月，段疾陆眷去世，其子尚幼，段涉复辰便自行宣布继任辽西公。段匹磾听说叔父段涉复辰夺位，非常生气。段匹磾准备以奔丧为名，带领一支人马前往辽西郡的令支（今河北省迁安市），讨伐段涉复辰。段匹磾担心兵马不足，难敌段涉复辰，便与刘琨商议。刘琨非常支持段匹磾，马上派世子刘群率一支人马与段匹磾同行。

段末柸听说段匹磾前来，对叔父段涉复辰说道："段匹磾此次来

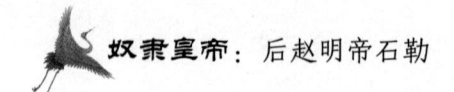

到令支，名为奔丧，实为夺取辽西公之位。叔父不可不防。"

段涉复辰认为有理，便下令迎战。当段匹磾抵达北平郡（今河北省遵化市）时，段涉复辰派一支兵马前往阻截。段末柸趁段涉复辰驻守令支的兵马不足，带领所部兵马，向段涉复辰发起攻击，段涉复辰大败、被杀。段末柸还将段涉复辰子弟、党羽全部诛杀。

段末柸于是自称单于，并率部迎战段匹磾。段匹磾与刘群敌不过勇猛的段末柸，刘群更是被段末柸生擒而去。段匹磾一看情势不妙，连忙下令撤退，返回蓟城。

段末柸没有杀刘群，反而对刘群十分尊敬、优待。段末柸对刘群说道："段匹磾自任幽州刺史，根本没有晋廷的诏书，我们都不承认。我们愿意拥护你的父亲就任幽州刺史，内外夹击段匹磾。如果你愿意如此，就请修书一封，派人悄悄送给你的父亲，共举大事。"

刘群接受段末柸的建议。段末柸于是派出密使，带着刘群的书信，悄悄前往幽州拜见刘琨。密使来到蓟城，正要前往刘琨驻防的小城，不料被段匹磾的巡逻兵抓获。巡逻兵从密使身上搜出密信，忙将密信交给段匹磾。

此时，段匹磾正与刘琨在蓟城商议事务。段匹磾接过密信阅后不语，接着又将此信交给刘琨，方才开口说道："我对刘刺史没有丝毫疑心，因而才将此信交给刘刺史。"

刘琨看了此信，说道："我与段刺史共同盟誓，效忠晋朝，只愿洗尽国家耻辱，恢复中原。就是收到我儿刘群的书信，我也不会为了一个儿子，而辜负段刺史的恩义。"

段匹磾非常敬重刘琨，对他的话并不怀疑，准备将刘琨送回小城。段匹磾的兄弟段叔军提醒道："我们不过是蛮夷而已，汉人之所以服从听命，是畏惧我们人多力强。现今，我们骨肉相残，正是汉人翻身之日，如果有人尊奉刘琨起兵，我们全族都将不保。"

段匹磾听后觉得有理，便将刘琨留在蓟城，不让他离开。

刘琨的庶长子刘遵听说父亲被段匹磾扣留在蓟城，非常惊恐。刘遵还担心段匹磾派兵前来攻打，便与左长史杨桥等人关闭城门。不久，段匹磾果然派兵前来攻打，刘遵不敌，小城陷落。

五月初八，段匹磾宣称接到晋元帝司马睿的诏书，指责刘琨谋反，下令逮捕刘琨。刘琨自知难逃一死，神色坦然。段匹磾命人用绳索缢死刘琨，并杀死刘琨的儿子及侄儿四人。48岁的刘琨最终死于山盟海誓、义结兄弟，又是儿女亲家的段匹磾之手。刘琨临死之时，还留下一首诗《重赠卢谌》，此处从略。

刘琨死后，他的从事中郎卢谌、崔悦等人带领刘琨的残余部众，前往辽西郡，投靠段末柸，尊奉刘群当首领。其他将领大多前往襄国，投奔石勒。

刘琨的死讯传到江东，东晋朝廷考虑到幽州刺史段匹磾势力强大，仍希望段匹磾能够平定河朔，与石勒抗衡，因而不给刘琨举行丧葬祭悼。奉刘琨之命到江东劝进的参军温峤上书认为，刘琨尽忠皇家，而自己家破人亡，应该褒扬抚恤。投靠段末柸的卢谌、崔悦也请段末柸派出使节，代呈奏章，为刘琨申冤。然而数年之后，东晋朝廷才追赠刘琨为太尉、侍中，谥号愍公。

刘琨被段匹磾所害，汉人和胡人都反对段匹磾。段末柸更是派他的兄弟率兵攻打段匹磾，段匹磾不敌，便率领部众数千人南下，准备前往厌次，投奔已经升为冀州刺史的邵续。段末柸于是自称幽州刺史。

石勒听说段匹磾南下，马上派将领石越在中途的盐山（今河北省盐山县）阻截。段匹磾不能取胜，只好再折返蓟城固守。段匹磾在幽州不断受到段末柸的袭扰，又不能南下，只能孤守一座蓟城。石越虽然成功阻截了段匹磾，但在战斗中却被流箭射中而死。石勒对石越的死极为伤心，三个月不听乐声，追赠石越为平南将军。

就这样过了一年。

东晋元帝太兴二年（319）四月，石勒派大将孔苌北上幽州，攻打段匹磾。此时的段匹磾，人马饥饿疲惫，部卒纷纷离散。段匹磾自知蓟城难守，便带领一支人马杀出蓟城，退守幽州的上谷郡（今河北省

十六、孔苌北征，攻取幽州

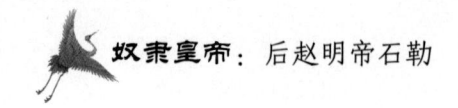

怀来县）。

盛乐城（今内蒙古和林格尔县北）里的代王拓跋郁律听说段匹磾西进，准备派一支兵马前往阻截。段匹磾无路可走，骁勇善战的兄弟段文鸯又不在身边。段匹磾最后抛妻弃子，只带数人南下，逃往冀州乐陵郡（今山东省阳信县东南），投靠兄弟段文鸯所在的冀州刺史邵续。

至此幽州各郡全部归属石勒。

石勒攻取幽州的消息传到临淄城，青州牧曹嶷非常害怕。尽管曹嶷已经派兵沿黄河布防，而且与石勒暗中结好并被石勒任命为青州牧，但看到石勒这些年四处征战，实力增强，曹嶷仍担心石勒会对其下手。曹嶷决定与石勒商定以黄河为界，以保青州永久安宁。曹嶷于是派出使者，带着厚重礼物来到襄国，拜见石勒。石勒接受了曹嶷的礼物，同时接受曹嶷以黄河为界的请求。

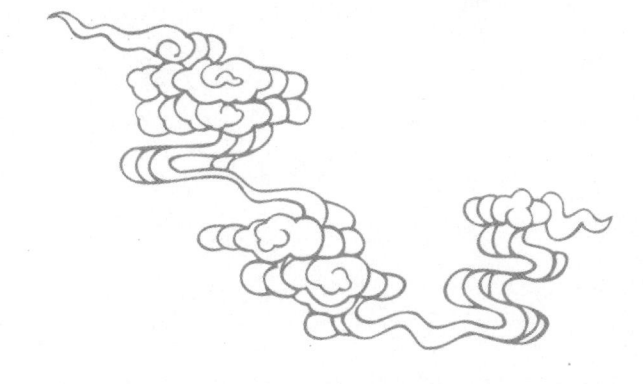

第三章 称王建赵

一、石勒称王，建立后赵

东晋元帝太兴二年（319）四月，汉赵国皇帝刘曜从粟邑回军长安（今陕西省西安市）。刘曜下旨，将都城迁到长安，并在长安建光世殿、紫光殿。刘曜册封王妃羊献容为皇后，皇子刘熙为皇太子、刘袭为长乐王、刘阐为太原王、刘冲为淮南王、刘敞为齐王、刘高为鲁王、刘徽为楚王，皇族都晋封郡王。羊献容此次被册立为皇后，年已三十余岁，也是其第六次被立为后。

六月，刘曜在长安兴建宗庙、社稷以及南北郊天地神坛。刘曜认为光文皇帝刘渊当年定国号为汉，是为了顺应百姓的愿望，而现在已经过去十五年，应当更改国号。于是，刘曜诏令朝中官员商议国号名称。

文武官员奏称："光文皇帝最初封卢奴伯，卢奴（今河北省定州市）便是中山国国都所在，陛下又曾封中山王，中山是故赵王国疆土，臣等以为当以赵为国号。"

刘曜准奏，从此汉国便称为赵国。

刘曜的赵国与刘渊的汉国实是一脉相承，史家统称为汉赵国。刘曜所继承的汉赵国，比先帝刘聪在位时要小得多，因为石勒、曹嶷所占领的区域已经脱离了汉赵国。刘曜的汉赵国主要在雍州，还占据司州的部分郡县。西边的秦州被已经自称晋王的司马保占据，更西边的凉州则由凉州刺史张寔割据。

奴隶皇帝：后赵明帝石勒

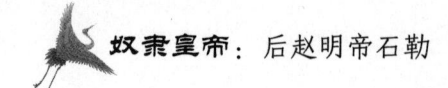

刘曜迁都、改国号半年之后,石虎与左长史张敬、右长史张宾以及诸位将领一百余人劝石勒称帝。石勒不接受劝进,还颁发文书说明不接受的理由。文书内容如下:

孤猥以寡德,忝荷崇宠,夙夜战惶,如临深薄,岂可假尊窃号,取讥四方!昔周文以三分之重,犹服事殷朝;小白居一匡之盛,而尊崇周室。况国家道隆殷周,孤德卑二伯哉!其亟止斯议,勿复纷纭。自今敢言,刑兹无赦!

这份文书文字深奥难懂,显然不是石勒所写,必定是石勒命那些劝进的文官所写。文书中说石勒德才不足,不能称尊,会让四方讥笑。石勒还警告众人,如果再提称帝之事,便用刑用法,决不赦免。

尽管如此,刚过一个月,众文武又来劝进。

十一月,石虎与左长史张敬、右长史张宾以及左司马张屈六、右司马程遐等一百二十九名文武官员再次上疏劝进。疏文如下:

臣等闻有非常之度,必有非常之功;有非常之功,必有非常之事。是以三代陵迟,五伯迭兴,静难济时,绩侔睿后。伏惟殿下天纵圣哲,诞应符运,鞭挞宇宙,弼成皇业,普天率土,莫不来苏,嘉瑞征祥,日月相继,物望去刘氏、威怀于明公者十分而九矣。今山川夷静,星辰不孛,夏海重译,天人系仰,诚应升御中坛,即皇帝位,使攀附之徒蒙寸尺之润。

请依刘备在蜀、魏王在邺故事,以河内、魏、汲、顿丘、平原、清河、巨鹿、常山、中山、长乐、乐平十一郡,并前赵国、广平、阳平、章武、渤海、河间、上党、定襄、范阳、渔阳、武邑、燕国、乐陵十三郡,合二十四郡、户二十九万为赵国。封内依旧改为内史,准《禹贡》、魏武复冀州之境，南至盟津，西达龙门，东至于河，北至于塞垣。
以大单于镇抚百蛮。罢并、朔、司三州，通置部司以监之。
伏愿钦若昊天，垂副群望也。

这份疏文先讲了石勒应当称帝的理由，还提出由二十四郡建立赵国。此外，疏文要求所有郡国长官均称内史，取消并州、司州、朔州。赵国的范围，南至盟津，西达龙门，东至黄河，北至长城。还有一点值得注意，除了皇帝之外，还要设大单于管理各族胡人。这与汉赵国一样，是胡汉分治的做法。

石勒会接受劝进吗？会对劝进的人用刑吗？

石勒这回接受了劝进，当然还要辞让一番。石勒面向西方辞让了五次，面向南方辞让了四次，众官员都叩头一再请求，石勒方才接受。接受劝进前，辞让一番是可以理解的，但我们不能理解的是，为何向西方、南方辞让，而且一个是五次，一个是四次。西方是谁，南方又是谁？难道是刘曜与司马睿？

石勒还是很谦虚的，没有像刘曜、司马睿那样称帝，而是称赵王。石勒这一年46岁。石勒依照春秋各国和汉初侯王每一代都自改年号的惯例，改元为赵王元年。不称赵帝，只称赵王，好像还是东晋或汉赵国的藩王，但更改年号，表明是一个独立的国家。由于史上存在过赵国，史书称石勒的赵国为后赵。

随着后赵的建立，华夏大地四国并立，即东晋、成汉、汉赵与后赵。至于那些割据一方的势力，如青州的曹嶷、凉州的张寔、平州的慕容廆等人尚未称王称帝。此外，冀州境内还有冀州刺史邵续、司州境内还有司州刺史李矩等人宣称效忠东晋朝廷。

石勒大赦境内，减免百姓一半田租。对于有孝悌品行、努力耕作的人以及舍生取义者的遗孤赏赐相应数量的丝织物，还赏赐孤老鳏寡者每人三石粮食。人们聚集在一起，饱食畅饮七天。石勒还下令兴建社稷神坛，设立宗庙，建造东西二宫。

一、石勒称王，建立后赵

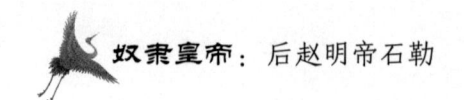

君臣朝会时，石勒开始使用天子的礼乐，仪容举止、冠冕服饰颇具气派。石勒采用的礼乐是古代诸侯使用的轩悬之乐，乐器以三面悬挂式陈列，使用天子所用的八佾（读音如翼）之舞，舞列纵横各为八人。石勒的乘舆是显示祥瑞的金根大辂，以黄缯作为车盖，缀以牦牛尾的大旗竖在车的左边。

石勒规定，称胡人为国人。这个胡人是包括羯族人在内的所有胡人。石勒还对胡人下达禁令，不允许弟娶寡嫂以及居丧期间的人婚娶。石勒非常重视农业生产，专门派人到各州郡巡视，劝课农桑。

石勒称王建立后赵，群臣请求论功行赏。

石勒说道："孤起兵至今，已有十六年了。随孤征伐的将士，无不冒着飞箭流石，饱受艰难险阻。孤以为葛陂一战，各将士战功尤为卓著，这一战的功臣应当首先犒赏。如果这些将士仍然在世，其爵位的高低和封地的多寡，要视其战功的大小有所差别。死于战事者的遗孤，赏赐要增加一等，借此以抚慰生者，报答亡人，以表孤之心意。"

石勒对葛陂的战事不能忘却，由此可见当年在葛陂是如何艰难。遗憾的是，史书上关于葛陂战事的记载不太详细。葛陂对策也正是在石勒人生的关键时刻发生的，就如同刘备当年的隆中对。

石勒任命石虎为单于元辅、都督禁卫诸军事，加授石虎为骠骑大将军、侍中、开府仪同三司，晋封中山公。石虎担任单于元辅，就如同汉赵国当年，刘渊是皇帝，其子刘聪是大单于。

张宾为大执法，总管朝政，位居官员之首。张宾受到明显优厚的待遇，其他官员都不能相比，但张宾谦虚谨慎，对人恭敬，胸襟开阔，礼贤下士，杜绝营私舞弊，以身作则。张宾进宫则向石勒知无不言，尽到规劝的责任，出宫则把美好的声誉，归功主上。石勒对张宾十分敬重，每次早朝，常常为了张宾而整肃自己的仪容，缩短自己的谈话，对张宾只称"右侯"，而不叫他的名字。

此外，从事中郎裴宪、参军傅畅、杜嘏同兼经学祭酒。参军续咸、庾景为律学祭酒。任播、崔濬为史学祭酒。中垒将军支雄、游击将军王阳同兼门臣祭酒，专门负责判决胡人的诉讼。张离、张良、刘群、刘谟等人为门生主书，主管胡人出入之事，制定严格的法令，不允许欺侮轻视汉人之中的世族士绅。前将军李寒兼司兵勋，向公卿大夫的子弟传授击打、行刺、格斗、射箭的技能。

一、石勒称王，建立后赵

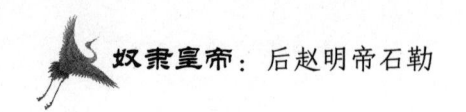

二、出兵厌次，擒获邵续

前面讲过，幽州刺史段匹磾不敌石勒的将领孔苌，已经弃守蓟城，一路南逃，投奔冀州刺史邵续，与其兄弟段文鸯会合于冀州乐陵郡厌次县。段匹磾离开幽州蓟城后，归附石勒的段末柸派兵进驻蓟城，也算是为石勒镇守蓟城。

段匹磾、段文鸯兄弟二人身在冀州，却无时无刻不想着要重回幽州，夺回蓟城。段匹磾当然知道自己的兵马不足，根本不是堂弟段末柸的对手，段匹磾便将希望寄托于冀州刺史邵续。

东晋元帝太兴三年（320）正月的一天，段匹磾恳切地对邵续说道："我本夷族，只因忠于大义，以致家破人亡。邵刺史如果不忘昔日盟誓，请派出兵马，与我们兄弟联合攻打幽州的段末柸，使我们兄弟能够重返蓟城。"

邵续答应了段匹磾，派出一支兵马与段匹磾兄弟一同北上攻打段末柸。段末柸驻防在蓟城的守将不是段匹磾的对手，一路撤离蓟城，向东奔往辽西郡的令支。

邵续派出兵马随段匹磾北上的消息传到后赵国的都城襄国，赵王石勒认为此时的邵续势单力孤，正是向邵续用兵之时。石勒对此次攻打邵续可谓志在必得，派出了两位最重要的将领，一个自然是其自家人石虎，一个是将领孔苌。石勒满心希望此战能够完全收回冀州，而将后赵国的领地真正拓展到与青州牧曹嶷所约定的黄河边界。

大将孔苌率先抵达厌次。孔苌先对厌次城外的多处营垒发起攻击,以为中山公石虎前来攻城扫平道路。孔苌果然是能战之将,在厌次外围作战中,一连攻下邵续十一处营垒。邵续非常担忧,连忙派使快马前往幽州,再请段匹䃅兄弟率兵来援。

二月,石虎也率部赶至厌次,将厌次城包围。

邵续当时可能是过于心切,竟然不等段氏兄弟到来,便带领一支兵马出城迎战石虎。石虎且战且退,邵续恋战,追至城外,岂料石虎早已派出一支骑兵绕到邵续身后,截断邵续的退路。石虎看到时机已至,连忙下令回攻。邵续不敌,进退无路,被石虎生擒。

石虎将邵续带到厌次城下,让邵续向城内喊话,劝城内投降。邵续的侄儿邵竺及几位将领站在城头,看到邵续被擒,非常着急。邵续担心邵竺等人会打开城门来营救他,便高声对城头喊道:"你们不要为我担心,我志在报效国家,到了今天这个地步,有死而已。你们要以幽州刺史段匹䃅为首领,竭尽全力固守厌次城,为冀州保留最后一块领地,使我晋朝的冀州尚存。"

邵竺等人听了此言,便没有开门投降,而继续坚守城池。

不久,段匹䃅、段文鸯兄弟率兵来到厌次。段匹䃅的将士听说邵续被擒,非常恐慌,竟四散而逃。勇猛异常的段文鸯带领亲军数百人,拼力死战,终于护卫段匹䃅进入厌次城中。邵续之子邵缉、侄子邵存、邵竺等人便以段匹䃅为首领继续固守厌次城。

石虎一直不能攻克厌次城,决定放弃攻城。石虎留孔苌继续在厌次外围寻机作战,自率一部兵马带着被俘的冀州刺史邵续回师襄国。

石勒听说石虎擒获了邵续,感到既高兴又生气。高兴的是终于将据守冀州乐陵六年之久的邵续擒获了,生气的是邵续如此顽固,一直不向他投降。石勒甚至认为邵续看不起他。石勒不想当面责骂邵续,于是派参军徐光去斥责邵续。

有意思的是,六年前石勒擒获幽州刺史王浚时,也是让徐光去斥责王浚。看来骂人,也是要有水平的,石勒可能觉得徐光有这方面的

二、出兵厌次,擒获邵续

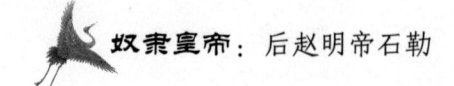

才能。这也可以从一个侧面说明石勒善于用人，而不是什么事都由自己亲自处理。

徐光会如何斥责邵续呢？徐光对邵续说道："赵国应天顺人，拨乱反正，四方归心。晋朝的遗老遗少惧怕威力，远逃扬、越。而你邵续，却像蚂蚁一样，在海边封土为穴，违抗王命。你是不是认为夷狄之人不足为君？你为何如此无视主上？国有国法，你甘心接受刑法吗？"

邵续毫无畏惧，坦然说道："晋朝末年，饥荒战乱，无处投奔。我聚合乡党宗族，希望保全老幼。大王兴起之时，我曾委身托命，以子为质，心之所诚，承蒙得到饶恕。段匹磾等人说，如果归晋，仍旧受到宠遇，我发誓尽忠尽节，再无二心。我已经得到晋朝厚重的荣誉，如果再改节操，恐怕圣明的朝廷也不会相容。周文王生于东夷，大禹来自西羌，帝王的兴起，属于天命，由恩德所致，岂能一成不变？我认为，大王有天授的圣明神武，道义高于虞、夏。作为生灵，谁不企盼得到神灵的感化，更何况我这样的一个囚徒呢？如果我去掉真诚而接受虚伪，不能早日叩响上天之门，是大王负我，而不是我负大王。至于刑法，是我注定的结局，还有什么可说的呢？"

徐光将邵续的话奏报给石勒，石勒说道："邵续的言辞慷慨之至，我感到十分惭愧。像这样忠于君主的人，正是我所寻找的。"

石勒于是让张宾把邵续请到馆舍，好好地抚慰。石勒后来又任命邵续为从事中郎。石勒还下旨道："自今以后，攻城略地，俘获的晋朝士大夫，一定要保全其性命，不可随便诛杀。"石勒希望得到更多像邵续一样忠心的将领。

六年前，邵续因儿子邵乂的原因曾经向石勒投降。后来因段匹磾等人的劝说，邵续又回归晋朝，连儿子的性命都不管了。现在邵续又向石勒投降了，段匹磾还会来劝说吗？后面再讲。

邵续被石虎包围的消息传到建康时，东晋吏部郎刘胤向晋元帝司马睿进言道："北方州府牧史，现今只存邵续一人，如果邵续再被石虎消灭，将使义士心寒，他们必将难以效忠我朝。臣以为陛下应当派兵援救。"司马睿没有采纳。后来邵续被俘，司马睿只好颁下诏书，任命邵续之子邵缉为冀州刺史。

二、出兵厌次，擒获邵续

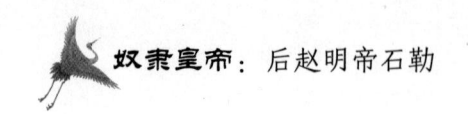

三、激战洛阳，俘获宋始

俘获邵续不久，石勒接到前方来报，汉赵国洛阳的守将要向后赵国投降，这是怎么回事呢？我们先来讲讲洛阳所在的司州。

司州共有十二个郡，东西狭长，跨度很大，被后赵、汉赵、东晋三个国家分占。后赵占领的郡县最多，有七个，主要在东部地区。这七个郡是广平郡、魏郡、阳平郡、顿丘郡、河内郡、汲郡、平阳郡。后赵国的都城襄国便在最东北的广平郡境内。汉赵国占领的郡县在西部地区，主要是弘农郡、河东郡以及洛阳所在河南郡。东晋所占领的地区主要是南部地区的荥阳郡、上洛郡。

东晋在司州境内的守将主要是李矩、郭诵与郭默。李矩一开始是荥阳郡太守。司马睿正式称帝后，李矩被任命为司州刺史、都督河南三郡诸军事。郭诵是李矩的侄儿，担任扬武将军。郭默本是河内郡太守，因河内郡失守而南投李矩。

李矩的兵力虽然不是很强，但为东晋谋取司州特别是洛阳这个重镇的决心很强。洛阳曾是西晋的都城，更是司州的象征。李矩当时的任务便是从汉赵国守将手中夺回洛阳。因汉赵国守将赵固归降，李矩也曾得到过洛阳，只是后来洛阳又被汉赵国夺走。

东晋元帝太兴三年（320）二月，李矩率部攻打洛阳城西北角的金墉城，驻守在此的汉赵国左中郎将宋始、振威将军宋恕不敌，弃守金墉城，向后赵国投降。

石勒会不会接受宋始等人的投降呢？宋始等人可是汉赵国的将领，如果接受他们投降，汉赵国皇帝刘曜会有何感想？

石勒当时虽然称王建国，与汉赵国皇帝刘曜分庭抗礼，但二赵并没有兵戎相见。对于汉赵国所控制的区域，石勒也一直没有派兵去夺取。然而现在，宋始被东晋将领打败向石勒投降，石勒决定接受投降，毕竟汉赵国守将已经走投无路了。石勒这样做，应当不会得罪刘曜。

石勒会派谁去接应宋始等人呢？

此人不是石虎，也不是"十八骑"。此人叫石生。石生是不是羯族人，与石勒是什么关系，什么时候来到石勒军中，史书上记载不详。这是一位从天而降的将领，他以后一直在司州境内作战，是石勒非常倚重的将领之一，也为石勒立下汗马功劳。

那么汉赵国皇帝刘曜听说金墉城失守会有什么反应呢？刘曜知道金墉城十分重要，一旦丢失，洛阳城就可能不保。刘曜当然不想丢掉洛阳这样的重镇。刘曜连忙任命广平王刘岳为征东大将军，令其率部前往镇守洛阳。

我们可以设想一下，如果刘岳比石生先到洛阳，宋始等人说不定就不会向石生投降，毕竟石生是后赵国的。那么谁会先到洛阳呢？从距离来看，刘岳应当先到。然而令人没有想到的是，刘岳大军到达渑池（今河南省洛宁县西北）时，当时大闹瘟疫，刘岳只好下令暂驻渑池。

史书记载，石生快马前往洛阳，而且声势浩大。从这里就可以看出，石勒非常希望通过收降宋始等人而得到洛阳。石勒想得到洛阳，其原因不用多讲。然而石勒并不希望通过战争向汉赵国夺取。至少石勒觉得当时还不是武力强取的时候。现在有这样一个良机，石勒岂会放弃？

石生先到洛阳，驻守在洛阳城中的汉赵国将领尹安、赵慎等人看到汉赵国兵马未能到来，便也向石生投降，石生便得到了洛阳城。暂

三、激战洛阳，俘获宋始

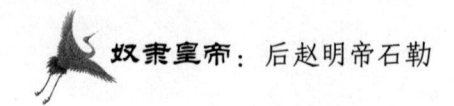

驻渑池的刘岳得到消息,便率部西返,最后驻留陕城(今河南省三门峡市)。

汉赵国洛阳四位守将向后赵国投降了,后赵国将领石生也已到达洛阳。石生怎么也没有想到,汉赵国的四位将领突然又改变主意,向东晋司州刺史李矩投降。李矩派颍川郡太守郭默率部进入洛阳,协助宋始、尹安等人防守洛阳。

石生得到消息后,非常生气,仗着兵马众多,便向宋始等人的大营发起突然袭击。石生这一战取得大胜,还生擒了宋始。尹安等人不敢再战,带领余部投靠李矩。

就在石生占领洛阳不久,兖州境内有人向石勒求救。

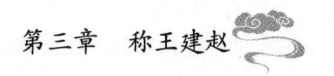

四、出兵兖州，徐龛一叛

兖州的故事，要从东晋兖州泰山郡太守徐龛讲起。

东晋元帝太兴二年（319）二月，东晋徐州彭城郡太守周抚叛离东晋，东晋徐州下邳郡太守刘遐以及徐龛，一起向周抚所在的寒山（今江苏省徐州市东南）发起进攻。周抚不敌，便撤离寒山城。徐龛部将于药率领一支兵马追上周抚，并杀死周抚。

徐龛认为此战其当居首功，然而东晋朝廷论功行赏时，刘遐的功劳却在徐龛之上。徐龛大怒，便派使前往襄国，献出泰山郡（今山东省泰安市）城池向石勒投降，同时自称兖州刺史，仍驻守泰山郡。徐龛率所部兵马先在济水、泰山一带劫掠，继而进入徐州境内，攻陷东莞郡（今山东省莒县）。

东晋元帝司马睿得知徐龛投靠汉赵石勒，还不断攻掠东晋所属郡县，非常愤怒，问中书监王导何人可以率兵攻打徐龛。王导推荐太子宫左卫率羊鉴。司马睿便任命羊鉴为征虏将军、征讨都督，同时令徐州刺史蔡豹、刚任临淮郡太守的刘遐以及正在冀州刺史邵续处的鲜卑将领段文鸯，一同会攻徐龛，三路兵马均受羊鉴节制。羊鉴胆小，不敢接受这个重任，但由于王导的坚持，又不能拒绝。

公元320年五月，羊鉴才到达下邳（今江苏省睢宁县），又不敢前进。此时，徐州刺史蔡豹在檀丘（今山东省泗水县东）打败了徐龛。徐龛立即派使前往襄国，向后赵国赵王石勒求救。

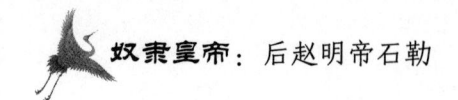

石勒当时正在冀州、司州境内用兵。石虎、孔苌虽然没有攻克厌次城，但也取得了生擒邵续的战果，幽州刺史段匹䃅以及新任冀州刺史邵缉被围困在厌次城中，已成笼中之鸟。石生也击败了洛阳的守将，为后赵国夺取了洛阳。

石勒决定向兖州境内用兵，援救徐龛。

石勒会派哪位大将前往呢？不是石虎，也不是孔苌。石勒这次派出了部将王步都。石勒可能对王步都也不太放心，随后又派出了左长史张敬，令张敬率兵南下，做王步都的后援。

徐龛听说王步都只带数百人马来援，感觉石勒不是真心帮助他。徐龛又听说另一支兵马在张敬带领下到达东平（今山东省东平县），认为张敬前来，也不是帮助自己，而是想趁机吞并自己。

令人为徐龛叫冤的是，石勒所派的王步都不是什么善类。石勒的意图是让王步都来当徐龛的前锋，没想到王步都不仅没有奋力作战，还不断对徐龛提出无理要求。最为荒唐的是，王步都竟然将徐龛的妻子奸污。

徐龛越想越气，便将王步都及其三百多名士兵全部杀掉。

徐龛知道自己得罪了石勒，石勒一定不会放过自己，得给自己找一条出路。徐龛想来想去，还是得向东晋投降。徐龛于是派使来到蔡豹军中请求投降。蔡豹将此事奏呈晋元帝司马睿。司马睿对徐龛如此反复，非常憎恨，传旨不接受徐龛投降，还令羊鉴、蔡豹二人把握时机，向徐龛进军。

石勒听说徐龛杀掉王步都，并不知其中隐情，一时大怒。石勒担心已经抵达东平的张敬不是徐龛的对手，派人快马前往东平，令张敬扼守险要，严阵以待。

石勒让张敬待援，那么石勒会派谁前往讨伐徐龛呢？石勒准备派中山公石虎率兵南下。由于石虎刚刚攻打冀州不久，一时还不能很快到达兖州，张敬只能耐心地等待。

然而，就在这时，祖逖又重整兵马，再度北伐了。

五、祖逖北进，桃豹败退

公元320年六月，祖逖一路北上，再次逼近兖州的陈留国（今河南省开封市）。祖逖的前锋将领韩潜还与驻守蓬关（今河南省开封市南）的后赵国将领桃豹发生交战。桃豹战败，退守蓬关西城，韩潜则占领蓬关东城。

桃豹与韩潜各占一城，相持四十余天。

祖逖开始用计。祖逖命人将泥土装入布袋，假装是稻米，派一千多人护送，运至韩潜军中。祖逖再让几个挑夫挑着真装稻米的布袋，在运送中故意落伍。桃豹的军中当时也开始缺粮，桃豹的部下发现这些落伍的挑夫，马上前来抢夺布袋，挑夫吓得转身逃跑。

桃豹的将士得到稻米后非常开心，但桃豹却非常惊慌，因为桃豹看到祖逖的粮草丰足。桃豹又得知运粮官刘夜堂押运的一千辆驴车被祖逖部将缴获，感到更加惊慌。就在这时，祖逖命令将领韩潜、冯铁带领人马向桃豹发起进攻，桃豹不敢迎战，马上下令撤离蓬关，向北退至东燕城（今河南省延津县东）。

祖逖让冯铁驻防蓬关，而命韩潜率部向北挺进封丘（今河南省封丘县），继续向桃豹逼近，祖逖本部则进驻雍丘（今河南省杞县）。封丘、雍丘都是兖州陈留国的属县，位于古黄河南岸一带。作为豫州刺史，祖逖已经推进到兖州境内。祖逖驻扎陈留国境内，不断袭扰后赵领地，基本控制黄河以南地区。

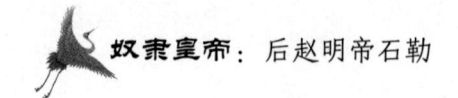

祖逖与后赵国隔黄河对峙，还有不少出色的行动。

首先，黄河南岸基本为祖逖所部控制，后赵国在此地的一些据点陆续向祖逖归降，使得后赵国的领地变小，东晋的领地延伸至古黄河岸边。七月，东晋朝廷对祖逖取得的胜利非常赞赏，加授祖逖为镇西大将军。

其次，祖逖着手调解东晋司州境内数支兵马的矛盾。司州刺史李矩与曾任河内郡太守的郭默一直有矛盾，祖逖派出使者分别前往劝说，希望大家团结一致，归属祖逖节制，一同对付后赵国，为晋朝收复中原而战斗。经过多次劝说，李矩、郭默等人都愿意接受祖逖节制。

再次，祖逖以身作则，与将士同甘共苦，对百姓广施恩德。祖逖在管辖地内，劝课农桑。对于归附的部众，不管远近，无论贵贱，都以礼相待。黄河沿岸的一些百姓结坞自保，有些人还曾送人质到后赵，祖逖允许他们亲附两方，并且不时派出军队，假装向他们发起进攻，以此表明他们没有投降晋朝。坞堡首领对祖逖非常感激，一旦后赵国有军事行动，都秘密报知祖逖，因而祖逖与后赵国在黄河沿岸的作战，多能取得胜利。

祖逖当然不会满足收复黄河以南领地，祖逖不断加强兵马操练，广积粮草，准备北渡黄河进攻后赵国。后赵国赵王石勒得知祖逖击败桃豹，控制了黄河以南地区，非常着急。如何才能让黄河两岸安宁？尤其是如何才能让祖逖不再北渡黄河？这是石勒最要思考的问题。

石勒还是有办法的。石勒的这个办法对别人也许没有效果，但对祖逖却非常有用。因为祖逖虽然胸怀北伐大志，但同时也是一位讲义气之人。这里试举祖逖"南塘一出"的故事。

祖逖当年在扬州时，宾客和门徒多为勇猛之士，祖逖待之亲如兄弟。扬州一带曾闹饥荒，祖逖的这些宾客和门徒常常为盗，到富贵人家集中的南塘一带抢掠。这些宾客和门徒被官府抓获后，祖逖还设法营救保护他们。祖逖不仅不制止他们再次抢掠，还主动问他们是否还要"南塘一出"。时人因此常常贬斥祖逖，祖逖对此泰然自若。

祖逖既然是一位讲义气之人，石勒当然也要对其施以仁义，希望以此来感化祖逖。祖逖虽然身在南国，却是北方人士，祖居幽州范阳郡（今河北省涿州市），其祖坟尚在范阳，而范阳就在后赵国境内。石勒派人修整并看护祖氏坟墓，还特地颁下诏书，大意为："祖逖是北方士族，当有故土之思，诏令幽州，修整祖氏坟墓，专设两户百姓守护坟冢。万望祖逖能够感念恩情，停止在边境的战事。"

祖逖听说后赵国下诏为其修整并看守祖坟，果然非常高兴，派参军王愉前往后赵国的都城襄国，向石勒赠送地方物产，缔结和议。石勒也非常高兴地款待祖逖来使，并派左常侍董树前往回礼，以一百匹马、五十斤黄金来酬答祖逖。从此，兖州、豫州一带和平安定，百姓得以休养生息。

边境战事没有了，百姓得到安宁，就是有人试图破坏这个约定，也未能得逞。祖逖的牙门将童建，杀害新蔡郡太守周密，投降后赵国。石勒不仅没有接纳童建的投降，还派人将童建杀掉，将首级送与祖逖，还带话道："祖将军痛恨的事，也正是孤痛恨的事。"祖逖深为感激，从此，后赵国背叛的人，祖逖也不予收容。

石勒终于有精力来关注兖州、冀州境内的两处战事了。

五、祖逖北进，桃豹败退

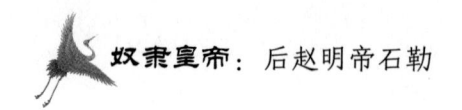

六、南征徐龛，先降再叛

东晋元帝太兴三年（320）八月，石勒派中山公石虎率领四万名步骑兵南下，攻打归而复叛的兖州刺史徐龛。石虎进入兖州后，先与张敬会合，然后再对驻守泰山郡的徐龛形成包围之势。

徐龛得知石虎率领重兵前来，忧心忡忡。徐龛当然知道石勒派杀人如麻的石虎前来意味着什么。仅凭徐龛的兵马是敌不过石虎的四万强兵的。徐龛也曾向东晋请求投降，但得不到接纳，徐龛可谓进退维谷。

徐龛赶紧与长史刘霄商议对策。刘霄认为应当再次向后赵国请求投降。徐龛担心石勒不会接纳，因为他杀了王步都，已经触怒了石勒，不然石勒不会派石虎前来。

刘霄说道："刺史杀了王步都，那是王步都欺人太甚，刺史实出无奈。刺史应当向石虎言明王步都所为，杀掉王步都事出有因。为表诚意，刺史须将妻儿送至赵国作为人质，方能得到石勒的信任。"

徐龛此时确实没有更好的办法，只能按刘霄的建议去冒一下险。徐龛于是派刘霄出城，带着妻儿来到石虎大营。刘霄向石虎言明王步都所为，并将徐龛妻儿交与石虎，乞求投降。

石虎派人快马前往襄国，向石勒奏报。石勒接受徐龛再次投降。徐龛得知石勒接受其再次投降，也非常高兴，总算逃过一劫。徐龛下令打开城门迎接石虎进城。

第三章 称王建赵

石虎拿下泰山郡，并没有率兵北返。此时的石虎已不满足拿下一个泰山郡，他想拿下整个兖州，更想乘机会会东晋徐州刺史蔡豹，以将后赵国领地向南拓展到徐州境内。

石虎虽是一员虎将，但也是有些头脑的。石虎与徐龛商量，准备合击蔡豹。蔡豹当时正驻扎在豫州鲁郡境内的卞城（今山东省泗水县），与泰山郡相距只有一百余里。石虎决定率本部兵马正面迎战蔡豹，而让徐龛率部赶到蔡豹身后，以截断蔡豹南退之路。二人商议完毕，即分头行动。

石虎先让徐龛率所部兵马前往卞城之南，在蔡豹必退之路上设伏。数日后，石虎才率所部兵马向卞城进发。蔡豹听说后赵国派石虎前来攻打，非常惊恐，马上下令撤出卞城，一路向下邳（今江苏省睢宁县）方向退去。徐龛在途中对蔡豹进行截杀，蔡豹死伤惨重。

蔡豹自知此次兵败，后果不堪设想，于是主动南下，到建康向晋元帝司马睿请罪。岂料途中被东晋北中郎将王舒阻止，蔡豹又不能南下。司马睿听说蔡豹兵败南逃，派使前往缉拿问罪。王舒获知后，立即将蔡豹包围，蔡豹以为后赵国兵马来袭，立即下令反击。后来蔡豹弄明真相，停止进攻，但王舒仍将蔡豹捉拿押赴建康。当年冬天，蔡豹被斩于建康。

石勒的左长史张敬，在史书中最后一次提到就是带领兵马征讨徐龛。史书没有说张敬在此次征战中是否阵亡，抑或是回到襄国后病逝。此后，石勒的左长史是"十八骑"之一的郭敖。

石虎收降了徐龛、打败了蔡豹并没有马上北返。石虎知道祖逖已经深入到兖州陈留国境内。祖逖当时驻屯在陈留国的雍丘县，而与雍丘县只隔一条汴水的封丘县还在后赵国控制之下，桃豹就驻屯在不远处的东燕城。在古黄河南岸，只有封丘、东燕这两个城池尚未被祖逖夺取。看来祖逖虽然曾经推进到封丘，后来并没有派兵防守封丘。东晋与后赵两国只是大致以黄河为界，严格意义上讲，是隔着一条汴水。石虎在封丘修筑城池，然后才北返。

六、南征徐龛，先降再叛

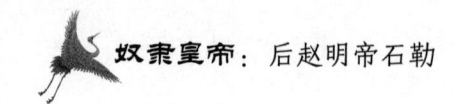

石虎走了，徐龛又一次背叛了。

公元321年二月，徐龛又向东晋归降。消息传到襄国，石勒非常生气。生气归生气，此时的石勒不会亲自率兵去征讨一个小小的叛将。从这一点来看，石勒与汉赵国皇帝刘曜是有不同之处的。刘曜遇到事情，喜欢御驾亲征，而石勒坐镇襄国，令众将攻略四方，确实是有统驭能力的。

那么徐龛的再次叛离，石勒会派谁再去讨伐呢？石勒当然想再派石虎南下，但石勒此时已派石虎北上攻打厌次的邵缉与段匹䃅，因为孔苌在那里打了败仗。石勒只得将徐龛暂时放在一边了。

七、再攻厌次，擒获二段

自从石虎生擒邵续返回襄国后，孔苌一直留在厌次城继续作战。

孔苌是石勒的大将，而厌次城里的段文鸯也不是等闲之辈。段文鸯并没有一直固守城池，而是在石虎撤离后，寻机出城构筑营垒。段文鸯一连构筑十余处营垒。孔苌也是能战之将，将段文鸯十余处营垒全部攻克。

孔苌多次获胜，便骄傲起来，认为段文鸯徒有虚名。孔苌甚至不把段文鸯放在眼里，在城外扎营也不加设防。然而，段文鸯岂是孔苌想象的那样？

公元320年六月的一天夜里，段文鸯带领精锐兵马悄悄出城，不声不响来到孔苌营地。孔苌果然没有设防，将士均在酣睡。段文鸯立即向孔苌营地发起猛烈的袭击，孔苌慌忙应战，但怎能敌得过段文鸯？这一战孔苌大败。

石勒听说孔苌战败，非常着急。石勒想再派石虎去增援孔苌，可是石虎已经南下兖州，攻打徐龛。石勒只好令孔苌在厌次城外待命，等石虎讨伐徐龛之后，再来厌次作战。

石勒最为倚重的自家将领石虎，此时显得尤为重要。关键时刻，石勒总是会派石虎出马。石虎确实也不负石勒厚望，每次出战，总能立下赫赫战功。石虎在收降徐龛、打败蔡豹并加固封丘城池之后，终于北上冀州作战。

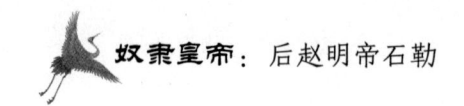

石虎这一次能够为后赵国拿下冀州吗？

公元321年三月，石虎率兵进入冀州，逼近厌次城。石虎先与孔苌会合。石虎与孔苌商议，由石虎负责包围厌次城，再由孔苌率部攻打厌次外围的其他城池，等孔苌攻破厌次外围城池后，再一同向厌次城发起猛攻。孔苌不辱使命，一举将乐陵郡所属的其他县城全部攻克。

厌次城成了一座孤城，被石虎、孔苌紧紧包围。

猛将段文鸯准备出城作战，对兄长段匹磾说道："我以勇猛闻名三军，也受到将士们的尊重。如今看到百姓被抢掠，城池被占领，而不去救援，百姓与将士必定会失望。谁还会听从我们的号令？"

段文鸯说完，带领数十名敢死之士冲出城去。

石虎看到城门打开，段文鸯身披铠甲手握铁槊带着数十名勇士纵马而出。石虎并不亲自上阵迎战，而是将手一挥，众将士便将段文鸯等数十人围住。段文鸯毫无畏惧，举起铁槊杀向后赵将士。后赵将士无人能挡，死伤数十人。

然而后赵将士实在太多，段文鸯等人仍被重重包围。段文鸯又连杀数十人，终因战马力竭，倒地不起。石虎下令停止攻击，朝段文鸯高声喊道："兄长，不要再战了，八年前，我们曾经结为异姓兄弟，况且我们都是胡人，应当成为一家人。放下铁槊吧，不要再战了。"

段文鸯不听劝，高声骂道："你想当强盗，早就该死！都是我家兄长不听我的劝告，否则八年前，在襄国早就将你们杀掉了。今天我宁愿战死，也绝不投降！"

战马不起，段文鸯便徒步持槊再战。突然，丈八铁槊折断，段文鸯又拿出身佩短刀继续杀敌。段文鸯从早晨一直战到午后，仍然不能冲出重重包围。石虎志在生擒段文鸯，因而传令士兵只能围攻，不能放箭。后赵士兵于是解下战马身上的铠甲，用来护卫，步步紧逼段文鸯。最后，段文鸯无力再战，倒地不起，被后赵将士生擒。

段文鸯被擒，厌次城内士气低落，有人想投降。

然而段匹磾非常忠于东晋，决定单枪匹马冲出城去，南投东晋。

冀州刺史邵缉的叔父邵洎下令城内戒严，不许段匹磾出城。邵洎还将东晋派来的使节王英捉拿，准备送给城外的石虎。邵缉与堂弟邵竺决定跟随叔父邵洎出城投降。

段匹磾非常气愤地对邵洎说道："你不听你兄长邵续的嘱咐，想要出城投降，已经不忠。你想出城投降，而阻止我投奔晋朝，实属不义。现在你连晋朝天子的钦差也敢捉拿，我虽为胡人，却从未听过此等大逆不道之事。"

邵洎根本不听，让邵缉、邵竺等人抬着棺材出城，向石虎投降。邵洎还强迫段匹磾一同出城投降。

邵洎等人出了城，见到石虎，立即向石虎下拜。段匹磾说道："我深受晋朝大恩，发誓要消灭你。今天不幸落得如此下场，我不能向你下拜。"

石虎接受邵洎等人投降，还向段匹磾下拜。

石虎将段匹磾、段文鸯、邵洎、邵缉、邵竺等人送到襄国。石虎还将逃亡到厌次的各地流民三万余户分别送回各郡县，令各郡县太守县令妥加安抚，恢复生产。至此，幽州、并州及冀州全部纳入后赵国版图。

石勒的大将孔苌，在史书上最后一次提到就是与石虎攻克厌次。孔苌在这场战斗中是否阵亡，或者回到襄国后是否病逝，史书上都没有记载。总之，在后续战斗中，不再提及孔苌。

段匹磾、段文鸯等人到了襄国，还见到了一年前被俘的邵续。石勒任命段匹磾为冠军将军、段文鸯为左中郎将。一心忠于晋朝的段匹磾并不接受石勒的任命，每天总是身着晋朝的官服，手拿晋朝皇帝所赐的符节。

段匹磾坚定地不肯投降，再次劝说邵续不要向石勒投降。邵续再度改变立场，准备与段匹磾一起效忠东晋。一年后，邵续等人推举段匹磾为首领，企图谋反。石勒终于忍无可忍，派人将段匹磾、邵续等全部诛杀，将段文鸯用鸩酒毒死。

七、再攻厌次，擒获二段

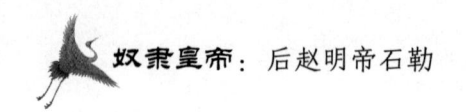

八、治理国政，喜聚乡人

石勒除了要关注各处战事，还忙于朝政治理。

石勒建立后赵国不久，将官员品级定为五个，让张宾负责选官。不久，又将官员品级增加到九个，委任张班为左执法郎，孟卓为右执法郎，主持勘定士族，辅助张宾遴选举荐。后赵国的选官制度基本采用两汉时的察举制，并没有使用魏、晋时的九品中正制。每年由朝中官员及各州郡推举秀才、至孝、廉清、贤良、直言、武勇之士各一人。

石勒想在襄国修建一座宫殿，用于与百官商议国事。一天朝会，石勒对众臣说道："去年洪水冲下来许多木材，滞留之处堆积如山。这大概是上天想让孤修缮宫宇吧，孤打算仿照洛阳的太极殿建造建德殿。"

石勒于是派从事中郎任汪带领五千名工匠采伐木材，由从事中郎刘奥负责建德殿的营建。在建德殿营建的过程中，石勒亲自来到现场察看，发现井木斜缩，当场大怒，下旨将刘奥斩于殿中。数日后，石勒开始后悔，觉得不该杀掉刘奥，又追赠刘奥为太常。

校尉王和挖到一块圆石，石上有铭文："律权石，重四钧，同律度量衡，有新氏造。"王和将此石送到襄国，献给石勒。石勒问群臣此石是吉是凶。多数人认为此石为吉祥之物，参军续咸反对道："此石是王莽时期所造，何来吉祥之说？"石勒便让王和将此石带走，不予收纳。

不久又有人向石勒进献一尊鼎，容量四斗，鼎内还有三十文大钱，钱上写着："百当千，千当万。"鼎上还有十三字铭文，采用篆文书写不能辨认。石勒令人将此鼎置于永丰仓。由于此事，石勒开始发行货币。然而百姓不接纳这种新的货币。于是，石勒用国家的绢去换百姓手中旧的货币，中等绢每匹一千二百钱，下等绢每匹八百钱。没想到有人将中等绢每匹卖四千钱，下等绢每匹卖二千钱，不少投机者从中获益，石勒下令捉拿并处死十多个这样的投机者。

石勒认为百姓刚刚恢复家业，储蓄的财物不充裕，于是下令境内不得酿酒，宗庙祭祀都用甜酒代替。数年之后，后赵国境内没有酿酒之人。

一天夜晚，石勒身穿便服，出城检查军营的防卫情况。石勒一个人来到城门口，城门早已关闭，石勒请求守城的门侯放他出城。这位门侯正是永昌门的门侯王假。王假不肯放石勒出城，石勒便拿出金钱与缯帛给王假，希望王假能够放他出城。王假就是不放石勒出城，还准备将石勒逮捕，幸亏石勒的随从人员及时来到，石勒才没有被王假逮捕。第二天，石勒召见王假，升王假为振忠都尉，封关内侯。

石勒不能衣锦还乡，但忙里偷闲，将乡人请到襄国相聚。

公元321年十一月，早已进入严冬，但襄国城内一片热闹。石勒大摆宴席，将武乡老家的一些德高望重的乡人请到襄国，按年龄大小列次而坐，石勒与乡亲们开怀畅饮，叙说平生之事。

石勒忽然发现他的邻居李阳没有来。原来石勒当年在老家时，曾与李阳为了争夺一个沤麻池子，而大打出手，李阳自然不在被请之列，当然李阳也不敢来。石勒对众乡亲说道："李阳也是一个壮士，争夺沤麻池是平民之间的怨恨，孤如今正得到天下人的信任，岂能与记恨一个平民？"

石勒于是派人再去老家，将李阳请来。

不多日，李阳来到襄国。石勒与李阳畅饮，还拉着李阳的手臂笑

八、治理国政，喜聚乡人

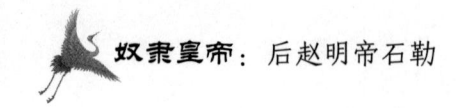

着说道:"孤以前最恨你的老拳,你也饱尝孤的毒手。"

石勒在襄国赏给李阳一处宅第,还任命李阳为奉车都尉。石勒此举,是让李阳留在襄国做官,当然也算是再当他的邻居了。

石勒还要给自己的老家武乡有所赏赐。石勒说道:"武乡是孤的故乡,如同当年汉高祖的丰县、沛县。孤要免除武乡县三年的徭役赋税。孤百年之后,也要魂归故里。"

石勒与乡人在襄国相聚畅聊,感到非常愉悦。对乡人的离去,石勒恋恋不舍。石勒真想与他们一道回趟家乡,毕竟他离开家乡快二十年了。对于这位平民出身曾沦为奴隶的羯族王来说,衣锦还乡一定是美好的梦想。然而当时的天下并不太平,初创的后赵国只拥有幽、并、冀三州,以及司州、兖州的部分郡县,后面还有更多的征战等着石勒,这个时候衣锦还乡是不可能的。或许将乡人请到襄国相聚,是另一种衣锦还乡吧。

九、擒获徐龛，夺回兖州

兖州的大部分郡县已经被后赵国占领，当年的刺史刘演早被石虎赶走。然而兖州境内的泰山郡始终是个例外，就是因为泰山郡太守徐龛时而归降，时而背叛，让后赵国一直不能完全拥有兖州。

徐龛第一次向石勒归降是在公元319年四月，那时石勒还没有称王。公元320年五月，因石勒的部将王步都所逼，徐龛又背叛石勒，石勒当时已经称王建立后赵国。当年八月，由于石虎前来讨伐，徐龛再向后赵国投降，还送妻儿到襄国做人质，这已是徐龛第二次归降石勒。公元321年二月，徐龛不知为何再次背叛后赵国，而向东晋归降，这是徐龛第二次背叛石勒。

徐龛第一次背叛，也许情有可原，而第二次背叛便是反复小人之举。石勒对这样的小人当然非常痛恨，但并没有马上派兵讨伐，因为当时正派石虎会同孔苌攻打冀州。

东晋元帝永昌元年（322）二月，离徐龛第二次背叛已经整整一年。这一年中，石勒已经占领厌次城，完全夺回了冀州。这一年中，北伐英雄祖逖已经在雍丘病逝，黄河两岸的平衡即将被打破。这一年中，石勒还与乡人在襄国开心相聚。一年已过，石勒开始谋取整个兖州甚至黄河以南地区。

石勒仍是派中山公石虎南下，给他四万精锐兵马。

史书上说，石虎带领的这四万精锐兵马，来自京城内外。由此可见，这已是后赵国的全部精锐兵马。石勒对这次南下用兵，一定是极为重视，也寄予了厚望。看来，石勒这次不准备再给徐龛投降或背叛的机会了。

石虎到了泰山郡城下，徐龛自知不是石虎对手，只得坚守城池。无论石虎在城下如何讨战，徐龛就是不派兵出城迎战。泰山郡城池果然坚固，这也许正是徐龛敢于再次背叛后赵的缘故。石虎围攻数日，毫无进展。

时年28岁的石虎是个猛将，杀人如麻、心狠手辣，做事干净利落，从不拖泥带水。但石虎绝不是那种没有耐心的人，石虎还是挺有些头脑的。在攻打徐龛时，石虎发现泰山郡城池坚固，强攻难度很大，而且还会带来重大伤亡，石虎便开始思考对策。石虎决定采用长期围困的战术，等到徐龛粮草耗尽之时再攻城。于是，石虎下令沿城池四周构筑长墙，将泰山郡城池团团围住。石虎已做好长期围困的准备，同时也考虑自己粮草的问题。石虎决定在泰山郡城池外修筑房屋，让士兵到田间耕作，以确保长久围攻。

石虎确实有耐心，在泰山郡包围徐龛竟长达五个月之久。

七月，炎热的夏天还没有过去，泰山郡城内的粮草用尽，徐龛终于无力固守。石虎看到时机已至，传令四万精兵开始攻城。徐龛手下将士早已无心守城，泰山郡城池很快被攻破，徐龛也被生擒。城内三千余将士看到主将被擒，更是无心恋战，纷纷请求投降。生性残暴的石虎早已怒火中烧，根本不接受投降，将三千余人全部挖坑活埋。

石虎将徐龛押送到襄国，赵王石勒也是大怒，下令将徐龛装进布袋，抬到百尺高的楼上扔下，将徐龛摔死。

东晋兖州刺史郗鉴当时驻屯在豫州鲁郡境内的邹山（今山东省邹城市），听说石虎攻下泰山郡，活捉了徐龛，非常恐惧，马上南撤至徐州下邳郡（今江苏省睢宁县）境内。一时间，兖、徐二州之间很多坞堡首领纷纷送人质到后赵国请求归附。至此，后赵国东部边境向南推进到兖、徐二州边界。

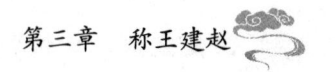

十、祖逖病逝，祖约南撤

兖州的陈留国境内有封丘县、雍丘县，虽然都在古黄河南岸，但两县之间还有一条汴水相隔，封丘在北、雍丘在南。这两个县曾被东晋豫州刺史祖逖收复，公元320年八月，石虎南下攻打徐龛时，曾推进到封丘县，夺回了封丘县，石虎在封丘修筑城墙后才离开。

祖逖一直镇守的雍丘、兖州并没有被后赵国全部占领。

公元321年七月，东晋朝廷任命53岁的尚书仆射戴渊为征西大将军、都督司兖豫并雍冀六州诸军事，令其率兵镇守合肥（今安徽省合肥市）。戴渊是徐州广陵郡（今江苏省扬州市）人，才学出众，颇有韬略，对晋元帝司马睿非常忠诚。

八月，祖逖听说朝廷任用戴渊，不仅职务在自己之上，而且认为戴渊作为南方人，对北伐一定不积极。祖逖八年来历尽艰难险阻，在朝廷几无支援的情况下，终于将东晋领地推进到黄河岸边。现在竟派一个无心北伐的人来当自己的上司，以后作战还要受到戴渊的节制。祖逖想到这里，非常愤恨，竟然忧忿成疾，一病不起。

术士戴洋说："祖豫州九月当死。"陈训在豫州上空见到妖星，对人说道："今年西北大将当亡。"对这些江湖术士的传言，祖逖不仅没有制止，还十分相信。祖逖自己也说："我也在夜间见到妖星，这正是我啊，刚要平定黄河以北，上天就要亡我。这岂不是不保佑国家吗？"

祖逖自知将不久于人世，将奴仆王安叫到身边，对其说道："你是匈奴人，这些年一直跟随我，我自知将亡，黄河两岸又将兵戎相见。你与赵王石勒同为匈奴胡人，你现在就可以北渡黄河投奔石勒。"祖逖给王安一笔钱财，让王安投奔后赵国。王安后来在后赵国官至左卫将军。

九月，祖逖在雍丘病逝，年56岁。豫州百姓听说祖逖病逝，如丧考妣。谯郡、梁国等地百姓纷纷为祖逖建祠。东晋朝廷也追赠祖逖为车骑大将军。十月，东晋朝廷任命祖逖的弟弟祖约为平西大将军、豫州刺史，统领祖逖的兵马，继续镇守黄河以南地区。

祖逖逝世为读史之人留下无限遗憾，认为祖逖如果多活几年，北伐就会取得成功。晚唐诗人胡曾的咏史诗《豫州》，便表达了对祖逖病逝的历史遗憾。诗文如下：

策马行行到豫州，
祖生寂寞水空流。
当时更有三年寿，
石勒寻为关下囚。

胡曾认为，祖逖如果再活三年，便能消灭后赵国，让石勒成为阶下囚。其实，祖逖北伐难以成功，这与他的年龄没有多大关系。首先，当时的东晋朝廷对北伐没有意愿，祖逖单枪匹马不可能成功。其次，后赵国从石勒到群臣诸将都不是等闲之辈，只用了一个看护祖氏坟墓之策，便能确保黄河一带的安宁。

祖逖去世后的一年内，东晋、后赵边界仍然平静。

一年后，后赵国已经消灭徐龛，领地向南推进到徐州边境。石勒已经开始考虑夺取兖州的事。要说尚未夺取的兖州郡县，便是陈留国境内的雍丘等县，而这正是祖约镇守的地方。石勒听说祖逖已经病逝，不仅要夺取祖约镇守的雍丘等县，还夺取更南边的豫州。

第三章 称王建赵

公元322年十月,石勒任命石佗为征虏将军,令其向黄河以南的豫州一带发起攻击。石佗,在《晋书》上写作石他,又是一位不知来历的后赵国将领。石佗是不是石勒的族人,不清楚。石佗是不是石勒的养子,也不清楚。

后赵国兵马攻来了,祖约会如何应对呢?

先说说祖约是怎样的一个人。祖约擅长清谈而且爱财。《世说新语》有二则故事。一则讲的是东晋丞相王导邀请祖约晚上到家里来清谈,从夜间一直谈到黎明没有睡觉。早上有客人来访,王导出来见客时,还没有梳头,身体也有点困倦。客人问道:"您昨天夜里好像失眠了。"王导说:"昨天夜里与祖约共谈,竟使人忘记了疲劳。"由此可见祖约清谈本领之高。

另一则是"祖财阮屐"的故事。说祖约爱钱财,阮孚爱木屐,两人总是经常亲自料理,同样都是累人的嗜好,却分不出二人的高低。一次,有客人去祖约家,看到祖约正在查看财物,客人到了还没有收拾完,剩下两个竹箱子放在背后。祖约斜着身子遮着它们,面有不安的神色。也有人去阮孚家,看到阮孚亲自吹火熔蜡在涂抹木屐,同时还叹息道:"不知我这一生能穿几双木屐?"只见他神态悠闲舒畅,二人的胜负终于有了结果。

祖约擅长清谈,没有统御能力,部众开始离心。祖逖的同乡范阳郡人李产看到祖约志向根本不在北伐,对其家人说道:"我们当初追随祖逖将军,志在收复中原,打回家乡。现在看到祖约无心北伐,我担心祖逖将军所收复的黄河以南领地不久将会丢失。你们不可以贪图眼前小利,而忘记即将到来的危险。这一年来,我看到石勒的赵国也算是善待百姓。为了保全家族,我打算带着你们回到家乡,投奔赵国。"家人都表示赞同,李产于是带着子弟十余人,从小路返回家乡。

祖约听说后赵国派兵南下,惊恐异常,竟决定不战而撤。祖约的兵马原本驻屯在兖州陈留国境内,现在竟一直南撤至豫州谯郡。后赵兵马很快占领兖州陈留国,又一路攻克豫州的襄城郡(今河南

十、祖逖病逝,祖约南撤

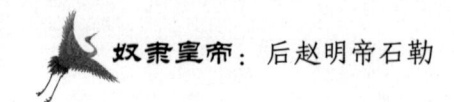

省襄城县)、谯郡的城父县(今安徽省亳州市东南),逼近祖约据守的谯郡。

后赵国征虏将军石佗逼近谯郡,祖约不准备再撤退,毕竟再撤就离开豫州了,他这个豫州刺史就名不副实了。祖约派将军卫荣出战。卫荣在谯郡的鄼(读音如赞)县与石佗交战,不敌被擒。祖约听说卫荣被擒,决定再撤,这回竟一路南撤至扬州淮南郡的寿春县(今安徽省寿县)。祖约已经从黄河南岸撤退到了淮河南岸。石勒又派"十八骑"之一的王阳屯兵豫州,伺机而动。

石勒赶走了祖约不久,他的得力助手张宾去世了。

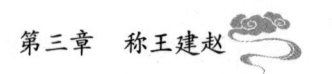

十一、张宾去世，石勒痛惜

石勒对张宾非常敬重，可谓言听计从，常常对张宾说的话回道："右侯所言极是！"石勒每次接受张宾朝见前，总是端正装束，认真准备一番。石勒对张宾只称"右侯"，从不直呼其名。张宾所受恩宠无人能及，其本人也是谦虚谨慎、礼贤下士。张宾在任用官员上，唯才是用，从不任人唯亲。张宾上朝总是尽心尽责，向石勒进献良策，下朝总是将功劳归于石勒。张宾的官职从右长史到大执法，被封为濮阳侯，待遇显赫优厚。

张宾受到如此礼遇，难免有人心中不悦，比如右司马程遐。

史书中关于程遐早期的事迹不详。程遐很可能是在石勒据守襄国之后投奔而来，应当迟于张宾投奔石勒的时间。程遐曾任冀州长乐郡太守、宁朔将军、监冀州七郡诸军事。程遐后来到襄国，担任右司马，参与向石勒劝进。程遐的妹妹程氏嫁与石勒为妃，并于公元314年生子石弘。石勒长子石兴本是世子，因早年去世，石勒于公元322年二月立石弘为世子，兼中领军。石弘虽然被立为世子，但其母程氏只是王妃，而王后则是石兴的母亲刘氏。

张宾唯才是用，没想到在用张披时，让程遐感到不悦。

张披本是程遐的长史，一直跟随程遐在外任职。程遐回到襄国后，张披也来到襄国。张宾见张披有贤有能，便任命张披为别驾，引参政事。程遐对张披投向张宾甚为不悦，又嫉妒张宾权力太大。程遐

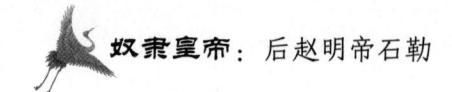

很想夺去张宾的一些权力，最好能给那个张披一些教训。程遐便想通过妹妹程妃来向石勒进言。

一天，程妃向石勒进言道："张宾与张披是游侠，每天来往的门客车辆就有一百多辆。这些人都唯张披是从，这对国家很是不利。为了国家着想，应当除掉张披。"

程妃的进言虽提及张宾，但没敢建议除掉张宾，毕竟张宾在石勒心中是非常重要的。石勒听了程妃的话，也觉得有理，便想找机会除掉张披。

数日后，石勒在建德殿紧急召见张披，尽管张披很快赶至建德殿，但石勒仍然认为张披来晚了。石勒立即下令拿下张披，推出斩首。张宾听说此事，本想进宫劝谏石勒，后来得知是程遐从中作梗，便没有求情。

石勒怎么也没有想到，张宾不久便去世了。

公元322年十二月，是一个寒冷的冬天，离石弘被册立为世子才十个月，离张披被杀也只有几个月吧。为石勒乃至后赵国作出重大贡献的大执法张宾在襄国城去世了。张宾是不是病逝，史书记载不详。张宾的年龄，史书记载也不详，但应当不会太大。如果张宾是无疾而终，也算是早逝了。

石勒听到这一噩耗，异常痛心。石勒立即赶至张宾家中哭丧，泪流不止，悲哀之情感动诸臣。将要下葬时，石勒又一直送至正阳门，哭道："上天难道不想成就孤的大业吗？为何这么早就夺走孤的右侯呢？"石勒追赠张宾为散骑常侍、右光禄大夫、仪同三司，谥号为景。

不久，石勒任命程遐为右长史，代替张宾之职，总领朝政。从此朝臣无不恐惧，纷纷向程遐投靠。程遐能力与谋略远远不及张宾，石勒每次与程遐商议征伐大计、国家政事之时，总是叹息道："右侯离孤而去，竟让孤与程遐这样的人共事，上天岂不残忍？真让孤为之伤心。"每当想到此，石勒总是以泪洗面。

石勒的得力助手张宾去世，可以说是石勒的重大损失。张宾从公元309年三月投奔石勒，三年中与石勒一起四处征战，同时也在不断地摸索治国之道。公元312年三月，张宾、石勒在葛陂对策，开启了石勒奋斗生涯的第二个重要阶段。十年来，在以张宾为首的群臣诸将的辅佐下，石勒从只有一个襄国开始，直到拥有西晋十九州之中的幽、并、冀、兖四州，同时还占领司州、豫州部分郡县，对青州形成战略包围之势。不仅如此，辽西的段氏鲜卑也已归附后赵国。房玄龄评价张宾，"机不虚发，算无遗策"，成就石勒基业，张宾功不可没。

张宾离世后，石勒又奋战了六年之久，消灭了青州的曹嶷与汉赵国而达到极盛，拥有西晋十九州之十个州，同时兵临荆、扬二州边境，威震凉、平二州，使得当时的东晋只拥有不足四个州（扬州、荆州、广州、交州）。这些战果的取得应当与前十年的基础有关。石勒未能完全统一北方，更没有统一全国，这个遗憾也许与张宾过早离世不无关系。

十一、张宾去世，石勒痛惜

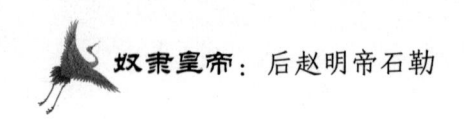

十二、攻打曹嶷，占领青州

青州刺史曹嶷最早是王弥的长史，后来奉王弥之命前往经营家乡青州。公元311年正月，曹嶷攻下青州的治所临淄城。之后，曹嶷在青州苦心经营了十二年之久。

十二年来，曹嶷的领地不断扩大，逐渐拥有整个青州。也许曹嶷不打算与其他英雄争夺天下，因而就在临淄城东数十里的地方修建广固城（今山东省青州市境内），以图固守青州。

曹嶷对归附何方的问题，曾有几次反复。作为王弥旧部，曹嶷开始臣属于汉赵国。在王弥被石勒杀掉且东晋开始时，曹嶷曾派使前往江东向琅琊王司马睿劝进。再后来，石勒不断壮大后，曹嶷又派使前往襄国，请求与石勒以黄河为界，以图和平相处。

现在，石勒经略四方，青州已被后赵国战略包围。曹嶷非常清楚，与石勒长期和平相处是不可能的，所以曹嶷决定修建一个坚固的广固城，以图自保。曹嶷还清楚，固守广固城也不是最终出路，后赵国能战之将众多，迟早不保。曹嶷便打算在海岛之上修建城堡。后来境内瘟疫流行，这个打算未能实施。

在张宾去世后不久，石勒便想向青州用兵。

石勒此次攻打曹嶷，派出的依然是侄儿中山公石虎。石勒还任命"十八骑"之一的刘徵为青州刺史。石勒命令刘徵与石虎同行，准备在击败曹嶷后接管青州。石虎此次率领的是四万步骑兵。石勒似乎还有些担心，不久又派石挺率一支兵马前去援助石虎。石虎有子石挺，然而石虎当年只有29岁，其子似乎还不到领兵出战的年龄。

公元323年八月，石虎、刘徵到达青州境内，立即将曹嶷据守的广固城团团包围。青州的东莱郡太守刘巴、长广郡太守吕披等人听说石虎杀进青州，郡县守兵不战而降，纷纷响应石虎。

曹嶷也不想抵抗，带领三万名将士出城投降。

曹嶷满心以为自己曾与石勒结好，石勒一定会接受他的投降，岂料嗜杀成性的石虎虽然不敢杀曹嶷，但却当场下令将已经放下兵器的三万名将士全部挖坑活埋。石虎又派人将曹嶷押赴襄国，交由石勒处置。

坑杀了三万降卒的石虎还不死心，决定将广固城内的百姓也一并屠杀掉。新任青州刺史刘徵马上极力劝阻道："两国相争，与百姓何干？再说大王任命我为青州刺史，如果中山公杀尽青州百姓，那我这个刺史在此还有何用？我也只好返回襄国了。"

石虎最后只给刘徵留下男女七百人。

曹嶷被送至襄国，赵王石勒考虑到曹嶷为王弥旧部，难以真心臣服于他，便下令将曹嶷杀掉。

十二、攻打曹嶷，占领青州

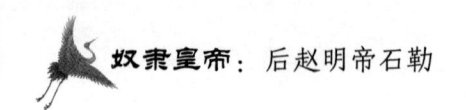

十三、出战徐州，横扫四郡

后赵国占领青州之后，领地已完全拥有幽、并、冀、青、兖五州，边关将领还深入到司州、豫州境内。赵王石勒下面会向何处用兵呢？石勒当然会继续在司州、豫州境内用兵，以完全占领司、豫二州。石勒还想向兖州南边的徐州用兵。

石勒向徐州境内用兵，又引出一位重要将领石瞻。

石瞻，本姓冉名瞻，又名冉良，生于公元300年，司州魏郡内黄（今河南省内黄县）人。冉瞻祖先曾任汉朝黎阳骑都督，世代为牙门将。冉瞻本是"乞活"军陈午的将领。公元311年，石勒率部攻打陈午时，冉瞻作战勇猛，阵前观战的石勒非常惊奇，脱口赞道："此儿勇健可嘉！"那年冉瞻12岁。后来，陈午被石勒击败，冉瞻被生擒。石勒将冉瞻交给侄儿石虎，让石虎收为养子，更名为石瞻。

石虎收养石瞻时，石虎不过17岁，而石瞻12岁，也就是说石虎只比石瞻年长5岁，不知史书所说的义父义子关系是否属实。就是石虎的叔父石勒吧，那年不过38岁，不知为何没有收石瞻为养子？

石瞻在投奔石勒后的作战情况，史书记载不详。据推测，石瞻一定跟随石虎四处作战，毕竟石瞻是石虎的养子。石虎攻邺城刘演、攻冀州邵续、攻兖州刘演、攻陈留国祖逖、攻泰山郡徐龛以及青州曹嶷等，一定都有石瞻的身影。

石勒决定在徐州一带用兵时，石瞻已经24岁，官至将兵都尉。此次石勒在徐州用兵，石瞻单独领兵作战，很可能就是石虎所荐，毕竟石瞻还不是一位将军，只是都尉而已。

东晋明帝太宁二年（324）正月，石瞻进抵兖、豫、徐三州边境。徐州共设七个郡国，即彭城国、下邳国、东海郡、琅琊国、东莞郡、广陵郡、临淮郡。石瞻首先绕开徐州的彭城国（今江苏省徐州市），从豫州直插彭城国南边的下邳国境内。东晋下邳国守将刘长听说后赵国派无名之辈来攻，立即纵马出城迎战。两军对垒，勇猛异常的石瞻举枪上前，将刘长刺于马下，随即挥军入城，抢掠粮草。

石瞻并不占领下邳国，转而北上攻打彭城国。东晋彭城国内史刘续当时正在彭城，东晋兖州刺史刘遐也暂驻彭城。刘续听报石瞻已杀刘长，也非常惧怕。但作为彭城国内史，刘续不得不出城迎战。

城门开后，石瞻见刘续来战，也毫不畏惧，纵马举枪上前。不久，刘续力不能支，纵马撤回城中。刘续入城后，紧闭城门，无论石瞻在城下怎么搦战，都不派将领出城迎战。

石瞻在城外大掠一番，继续北上，攻打东海郡的兰陵县（今山东省兰陵县）。兰陵县自不堪一击，石瞻抢掠粮草辎重后离去。东海郡（今山东省郯城县）太守萧诞获报石瞻攻打兰陵，兵锋锐不可当，赶紧出城投降。石瞻一路北上，进入徐州最北边的东莞郡（今山东省沂水县）境内。东莞郡太守竺珍亦不战而降。

石瞻横扫徐州北部四郡，所向披靡，兖州刺史刘遐便不敢再驻留彭城。刘遐立即向南撤退，一直退到泗口（今江苏省淮安市）才安营扎寨。后来，刘遐被东晋朝廷南调，参与平定"王敦之乱"。刘遐便不再担任兖州刺史，东晋朝廷则任命檀斌为兖州刺史。

十三、出战徐州，横扫四郡

· 149 ·

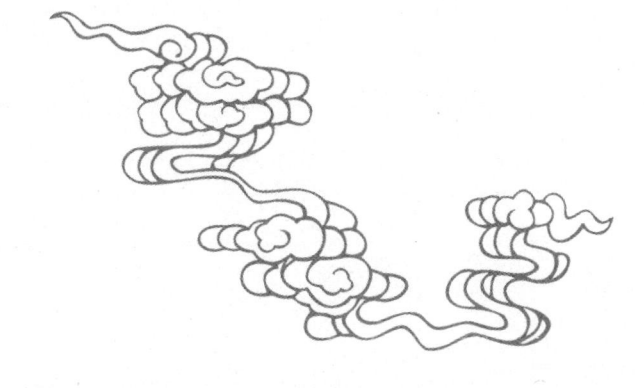

第四章 二赵相争

第四章 二赵相争

一、攻打新安，二赵开战

四年前，石生在洛阳擒获汉赵国将领宋始后，便一直在司州境内作战，其控制着司州的重镇洛阳。由于石生的战功，后赵国战，一直没有与汉赵国的守将发生冲突。

前面讲过，司州十二个郡，后赵国占七个，汉赵国占两个，东晋占两个，还有一个河南郡被三国将领分割占领。石生驻守洛阳，汉赵国河南郡太守尹平驻屯新安县（今河南省新安县），东晋司州刺史李矩的外甥、扬武将军郭诵驻屯阳翟县（今河南省禹州市）。

几年过去了，石生准备动手了。那么石生会先攻打谁呢？

东晋明帝太宁二年（324）二月，石生率部向新安的尹平发起攻击。新安与阳翟虽然都是河南郡的属县，但新安在洛阳以西五十余里处，而阳翟在洛阳东南近三百里处，也许这就是石生先攻尹平的原因。

石生的这一举动致使二赵从此兵戎相见。

石勒让石生在司州境内攻城略地，不知有没有让石生主动向汉赵国守将发起进击？笔者分析，石生此次向尹平发起挑战，很可能是石生自己的决定。也许石生深得石勒信任，因而才敢自行向汉赵国守将发起攻击。此时的石勒应当还没有准备与汉赵国发生战事，因为司州境内尚有东晋司州刺史李矩没有平定。石勒此时征战的主要目标应当

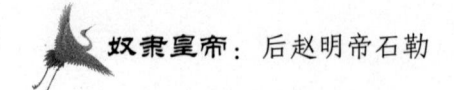

还是同东晋争夺领地。

二赵在河南郡境内的守将虽然近在咫尺，但四年来并未发生正面冲突。石生突然袭击新安县的尹平，尹平毫无防备，只得匆忙出城迎战。石生也是一员骁勇能战之将，很快便将尹平斩于马下。接着，石生挥兵入城，抢掠五千余户百姓以及无数粮草后回师洛阳。

汉赵国皇帝刘曜听说尹平被石生杀死，非常恼怒，传旨与后赵国相连的河东郡（今山西省运城市）、弘农郡（今河南省灵宝市）等地将领向后赵国发起进攻。从此，二赵正式兵戎相见，河东郡、弘农郡等地战火不断，百姓深受其害。

石生在挑起二赵的边防战火后，又向东攻打豫州的颍川郡（今河南省许昌市）。史书记载，石生攻打颍川是石勒的命令。石生进入颍川郡境内，所向披靡，俘虏一万余人。

石生接着又攻克了康城（今河南省禹州市顺店镇康城村），逼近驻屯在阳翟县的郭诵。郭诵率部迎战，石生不敌，一千余名士卒被杀。郭诵率军追击，石生退守康城。

石生败守康城的消息传到了驻屯新郑（今河南省新郑市）的李矩那里，李矩与数年前来投的河内郡太守郭默决定联合郭诵将石生一举消灭。深入司州西部四年之久的石生到了生死存亡之刻。在此关键时刻，后赵国又有一位重要将领登场，他就是司州汲郡（今河南省卫辉市）的内史石聪。

石聪与石生一样，也是一位不知前半生只知后半生的人物。石聪本是汉人，深得石勒喜爱，被石勒收为养子，便改姓为石。石聪与石生、石瞻一样，都是除石虎之外，在外征战且深受石勒信赖的将领。

石聪得知石生兵败，连忙率所部兵马南下三百里，向李矩发起攻击，以缓解石生的压力。驻防新郑的李矩、郭默一同出城迎战石聪。石聪所部作战勇猛异常，李矩、郭默不敌而败退，两千余人被俘。

石生在司州境内作战，虽然引发二赵兵戎相见，但两国尚未发生大的战争，只限于边界摩擦。石生当时主要是与东晋的司州刺史李矩交战。

　　石勒在关注司州、豫州境内战事的同时，还打算讨伐平州境内的慕容鲜卑，这是怎么回事呢？

一、攻打新安，二赵开战

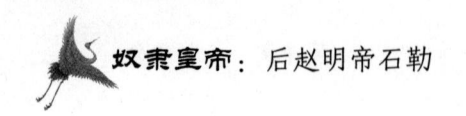

二、宇文鲜卑，激战慕容

在幽州的东北有一个州叫平州，也是西晋十九州之一。平州共设置五个郡国，即昌黎郡、辽东国、乐浪郡、玄菟（读音如图）郡、带方郡。慕容鲜卑在首领慕容廆的统管下，一直镇守在平州。慕容廆臣服晋朝，被晋朝任命为平州牧、都督幽平二州诸军事，封为辽东公。

后赵国的领地，最北边是幽州，而平州一直没有占领。特别让石勒着急的是，北方的四大鲜卑，只有慕容鲜卑没有归附，而段氏鲜卑、拓跋鲜卑以及宇文鲜卑都先后归附后赵国。石勒得想些办法对付慕容鲜卑。然而石勒不想调动兵马去对付慕容鲜卑，毕竟向南方夺取领地，是当前的主要任务。石勒决定派使与慕容鲜卑结好。

东晋明帝太宁元年（323）四月，石勒的使者来到棘城（今辽宁省义县西），拜见辽东公慕容廆。慕容廆听说石勒想与其结好，不肯接受。慕容廆下令将石勒的使者拿下，再派人押送到建康，交给东晋朝廷。

石勒听说后，非常生气，但没有马上采取行动。

石勒不久便向青州、徐州以及司州境内用兵，更加不可能向平州的慕容廆用兵。但石勒一直在考虑对策，不能就这样算了。石勒一直想给慕容廆一个教训。那么石勒会用什么办法呢？石勒决定给宇文鲜卑首领加官晋爵，然后命令宇文鲜卑讨伐慕容鲜卑。

宇文鲜卑活跃在棘城西北数百里之外，大约在今天内蒙古自治区西拉木伦河与老哈河一带。宇文鲜卑当时已经有了自己的城池，只是史书上没有记载这个城池的名字。在史书上，宇文鲜卑首领所在的这个城，称国城，大概在今天辽宁省朝阳市境内。宇文鲜卑当时的首领是宇文乞得归。宇文乞得归看到后赵国不断壮大，便派使归附，而且非常忠诚。

公元325年二月，石勒的使者来到宇文鲜卑，传达石勒的旨意，宇文乞得归立即表示接受。宇文乞得归随即传令，召集兵马，准备亲自率兵攻打慕容鲜卑。

慕容廆听说宇文乞得归前来攻打，也不示弱。慕容廆无须亲自带兵迎战，因为他手下有的是能战之将。慕容廆将这个作战任务交给了世子慕容皝，还令另一子慕容仁担任慕容皝的左翼，辽东国相裴嶷担任右翼。

宇文乞得归在浇水（今内蒙古自治区西拉木伦河）迎战慕容皝，派侄儿宇文悉拔雄率一部兵马迎战慕容仁。大战首先从慕容仁与宇文悉拔雄开始。这一战一定很激烈，可惜史书记载不详，只说慕容仁击败并杀死宇文悉拔雄。

慕容仁接着率所部兵马与兄长慕容皝会师。慕容两兄弟会师后，便向驻屯浇水的宇文乞得归发起袭击。浇水一战，又是一场恶战，慕容兄弟大获全胜，宇文乞得归大败而逃。

慕容兄弟不想放过宇文乞得归，带领轻骑兵追击，一直追到宇文鲜卑的国城。宇文乞得归只好继续逃走，慕容兄弟仍然紧追不舍，一直越过宇文鲜卑的辖境三百里，俘获宇文部落所有辎重、一百余万头牲畜，宇文部众数万人投降。

宇文鲜卑被慕容鲜卑击败的消息，很快传到襄国城，石勒非常懊恼。然而，恼归恼，怒归怒，石勒这时还得冷静，毕竟此时还没有办法向辽东派兵。

这不，一个坏消息传来了，将领石佗被汉赵国将领杀死了。

二、宇文鲜卑，激战慕容

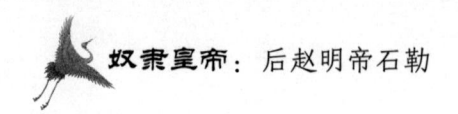

三、激战刘岳，石佗阵亡

石佗是后赵国的征虏将军，曾在豫州的谯郡击败祖约的将领卫荣。石佗后来北上并州，驻守雁门郡（今山西省代县西）。

公元325年三月，石佗从雁门出兵，西渡黄河长途六百余里奔袭上郡（今陕西省榆林市东南）境内的北羌王盆句除。盆句除措手不及，三千余篷帐部众被俘，百万头牲畜被抢。石佗并没有驻守上郡，而是带着所俘获的人畜等战利品回师雁门。

石佗为何要长途奔袭盆句除？有没有石勒的命令？史书记载不详。《资治通鉴》说盆句除归附汉赵国，但没有说之前曾经降于后赵国。《晋书》说盆句除是汉赵国的安国将军，说明盆句除早就归附汉赵国。再从上郡所在区域来看，后赵国当时应当没有占领过这里，盆句除应当没有降过后赵国。如果是这样，石佗攻打盆句除，纯属向汉赵国开战，与石生攻打尹平是一回事。不过自从石生杀了尹平，二赵已经兵戎相见，石佗攻打盆句除算不上是挑衅。

石佗袭击盆句除的消息传到长安，汉赵国皇帝刘曜大怒，拂袖而起。尽管二赵之间因后赵国的挑衅已于一年前兵戎相见，但刘曜并没有大肆向后赵国用兵。刘曜的心中，仍然记着当年与石勒的重门之盟。

关于刘曜重情重义，在此不妨试举一例：有一回，刘曜在东堂宴请群臣，谈起平生之事，不禁潸然泪下。刘曜就在群臣面前，流着泪讲述他年轻时逃亡朝鲜的事。

刘曜20岁时与曹恂在洛阳游玩,坐事当诛,二人便一同逃亡投奔刘绥。刘绥把刘曜藏在书柜里,再将书柜运到王忠那里,王忠觉得他那里也不安全,便将刘曜一直送到平州乐浪郡朝鲜县(今朝鲜平壤大同江南岸)。

刘曜到了朝鲜县,改名换姓,生活于百姓之间。后来刘曜在朝鲜县当了县卒。县令崔岳看到刘曜有些特别,不像是当地人,便问刘曜来自哪里,因何到了朝鲜县。刘曜非常害怕,担心崔岳将他捉拿归案。刘曜于是哭着叩首,请求崔岳不要捉拿他。

没想到崔岳和蔼地对刘曜说:"你为何如此怕我,是不是担心我不如三国时的孙宾硕?现在诏令要捉拿你,你在百姓中是藏不住的,在我这个偏僻的朝鲜县的县衙里应当不会有事。我的家族小,没有兄弟的拖累,我自己又没有福气,连儿子都没有,你就如同我的子弟一样,千万不要担心。即使有了紧急情况,不过是解下印章绶带和你一起离开而已。"

崔岳还给刘曜衣服和书籍,教刘曜很多道理。崔岳总说刘曜容貌不凡,必当闻名当世,这让刘曜有了活下去的勇气。多年过去了,刘曜一直很感激崔岳,也一直没有忘记崔岳。

刘曜讲完这件事,又对群臣说道:"褒奖有德之人一定不要忘记旧人,这是圣主首先要考虑的。思念恩惠录用孤儿,这是明王常典。崔岳、曹恂、刘绥与王忠,有的在朕年幼时就很欣赏朕,有的在朕困窘时帮助过朕。此前曾追封崔岳为大司徒、烈愍公,曹恂为中书令,王忠为晋阳太守,刘绥为太子洗马。当时虽给了他们褒奖和追封,但正值战乱年代,礼仪典章还不齐备。现在朕还要追封崔岳为使持节、侍中、大司徒、辽东公,曹恂为大司空、南郡公,王忠为镇军将军、安平侯,刘绥为左光禄大夫、平昌公。四人都加散骑常侍。卿等应当迅速寻找他们的后人,朕要给他们封地,只有这样朕才能安心。"

刘曜当时也许只想固守关西之地,并不想与石勒争夺关东各州,但后赵国将领的再次挑衅,刘曜确实非常生气。史书载,"曜大怒,

三、激战刘岳,石佗阵亡

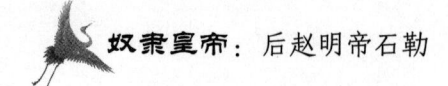

投袂而起"。刘曜可真的要发兵了。刘曜当天就派中山王刘岳率一支骑兵追击石佗,自己率一支人马驻屯富平(今陕西省富平县),以作声援。

刘岳当时已被刘曜任命为侍中、都督中外诸军事,是汉赵国的重臣要帅。刘岳也不敢怠慢,立即率部北上,很快到达上郡,但石佗已经击败盆句除正回师雁门。刘岳率部继续追击石佗。

石佗因所获辎重、俘虏众多,行军缓慢,最后在黄河岸边被刘岳追上。石佗也不示弱,下令列阵迎战。石佗与刘岳都是勇猛之将,在黄河岸边展开了一场恶战。这段黄河正是黄土高原北端,河面狭窄,水流湍急,呼啸南下。

这一战,刘岳取得大胜,石佗及后赵将士六千多人阵亡。刘岳将石佗所抢辎重全部收回,带着被石佗俘虏的盆句除部众回师上郡。刘曜听说刘岳打败了石佗,非常高兴,不久便回师长安。

第四章 二赵相争

四、石虎刘岳，大战洛阳

东晋明帝太宁三年（325）三四月，发生了几件重要事情。第一件事是石佗不敌刘岳身亡。第二件事是驻守许昌（今河南省许昌市）的东晋都尉鲁潜向后赵国投降。第三件事是后赵国西夷中郎将王腾杀害后赵国并州刺史崔琨、上党郡内史王慎，献出并州向汉赵国投降。第四件事是将兵都尉石瞻在邹山（今山东省邹城市）击败并杀死东晋兖州刺史檀斌。

这几件事很快报至襄国城，后赵国赵王石勒对石瞻杀死檀斌感到欣慰，而对石佗被杀感到痛心。至于王腾，石勒感到十分恼怒。并州，特别是上党，是石勒的家乡，王腾不仅不念及石勒的恩德，还将此地献给汉赵国。石勒想派兵去攻打王腾，但是他很冷静。石勒想利用鲁潜归降的有利时机，一举消灭驻屯司州境内多年的李矩、郭默、郭诵等东晋将领。

鲁潜所在许昌，虽然属于豫州的颍川郡，但离李矩、郭默驻屯的荥阳郡新郑（今河南省新郑市）以及郭诵驻屯的河南郡阳翟县（今河南省禹州市）不过数十里。鲁潜降后赵，可与驻屯洛阳的石生形成对李矩、郭默、郭诵等人的包围之势。石勒不会为一己之恨而失去这个大好时机。石勒决定让那个王腾多活几天，而先着手解决司州境内的李矩。石勒于是传令司州刺史石生向东晋司州刺史李矩发起攻击。

石勒的这一决定，引发了二赵中山王与中山公的一场大战。

· 161 ·

当年五月，石生率部攻打李矩、郭默。李矩、郭默屡战屡败，不久粮草又不济。李矩、郭默实在无力固守新郑，便派出使者前往长安，向汉赵国投降，以图得到汉赵国的增援。那么汉赵国的皇帝刘曜会派兵帮李矩、郭默吗？

石生攻打李矩，原本不会牵连汉赵国。但李矩向汉赵国投降，便引来了汉赵国的重兵。汉赵国皇帝刘曜觉得，二赵已经交恶，便不再顾及与石勒当年的重门之盟。刘曜也想趁此机会收复重镇洛阳。

刘曜再派中山王刘岳出征。刘岳不久前刚取得一场大胜，杀掉了后赵国将领石佗。刘岳对这次出征，信心十足，甚至想把石生变成第二个石佗，将石生斩于洛水之畔。

在作战方案上，刘曜也作了充分的部署。刘曜派刘岳率领一万五千名精锐兵马攻打洛阳北边的孟津，再派镇东大将军呼延谟率部出崤山、渑池，先接应李矩，再会同刘岳攻打石生。

刘岳不久便到达洛阳城北不足五十里的孟津县。刘岳下令攻打孟津县，很快便攻克。刘岳接着率部逼近洛阳，又攻克洛阳城北的石梁，杀死并俘虏后赵将士五千余人。石生不敌，撤守洛阳城西北角的金墉城。刘岳则把金墉城团团包围。石生自知不敌刘岳，死守金墉城待援。

石生面临生死存亡，会不会成为第二个石佗呢？

石勒不久便得知汉赵国大将刘岳已经包围石生。石勒当然不会让石生成为第二个石佗。石勒不仅爱惜石生，器重石生，更不希望丢掉洛阳。石勒决定派重兵前往洛阳援救石生。

石勒会派谁出马？石勒当然想到自己的侄儿石虎。石虎确实是石勒最为倚重的人，总是在关键时刻出马。石勒命令石虎率领四万名步骑兵快速南下洛阳，同时还传令汲郡（今河南省卫辉市）内史石聪也随石虎一同南下。

二赵即将面临一场大战。我们不妨看一下二赵兵马的情况。汉赵国派出的主要将领是中山王刘岳与镇东大将军呼延谟。刘岳的兵马是一万五千，呼延谟的兵马数量不明。后赵国派出的主要将领是中山公石虎与汲郡内史石聪，石虎的兵马是四万，石聪的兵马数量不明。从数量上看，后赵国应当处于优势。不仅如此，后赵国在洛阳还有石生，而汉赵国在司州只有刚宣布归降的李矩等人。李矩等人的实力不如石生。

不久，中山公石虎率领四万步骑兵穿过成皋关（今河南省荥阳市汜水镇），到达洛阳城郊。中山王刘岳听说中山公石虎率领兵马已经到达洛阳城外，便留一部兵马围攻金墉城，自领大部兵马迎战石虎。

大战开始。石虎带领四万步骑兵，奋勇争先，扑向刘岳一万余人。石虎又下令放箭，一时箭如飞蝗，刘岳也身中流箭。刘岳作战不利，撤至洛阳城北的石梁小城坚守不出。石虎的四万兵马便将石梁小城团团围住。

石梁小城如同金墉城一样，也很坚固，石虎一时不能攻克。石虎传令在石梁四周构筑木栅，深挖壕沟，使石梁与外界隔绝，以将刘岳困死。刘岳原本围困石生，现在反而被石虎围困。时日一久，刘岳便没了粮草，开始宰杀战马为食。

石虎一边围困刘岳，一边采取行动。石虎听说汉赵国另一将领呼延谟也快到洛阳，便派出一支兵马迎战呼延谟。呼延谟哪是石虎的对手，一战即败，被斩于阵前。

刘岳被困、呼延谟被杀的消息传到长安，汉赵国皇帝刘曜大惊失色，没想到他的中山王敌不过石勒的中山公。刘曜决定御驾亲征，率一支兵马东出长安，向洛阳进发。

四、石虎刘岳，大战洛阳

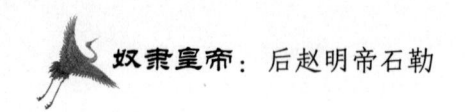

五、刘曜败退，刘岳被俘

东晋明帝太宁三年（325）五月，石虎听说汉赵国皇帝刘曜御驾亲征，毫无畏惧之感。石虎命石生在洛阳继续围困刘岳，自率三万骑兵与石聪西进迎战刘曜。

刘曜派前军将军刘黑带领一支人马先到八特阪（今河南省渑池县东），与石聪的前锋兵马遭遇。刘黑率部与石聪激战，石聪不敌退走。刘黑率部追击，石聪大败。

石虎见石聪兵败，也担心刘曜御驾亲征，势不可挡。石虎又担心刘岳反攻，于是撤兵回守洛阳。刘曜率部一路抵达洛阳城西边的金谷。正值傍晚时分，刘曜下令扎营，准备第二日早晨向洛阳城内的石虎发起进攻。

故事讲到这里，我们不禁为石虎感到担忧。毕竟这回是汉赵国皇帝刘曜亲自率兵来攻，而且石虎与其初战失利。要知道，被困在石梁小城的刘岳尚有一万人马，刘岳一旦冲出包围，石虎将腹背受敌。在形势对石虎不利的情况下，石虎的军中应当会出现惊乱，然而上天不佑汉赵国，偏偏是刘曜的军中出现骚乱。

五月的洛阳，刚刚进入夏天，夜晚并不算闷热，作为攻势一方的刘曜完全可以利用夜晚对石虎进行偷袭。就是不对坚固的洛阳城进行偷袭，也可以对围困石梁的后赵国兵马进行偷袭，刘岳也许能够尽早获救。刘岳一旦获救，刘曜兵力必将大增，石虎的军心必将为之溃乱。然而，当天夜里刘曜并没有偷袭石虎，只想平静地过一夜，待天明再与石虎激战。

夜间，刘曜正酣然入睡。突然，军中发生惊乱，刘曜被惊醒。刘曜不知军中因何而惊，下令制止，但制止不了。刘曜担心石虎趁机来袭，便传令向西撤退，等军心安定后再返洛阳。

刘曜最后在洛阳城西一百余里外的渑池驻扎。刘曜决定在渑池休整数日，等军心稳定。令刘曜没有想到的是，第二天夜里，军中再度慌乱。刘曜无奈，最后与众将士一道狼狈地撤回长安。

刘曜军中两度夜惊一事，史书并未载明是何原因。一个可能是，刘曜的将士对杀人如麻的石虎非常恐惧，害怕石虎夜间来袭，因而发生惊乱。还有一个可能是石虎实施的计策，是石虎故意在夜间放话，要来袭击。不管石虎有没有实施计策，刘曜的将士当时一定如同惊弓之鸟。

刘曜离开洛阳后，石虎继续围困刘岳。石虎也真够有耐心，整整围困刘岳将近一个月之久。刘曜也真够放心的，他的大将被围困这么久，他都不来援救。洛阳可以不夺回，大将刘岳不能不管，这好像与刘曜重情重义的个性不相符。当然，也许刘曜认为刘岳坚守石梁小城不会有问题，时间一长，石虎粮草不济，也会离开的。

时间很快进入六月，天气开始炎热。石梁小城里的刘岳严重缺水缺粮。刘岳实在无法支撑，于是派人高举白旗，向石虎请求投降。石虎只接受刘岳及其将佐八十余人、氐羌三千余人投降，并派人将刘岳及三千余人一同押送至襄国，交由赵王石勒处理。石虎不接受刘岳余部士卒九千余人投降，下令全部挖坑活埋。

石虎离开洛阳北返，石聪则留下继续作战。

石虎没有直接返回襄国或他驻守的邺城，而是率领兵马，渡黄河北上并州。石虎要去讨伐那位谋反的西夷中郎将王腾。这也一定是赵王石勒的命令。从洛阳北上并州晋阳，八百里之遥，石虎为了尽早到达，一路马不停蹄。

五、刘曜败退，刘岳被俘

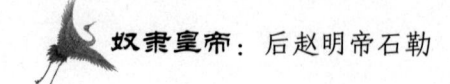

晋阳城里的王腾及其七千名部卒一定已经听说石虎在洛阳击败刘岳，还坑杀了刘岳九千降卒，知道石虎不会放过他们。当石虎攻城之时，王腾及这些士卒一定拼死抵抗，不敢投降。

然而王腾哪是石虎的对手？而且晋阳城早就残破不坚。最后的结果是，王腾被石虎俘虏，七千余人也向石虎投降。石虎会如何对待王腾与这七千余人？石虎下令将王腾斩首，并将七千余人全部活埋。

石虎在洛阳坑杀九千余人，又在晋阳坑杀七千余人，消息传到长安城，汉赵国皇帝刘曜非常痛心，大哭不止。刘曜换上丧服，来到长安城郊外，整整哭了七天，才进城。年过半百的刘曜愤恨交加，患病了。

六、击败李矩，表彰功臣

东晋明帝太宁三年（325）六月，石聪准备攻打李矩。

李矩在司州境内的新郑坚守多年，一直对东晋朝廷忠心耿耿，按理说不会向别人投降。李矩被石生攻打时，是在郭默的劝说下，才向汉赵国投降的，没想到引起二赵中山王、中山公的洛阳之战。现在二赵战事暂且结束，汉赵国中山王刘岳被俘，李矩等人得不到汉赵国的援救，就是再有心坚守司州，士兵们也会无心恋战。这时，再听说后赵国的将领石聪杀了过来，李矩的将士都非常惊慌。

郭默首先遭到石聪的袭击。郭默相比李矩以及郭诵，坚守司州是最不坚定的，遇到石聪也是一战即溃。郭默知道，再向汉赵国投降，是没有意义的。郭默决定带着部众向南撤退，返回东晋。

尽管郭默与李矩曾经有矛盾，但李矩待郭默不薄。郭默擅自南撤，也感到对不住李矩。郭默对他的参军殷峤说道："李使君待我甚厚，现在我弃他而去，实在是无颜当面告谢。三天之后，你再告诉李使君，我已南下。"郭默说完，解下太守印信交与殷峤，请他转交李矩。

李矩听说郭默已经南撤，虽然很是生气，但还是想把郭默劝说回来，一起对付后赵国。李矩写了一封信，让他的外甥郭诵带着书信去追郭默。李矩对郭诵说："你知道唇亡齿寒的道理吗？当年迎接郭默的是你，现在还请你把他追回来吧。"

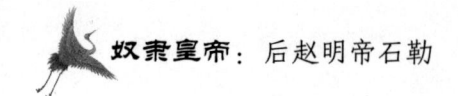

郭诵快马南下，在距新郑百余里的襄城郡（今河南省襄城县）追上郭默。郭默不愿与郭诵北返，竟然连家人也不顾，单人匹马一路南下。郭诵看到郭默去意已决，便不再追赶郭默。郭诵带着郭默的妻儿返回新郑。李矩仍如以前一样对待郭默的妻儿。

李矩得知自己的长史崔宣等人暗中联络石聪，准备向石聪投降。崔宣手中还有两千兵马，而李矩只有数百余名部众。李矩无力抵挡石聪，也无力讨伐崔宣等人，只能独自叹息。李矩最后与郭诵商议，也带领余众南下。李矩与郭默一样，没有直接向南，因为南边的许昌守将鲁潜已经投降后赵国。李矩避开南边的许昌，朝荆州南阳郡（今河南省南阳市）方向撤去。

石聪得知李矩南逃，传令追击。李矩的部众本来就不多，又不堪石聪追击，四散而去。当李矩逃到南阳郡鲁阳县（今河南省鲁山县）境内时，只有郭诵等一百余人跟随。李矩感到异常恐惧，纵马一路狂奔，突然，马失前蹄，李矩摔了下来，竟然当场摔死。可怜东晋司州刺史李矩，坚守司州前线十余年，最终命丧鲁阳。

随着李矩的覆亡，司州除弘农郡、河东郡仍为汉赵国所有外，其余各郡全部为后赵国所有。司州的西南边便是东晋的荆州，也就是说后赵国在西部已经推进到荆州边境。从司州向东，便是豫州、徐州，而豫州、徐州也向南推进到淮河一带。

此时的后赵，已经完全拥有幽州、并州、冀州、青州、兖州以及豫州、徐州、司州的大部。汉赵国拥有雍州、秦州以及司州的弘农郡、河东郡。东北的平州、西北的凉州分别被慕容鲜卑、张骏割据。慕容鲜卑尚未称王建国，而张骏已被汉赵国册封为凉王，其国史称前凉。南方则有东晋与成汉。东晋拥有扬州、荆州、广州、宁州、交州，成汉拥有益州、梁州。

当时的华夏大地五国并立，即东晋、成汉、汉赵、后赵、前凉。从拥有的领地以及位置的重要性来看，后赵国最强。石勒下面会向何处用兵呢？石勒决定在继续对外用兵之前，先表彰功臣。

石勒将三十九名佐命功臣的姓名刻在石函之上，再将石函置于建德前殿。遗憾的是，史书上未详细记载这三十九名功臣的姓名。我们不妨做一些推测，看看有哪些功臣。

首先是石勒的族人石虎。石虎南征北战，为后赵国攻占的领地最多。其次是"十八骑"与石会、张伏利度，这些人很早就跟随石勒四处奋战。还有一位重要将领一定位列功臣名录，那就是大将孔苌。石佗、石生以及石勒的义子义孙们如石聪、石堪、石瞻，也一定列于其中，这些人攻城略地仅次于石虎。除了武将，文臣也应当位列其中，如张宾、张敬、刁膺、程遐、徐光等。此外记载较少的如石越、刘勔、葛薄等人也许可以算上。

石勒表彰功臣，也是希望各位文臣、武将继续为后赵国的壮大而努力。石勒自己在襄国城也更加勤勉，注重国政的治理。石勒听说洛阳城里有一个晷（读音如轨）影，可以根据太阳的影子来测量时刻，便传令将洛阳的晷影运至襄国，陈列于单于庭中。

功臣表彰后不久，石勒便开始向东晋边关用兵。

六、击败李矩，表彰功臣

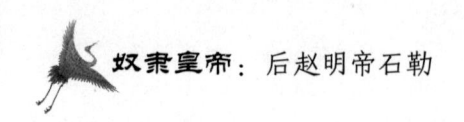

七、擒获祖济，威胁祖约

东晋在淮河沿线一东一西有两个据点。镇守这两个据点的都是祖逖家人，一个是寿春的祖约，一个是汝南（今河南省汝南县）的祖济。祖济是祖逖的侄儿，当时担任汝南郡太守。祖济与他的叔父祖约不同，几年来，一直在积极备战，广筑营垒。祖逖临死时，将妻儿送至祖济那里，而没有送到江东，表明其誓死北伐的决心，要祖济守卫豫州。

石勒不会满足与东晋以淮河为界，一直希望拔掉祖家这两个据点，而将领地向南深入到荆州、扬州境内。石勒将拔掉这两个据点的任务交给了司州刺史石生与汲郡内史石聪。

东晋成帝咸和元年（326）四月，石生率领兵马南下远征汝南郡。祖济知道与后赵国将领必有一战，因而听说石生来攻，也没有退却。祖济率领所部兵马，出城迎战石生，石生的兵马十分勇猛，很快便击败祖济的兵马，将祖济俘虏。

石生占领汝南郡，将祖济家小以及祖逖妻儿全部俘虏。石生派人将祖济及其家人全部送到襄国，石勒对祖逖氏家人妥善安置，以礼相待。

再看看石聪攻打寿春城祖约的情况。

十一月，石聪率部南下数百里，进抵淮河一带，逼近寿春。东晋豫州刺史祖约听说石聪来攻，一边坚守寿春城，一边派人前往建康，

第四章 二赵相争

向东晋朝廷求援。

石聪攻了数日,未能攻克寿春。石聪决定放弃攻打寿春,从侧面渡过淮河,继续南下劫掠逡遒(今安徽省合肥市东),再向东劫掠阜陵(今安徽省全椒县),此地离东晋都城建康不足百里。

东晋的第一任皇帝元帝司马睿已经于公元323年去世,第二任皇帝明帝司马绍已于公元325年去世,在位的是第三任皇帝成帝司马衍。司马衍当时只有6岁,由外戚庾亮与司徒王导共同辅政。庾亮与祖约不和,希望借助外敌之手消灭祖约,所以没有派兵援救祖约。

东晋朝廷没有料到的是,石聪放弃攻打祖约,已经攻至阜陵威胁都城,都城大为震动。庾亮马上以成帝司马衍的名义下诏,任命王导为大司马、假黄钺、都督中外诸军事,令王导组织兵马防御石聪。王导于是在江宁(今江苏南京市江宁区)设立大营,指挥都城防守事宜。

朝廷没有派兵增援祖约,有人却自行出兵,以助祖约,此人便是江北的历阳郡(今安徽省和县)太守苏峻。苏峻早已派将领韩晃率领一支兵马前往迎战石聪。从历阳北上阜陵,不足百里,韩晃很快便抵达阜陵城下。石聪敌不过韩晃,便率部向北撤退。

东晋朝廷君臣听说石聪已经退兵,终于松了一口气,王导也解除了大司马之职。为了防备后赵国兵马再次南下攻击都城,庾亮接受众官员建议,决定切断涂水(滁河)。这样可使涂水上游泛滥,造成淹没区,形成涂塘,后赵国兵马就难以通过。

消息传到寿春,祖约非常痛心地说道:"寿春正在涂塘之北,为了防备赵国兵马南下,竟连寿春都不要了。朝廷这是抛弃我啊!"从此,祖约对庾亮更为不满。对于苏峻派兵击退石聪,祖约还是心存感激的,不断与苏峻派使往来。次年,东晋内部发生了"苏峻、祖约之乱",不再细述。

石勒在向东晋的边关守将祖济、祖约接连用兵之后,有一年多时间没有再发起进攻,这是为什么呢?一个重要的原因就是等待机会。石勒在等待机会的时候,在忙些什么呢?

七、擒获祖济,威胁祖约

· 171 ·

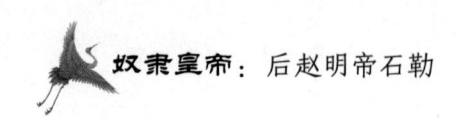

八、离开邺城，愤愤不平

石虎自公元313年四月攻克邺城、就任魏郡太守以来，已有十三个年头。十三年来，石虎南征北战，东征西讨，为后赵国立下赫赫战功。石勒称王建国后，石虎也成为中山公，早就不该再是一个小小的太守。然而石虎一直保留着魏郡太守之职，镇守在邺城。石虎在邺城，就如同石勒在襄国，似乎把邺城当成他的自由王国。

然而有人此时开始谋划让石虎离开邺城了。

东晋成帝咸和元年（326）十月，右长史程遐建议石勒在邺城建造宫殿，由世子石弘前往镇守。邺城在历史上也是一个都城，东汉末年袁绍、曹操都曾在此经营。石勒早就很看重邺城，一直想在邺城营建宅第。石弘当年已经13岁，石勒也想早点培养石弘，石勒给石弘配备了一万名禁兵，把车骑大将军所统辖的五十四个营的兵马全部给了石弘。

石勒觉得石弘年龄太小，需要人辅佐。石勒把这个重任交给了"十八骑"之一的王阳。王阳是骁骑将军，兼门臣祭酒。王阳作为门臣祭酒，专门负责胡人的诉讼，王阳这次是以统管六夷的身份来辅佐石弘。石勒认为当时不是太平之世，不能只教石弘文章，还让王阳教石弘刺杀之术。

值得注意的是，从"十八骑"的名字第一次出现，王阳的名字就排在第一位，让人猜想"十八骑"中，王阳可能最受石勒信任。其实王阳在史书中出现次数并不是最多，官职也不是最大，攻城略地的战功也不明显。但王阳能够辅佐世子石弘镇守邺城,说明王阳是石勒非常信赖的人。

令人感到遗憾的是,王阳到邺城辅佐石弘,是史书上最后一次提到王阳。王阳后来的情况,就不得而知了,也许过早去世。如果王阳一直辅佐石弘,或许后来就不会有石虎逼石弘退位之事。然而历史不能假设,更不能杜撰。

石弘镇守邺城,石虎便要离开邺城,石虎十分不情愿。

石虎不是不想到都城襄国,而是早已把邺城当着自己的襄国。石虎虽然接到石勒要他搬到襄国的旨令,但一直没有行动。后来,石勒命人修建邺城三台时,石虎不得不搬离。石虎听说这个主意是程遐所出,便对程遐恨之入骨。石虎准备报复程遐。

石虎报复程遐的方式非常特别,石虎到了襄国后,派身边卫士十余人,悄悄潜入程遐家中,将程遐妻女奸污,抢掠衣物,扬长而去。

程遐建议将石虎调离邺城,是一个正确的举措,要不然时间一久,便是养虎为患。石勒当初刚到襄国,第一个夺取的重要城池便是邺城。邺城地位特殊,如同襄国的南大门,石勒首先让石虎去镇守,也在常理之中,因为石虎是石勒信任并且器重的人,可以说无人能比。现在,石勒自己的儿子石弘,又是世子,快要长大成人,石勒当然更加看重,石虎怎能与石弘相比呢?然而石弘喜文不喜武,石虎迟早会成为他的威胁。

八、离开邺城,愤愤不平

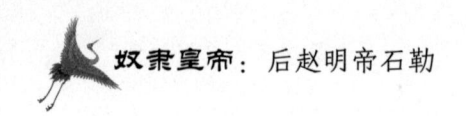

九、推行考试，石勒改元

石勒十分注重教育，很早就在国内开设小学、太学，专授儒家经典。石勒特别注重考试。考试对教育的成效是个很好的检验。石勒虽然自己不识字，但经常来到小学、太学，亲自对学生的学习情况进行考试。石勒对成绩优异的学生，奖励不同数量的绢帛。

石勒还将考试作为选拔官员的重要举措。石勒将这个重要的任务交给了一位小小的牙门将王波。公元326年十二月，石勒将王波提升为记室参军，让王波先"典定九流"，再制定选拔秀才、孝廉的"试经之制"，也就是利用包括儒家经典在内的内容通过考试来选拔秀才、孝廉。后赵初创时，选官制度基本参照两汉时的察举制，六年之后，又将考试制度引入选官当中，这让官员选拔变得更加合理、公平。

我们再来讲讲石勒的年号。

石勒在东晋元帝太兴二年（319）十一月称王建国时，已经改元，也就是有了自己的年号。然而这个年号又如同没有年号，因为这个年号的名称为"赵王"，当年为"赵王元年"。

从石勒的年号，以及石勒任命的官员官职名称来看，石勒的赵国如同一个藩国，石勒如同一位藩王。到底是东晋的藩王，还是汉赵国的藩王，石勒也没有讲。石勒当然也不会听命于东晋与汉赵国。石勒当时只是表明一种姿态。什么姿态呢？就是既要与汉赵国、东晋决裂，又不想过于高调。石勒没有称帝，也没有像样的年号，官员的官

第四章 二赵相争

职没有八公八座，如同琅琊王司马睿当藩王时一样，任命了一批祭酒官员。石勒也不是一直不称帝、一直没有正式年号，石勒只是想一步一步来。

公元328年，对后赵国来说，是个有意义的年头。就在这年年初，后赵国境内出现祥瑞，后赵国也因此而更改年号。从此，后赵国有了正式年号。此事要从石勒的一位恩公说起。

这位恩公名叫师欢。二十多前年，石勒沦为奴隶，被卖到地主师欢家为奴，为师欢家耕田种地。师欢当时就觉得石勒不同寻常，没把石勒当奴隶看待。师欢给石勒自由，石勒一直心存感激。多年过去了，师欢所在的茌平县已成为后赵国的领地，师欢也成了茌平县的县令。

公元328年二月，师欢来到了襄国。

石勒对师欢的来到，非常高兴。在石勒心中，师欢不仅是自己的故人，更是自己的恩公，然而师欢此次前来，并不是叙旧，而是有重要事情。

石勒在建德殿接见了师欢，师欢行礼完毕，向石勒献上一只黑色的兔子，师欢认为这只黑兔不同寻常，全身毛发无杂色且异常乖巧，非常难得一见。师欢认为这只黑兔是一种祥瑞，石勒看了这只黑兔，也十分喜爱。

右长史程遐等人见此祥瑞，马上对石勒言道："巨龙飞腾，是朝代更换的征兆。晋朝以水承金，兔是月中之兽，黑色便是水色，此祥瑞表明殿下应当更改年号，以应天人之望。"

从程遐等人的话可以看出，石勒当初只称赵王，相当于是晋朝的藩王，后赵国是晋朝的藩国。晋朝以水承金，而后赵国出现黑兔，也与晋朝一样，将以水承金。说得再明白一些，后赵国可以与晋朝平起平坐了，石勒也应当有自己的年号了。既然与晋朝平起平坐，那就更应当称帝了。

石勒接受这个说法，但还要一步一步来。石勒觉得没有到称帝之

九、推行考试，石勒改元

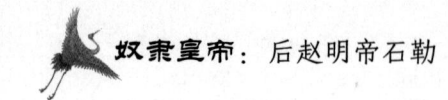

时，只接受更改年号。后赵国当年是"赵王十年"，石勒于是改元，称"太和元年"。有意思的是，东晋当时的年号是"咸和"，而后赵国是"太和"，"咸"这个字已经很全了，而"太"则更高一等。

石勒改元之后，便抓住一个机会，向东晋的荆州、扬州用兵。

十、攻克南阳，进入荆州

先来讲讲东晋建立之后的大致情况。

公元317年三月，琅琊王司马睿在建康称晋王，可以看作是东晋的开始。第二年三月，司马睿称帝，是为东晋元帝。

司马睿在位的第五年，东晋内部发生了"王敦之乱"。"王敦之乱"暴发于公元322年，结束于公元324年。"王敦之乱"由出身于琅琊王氏的权臣王敦发动。王敦以讨伐刘隗为名进攻建康，击败朝廷军队。王敦自任丞相，诛杀尚书左仆射周颛（读音如以）等人，并在荆州武昌郡（今湖北省鄂州市）遥控朝廷。乱事尚未平息，司马睿就忧愤病逝，其子司马绍继位，是为晋明帝。王敦想趁司马睿病逝夺位，明帝司马绍早已做好准备反击王敦。不久，王敦患病，面对明帝的讨伐，由兄长王含与部下钱凤等率兵与朝廷军队作战，最终失败。王敦在战事期间病逝。

明帝在位不到四年也生病去世，其子司马衍继位，是为晋成帝。司马衍只有5岁，由王导与庾亮共同辅政。成帝继位的第三年，即公元327年，又暴发了"苏峻之乱"，也称"苏峻、祖约之乱"。"苏峻之乱"由历阳郡太守苏峻发动，起因是苏峻不满晋成帝的舅舅庾亮削其兵权。苏峻联络驻守寿春的祖约讨伐庾亮，祖约派侄儿祖涣、女婿许柳率兵与苏峻一同进攻建康。东晋成帝咸和三年（328），苏峻攻破建康执掌朝政，自任骠骑大将军、录尚书事，祖约被任命为侍中、太尉、尚书令。庾亮与江州刺史温峤推举征西大将军陶侃为盟主，组建讨伐军反攻苏峻。不久，苏峻战死，余众陆续被消灭。"苏峻之乱"于公元329年结束。

公元328年初，就在"苏峻之乱"正酣时，石勒就在谋划向东晋的荆州南阳郡（今河南省南阳市）、扬州淮南郡（今安徽省寿县）用兵了。

石勒在荆州境内用兵，又引出一位养子，此人便是石堪。石堪虽然也是那种只知其后半生不知其前半生的人，但史书还是简要记载了他。其原名田堪，因不断取得战功，被石勒收为养子。

公元328年四月，石堪率部攻打南阳郡。南阳郡是荆州最北边的一个郡，与豫州的襄城郡（今河南省襄城县）接壤。襄城郡早在李矩被击败之后，便被后赵国占领。

东晋的南阳郡太守王国正驻防在南阳郡的治所宛城（今河南省南阳市宛城区），而南阳的都尉董幼正带领一部兵马前往襄阳郡（今湖北省襄阳市）协防，不在南阳。襄阳也是荆州的属郡，在南阳的南边，两地相距三百余里。

王国听说石堪来攻，自知兵马不足，不敢出城迎战。王国坚守城池，等待董幼来援。然而一连数日，董幼仍然没有到来。王国实在难以固守，便打开城门向石堪投降。随着王国的出降，后赵国占领了荆州的南阳郡。

又过了数日，董幼带领兵马终于赶到南阳。董幼听说王国已经投降，南阳已经被占领，也无心应战，于是带领部众也向石堪投降。

石堪没有继续留在荆州境内作战，而是率部东进八百里，前往扬州境内作战，协助石聪攻打祖约。

石堪走了，石勒则派另一将领郭敬驻守南阳。不久，石勒任命郭敬为荆州监军、董幼为南蛮校尉。从此以南阳为据点，以襄阳为突破口攻打荆州的重任就交给郭敬了。

郭敬是不是石勒的那位恩公，史书记载不详。有可能是，也有可能只是同名。然而笔者认为，十五年前，在上白遇到郭敬后，石勒任命郭敬为将军，郭敬带兵作战也已经不少年了，如今还在前线作战，也并非不可能。

再来看看石堪与石聪攻打祖约。

十、攻克南阳，进入荆州

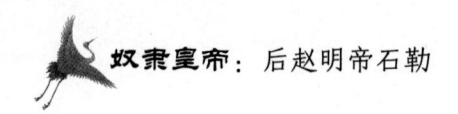

十一、攻入扬州，击败祖约

扬州共设置十八个郡，其中东晋的都城建康属于丹杨郡。扬州最北边的一个郡便是淮南郡，北依淮河。淮南郡的首县是寿春县，位于淮河南岸。寿春曾是战国后期楚国的都城，可以说是历史久远。

祖约作为豫州刺史，已于东晋元帝永昌元年（322）十月南撤至寿春。"王敦之乱"时，祖约率兵驱逐王敦任命的淮南太守任台，被朝廷任命为镇西将军，封五等侯，就镇守寿春，成为东晋守卫北部边疆的主力。后来的淮南太守许柳是祖约的女婿。

祖约认为自己的名望、资历不低，但没有得到明帝的临终顾命。祖约还多次上疏朝廷，希望能够开府，但朝廷一直没有批准。祖约便开始对朝廷产生抱怨。明帝去世后，成帝继位，王导与庾亮辅政。庾亮与祖约不和，甚至希望借助外力除掉祖约。东晋成帝咸和元年（326）十一月，后赵国将领石聪攻打寿春，朝廷不仅没有发兵援救，还准备淹没涂塘来阻止后赵国兵马南下。祖约认为朝廷抛弃他，对朝廷的怨恨更深。

公元327年十月，苏峻起兵叛乱，祖约出兵响应，派侄儿祖涣（祖逖的儿子）、女婿许柳率兵南下协助苏峻，苏峻后来攻克东晋都城建康，任命祖约为侍中、太尉、尚书令。

祖约参与"苏峻之乱"，不少部将非常不满，竟然悄悄与后赵国联络，声称后赵国攻打寿春的时候，愿做内应。石勒当然想抓住这个有利时机，向寿春发起袭击，以将领地拓展到扬州境内。石勒将这个重任交给了石堪与石聪。

公元328年六月底，石堪与石聪两部兵马会合于淮河北岸时，祖约派出响应苏峻的兵马尚未返回。此时的祖约面临两重危机，一个是驻守寿春的兵力有所减弱，一个是不少将领悄悄投降了后赵国。

当时正是炎炎夏日，淮河水面宽阔，渡河十分困难。再者，祖约在寿春驻守已有六年之久，城池坚固一定没有什么问题。对石聪、石堪来说，一条淮河加上一座坚城，攻打祖约不是一件容易的事，然而，祖约的将领如果里应外合，攻城便不是难事。

七月，石聪、石堪开始渡河，祖约传令防御淮河，然而城内已经响应石聪、石堪。祖约知道无法坚守寿春城，赶紧带领少部人马逃出了寿春，一路向南边的历阳郡（今安徽省和县）奔去。石聪、石堪占领寿春后，掳掠二万余户百姓北返。

祖约到历阳，也未能逃避攻击。半年后，东晋冠军将军赵胤派部将甘苗攻打祖约，祖约不敌，于公元329年正月，带领家人及左右亲信数百人，投奔后赵国。石勒虽然接受祖约来降，但并不想见这样的小人。石勒派参军王波去见祖约，并责备祖约道："你反叛作乱，到了山穷水尽之时才来归顺。我赵国难道是逃遁之所吗？你竟还有脸见人？"王波还向祖约出示了后赵国对祖约先后发出的数道檄文。

后赵国攻入南阳郡、淮南郡，领地便深入到荆州、扬州境内。此时的后赵国已经完全拥有幽、并、冀、青、兖、豫、徐七州，而司州大部也已被占领，只有弘农（今河南省灵宝市）、河东（今山西省运城市）二郡尚在汉赵国境内。

石勒下一步会向何处用兵呢？是东晋还是汉赵国？

十一、攻入扬州，击败祖约

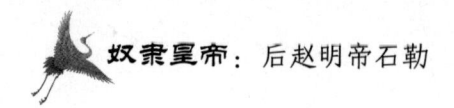

十二、激战河东，石虎遭败

"苏峻之乱"尚未结束，东晋朝廷当时可以说是内忧外患。如果石勒这个时候一鼓作气，继续向东晋的扬州或荆州用兵，也许能够一举击垮东晋，甚至能够消灭东晋。即便不能消灭东晋，也一定能将后赵国的领地向南推进到长江，而不只是淮河。我们有理由相信，如果石勒只向东晋发起大规模袭击，刘曜的汉赵国一定不会趁机偷袭后赵国，这与刘曜有情有义的个性有关。

然而石勒此时不想再攻东晋，而是向汉赵国发起攻击。

由于史料的缺乏，我们无法得知石勒做出这一重大决定的原因，更无法得知石勒是个人做出这个决定，还是与群臣商讨之后做出的。如果与群臣商讨，那么这些人一定会参加商讨，他们是中山公石虎、左长史郭敖、右长史程遐、左司马夔安、右司马郭殷等。

不管是如何做出的决定，反正最后的决定是向汉赵国占领的河东郡发起攻击。石勒当然知道攻打河东意味着与汉赵国争夺领地，必将再度引起二赵的激战。也许，石勒此时只想与汉赵国争夺领地，想先消灭汉赵国，再谋图东晋。

攻打河东，必将引起二赵之间的一场恶战，所以此次大军的主将尤为重要。如此重要的征战，石勒仍然没有像刘曜那样御驾亲征。对石勒来说，石虎便是他的第一大将，也是最为得力最为信任的大将。石勒此次给石虎配备了四万兵马，还传令石虎的养子将兵都尉石瞻一

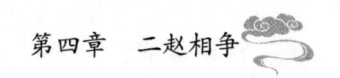

同出征。

数年来，石瞻一直在徐州境内作战，可以说徐州就是石瞻为后赵国打下的。石瞻不仅为后赵国打下徐州，还多次消灭试图深入到兖、豫、徐三州边境的东晋守将。公元325年四月，东晋兖州刺史檀斌便深入到豫州鲁郡境内的邹山（今山东省邹城市东南）。石瞻得到消息，率所部兵马前往邹山，将檀斌击败并杀死。公元326年十二月，东晋徐州彭城国内史刘续北上，占领后赵国东海郡兰陵县（今山东省兰陵县）。石瞻立即率部前往兰陵，在兰陵境内的石城山将刘续击败、赶走，夺回了兰陵。

石勒从徐州前线将石瞻调往河东，很可能是石虎的提议，因为对石勒来说，他有很多将领可以征调，然而对石虎来说，石瞻是他的养子，也是石虎最为信任的将领，就如同石勒对石生、石聪、石堪等人的信任一样。

公元328年七月底，石虎与石瞻带领大军到达洛阳，然后再北渡黄河，从太行八陉之轵关陉（今河南省济源市轵城镇）翻过太行山，最后西进攻打河东郡。石虎、石瞻一路所向披靡，五十余县纷纷响应。不久，石虎一直向西推进到蒲阪（今山西省永济市），完成对整个河东郡的占领。

石虎占领河东的消息很快传到长安，汉赵国皇帝刘曜大为恼怒。刘曜知道，这些年石勒四处用兵，领地不断扩大，已经拥有近八个州，而自己的汉赵国主要领地不过雍、秦二州。自公元319年初与石勒决裂后的十年来，汉赵国的领地只增加了一个秦州，同时也丢掉了司州的河南郡。然而秦州境内尚有氐王杨难敌没有平定，虽然占领了凉州的河南地，但凉王张骏并未臣服。

刘曜也知道这些年石勒的边将不断向其挑衅，但可能没有想到会与他争夺天下。刘曜还记着当年与石勒的重门之盟。然而，石虎占领河东让刘曜看到石勒的野心。刘曜必须考虑应对之策。

刘曜依然决定御驾亲征。其实汉赵国当时的群臣诸将还是大有人

十二、激战河东，石虎遭败

在的，比如太子刘熙、大司马南阳王刘胤、太尉汝南王刘咸、太宰刘雅、太傅呼延晏、太保刘昶、大司空卜泰、大司徒河间王刘述等。尤其是那位刘胤，在上一年与前凉的作战中，还取得不小的战绩。然而，刘曜并没有派刘胤去河东迎战石虎。

刘曜的部署是：令大司徒刘述征调氐、羌部族兵马驻防秦州，以防凉州的张骏、仇池的杨难敌；太子刘熙与大司马刘胤坐镇长安；刘曜自己亲率内外精兵从水路出发前往蒲阪攻打石虎。

不多日，刘曜在卫关（今陕西省潼关县）完成集结，即北渡黄河进入河东郡，离蒲阪不足百里。石虎得知汉赵国皇帝刘曜亲率重兵来攻，也开始惊慌，决定向东撤退。刘曜渡河当日即到达蒲阪，发现石虎已经东撤，便下令追击。

八月，刘曜在高侯原（今山西运城安邑镇北）追上了石虎。石虎自知无法再退，只得传令迎战。这是一场恶战，前后数个时辰。也许汉赵国的将士已经忍无可忍，多年的仇恨全部发泄了出来。也许是皇帝刘曜亲自督战，汉赵国的将士都很勇猛。这一战结果，石虎大败，伤亡惨重，战死的士兵尸体绵延二百余里。

让石虎最为痛心的是，他的养子将兵都尉石瞻在这场战斗中阵亡。石瞻当年只有29岁，正是骁勇善战的年龄，而且石瞻确实也是一位能战之将，徐州前线有他辉煌的战绩。然而石瞻战死了，可见这场战斗是如何激烈。石瞻死了，留下一个只有几岁的儿子石闵。石虎对石瞻的死，一定极为悲痛，只能在以后的日子里，好好地照顾石闵了。

石瞻战死，石虎也非常惊恐，竟然丢弃辎重，向东一直逃到朝歌。刘曜大获全胜，俘获石虎的辎重数以万计。

刘曜没有向东追击石虎，而是传旨南下。刘曜从河东郡大阳县（今山西省平陆县）南渡黄河，进入弘农郡境内。渡过黄河之后，刘曜兵锋直指洛阳。刘曜当然想趁此机会，收复被后赵国占据多年的洛阳。

很快，刘曜大军便抵达洛阳。后赵国洛阳守将石生听说石虎兵败河东，也非常惊恐。石生自知洛阳城难以固守，决定以洛阳城西北的金墉城来抵抗刘曜。

金墉城确实非常坚固，刘曜兵马虽然众多，却一时攻不下来。刘曜命人掘开千金堨，把洛河之水灌入金墉城。与此同时，刘曜还分兵一路，攻打后赵国的河内郡（今河南省沁阳市）、汲郡（今河南省卫辉市）。后赵国荥阳郡（今河南省荥阳市）太守尹矩、野王郡（今河南省沁阳市）太守张进先后向汉赵国投降。

刘曜离开长安东征，凉州的张骏得知后，想趁机向汉赵国发动攻击。张骏不仅想夺回去年被汉赵国南阳王刘胤夺走的河南地，还想一举打到长安，消灭汉赵国。张骏准备传令集结兵马，岂料一腔热情被理曹郎中索询的一席话给浇灭了。索询认为刘胤镇守在长安，长安就不容易夺取，就是取得小小的胜利，刘曜也一定会放弃与后赵国的争战而回兵长安，到那时凉州的灾难就来临了，而且后果难以预测。张骏听了此言，便放弃攻打汉赵国。

我们有理由相信，如果张骏发兵攻打汉赵国，刘曜一定会放弃围攻石生而返回长安，毕竟长安才是汉赵国的根基。刘曜不会为了洛阳而放弃长安。由于张骏没有出兵攻打汉赵，二赵的决战便不可避免。

石虎兵败河东、石生被围金墉城、多个郡县投降汉赵国的消息传到襄国城，后赵国君臣的反应会怎样呢？史书说"襄国大震"，也就是说襄国城内的后赵国君臣大为震动。那么石勒会如何应对呢？

十二、激战河东，石虎遭败

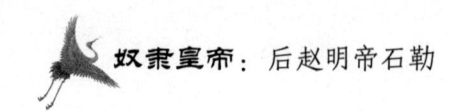

十三、石勒刘曜，决战洛阳

东晋成帝咸和三年（328）十一月，襄国城已经进入冬天，城外响起了呼啸的寒风声。襄国城内，后赵国赵王石勒正与群臣朝会于建德殿，商讨后赵国面临的生死存亡的问题。石勒准备御驾亲征，前往洛阳，解救石生。

左长史郭敖、右长史程遐劝阻道："刘曜一战而胜，势不可挡，难与争锋。而金墉城中的石生粮草充裕，也不容易攻克。刘曜大军在千里之外，势难长久。大王不可领兵亲征，君王亲征定要有万全之策，否则多年成果将会付之东流。"

石勒听后大怒，手按剑柄，叱责程遐等人退下。

石勒当时很想亲征，当然听不进郭敖、程遐的劝谏。当然，程遐等人的谋略本就不足，石勒与他们共商国是，总感到非常痛心。石勒此时想到了徐光。

徐光也是一位只知后半生不知前半生的人物。徐光很可能是在石勒据守襄国之后投奔而来。幽州刺史王浚、冀州刺史邵续被擒后，石勒曾派徐光对二人进行斥责。公元326年三月，石勒前往苑乡（今河北省任县东北）视察，召徐光随行，但徐光迟迟未至。原来是徐光昨天晚上喝得烂醉如泥，到早上还未清醒。石勒当即大怒，将徐光贬为牙门官，徐光感到非常不平。不久，石勒遇到徐光，徐光捋起衣袖，不屑一顾。石勒非常生气，怒问徐光道："孤哪里有负于你？你为何如

第四章 二赵相争

此愤愤不平？"徐光不理石勒，更不答话。石勒大怒，下令将徐光及其妻儿一同囚于狱中。

两年半过去了，不知徐光是不是还在牢狱之中，总之石勒一直没有赦免徐光。现在石勒想与徐光商议征伐事宜，便赦免了徐光，仍让徐光担任记室参军，并命人立即将徐光召来。

徐光到来之后，石勒对徐光说道："刘曜乘着高候原一战而获胜的气势，围困了洛阳的石生，即使平庸之辈也会认为他锐不可当。然而刘曜带领十万兵马，攻打一个金墉城整整一百天都没有攻克，兵马已经非常疲惫，士气必将受挫。如果我们凭借初战的锋芒，可以一战获胜。如果洛阳失守，刘曜必率大军向东推进，席卷黄河以北之地，孤多年成就的大业必将毁于一旦。程遐等人不赞同孤亲征洛阳，参军以为如何？"

徐光答道："刘曜乘着高候原一战而胜的气势却没有进逼襄国，而去攻打洛阳的金墉城，这表明他的能力不及。刘曜的兵马在外作战多时，早已挫动气势，大王一旦亲征，刘曜的将士必定闻风而逃。大王此战名为援救洛阳，实乃平定天下，大王欲得天下，就在此一举。眼前之机，正是上天所给予，上天给予，而大王不取，必将导致灾难。"

石勒听后笑了起来，说道："参军所言极是！"

石勒见赞同出征的只有徐光，心中仍不放心，决定再去问问高僧佛图澄。佛图澄精通佛法，而且能掐会算，石勒当然想听听他的看法。

当石勒来到佛图澄居住之处时，佛图澄正用麻油与胭脂混在一起，放在手掌中磨研。片刻之后，佛图澄停止磨研，将两手分开，手心中呈现明亮的光辉。佛图澄再让一名已经斋戒七天的童子举目观看。童子惊奇地叫道："我看到很多兵马，中有一人，高大白皙，却被红丝捆住双肘。"

石勒当然不解其中之意，忙问佛图澄主何吉凶。

十三、石勒刘曜，决战洛阳

佛图澄说道:"老僧听到相轮铃音说,秀支替戾冈,仆谷劬(读音如渠)秃当。此言乃是羯语,大王定能明白其中含义。秀支是指军队,替戾冈意为出动,仆谷是刘曜在胡人中的官位,劬秃当意为擒获。这两句羯语意思是大王军队一旦出动,刘曜必被擒获。刚才童子所见被捆之人,正是刘曜。"

石勒听后,非常高兴。石勒下定决心,准备亲征洛阳。

石勒先下令王宫内外戒严,如果有谁还敢劝谏的,定斩不赦!

石勒开始部署出征事宜。石勒令中山公石虎率部进军荥阳郡的石门(今河南省荥阳市西北),石聪、石堪、豫州刺史桃豹各率所部兵马即刻出发,到荥阳会师。石勒亲率步骑兵四万,以石虎之子石遂为中督军,从襄国出发奔赴荥阳。参军徐光与石勒同行。

不久,石勒大军南下近五百里,到达黄河渡口——大堨(今河南省延津县北)。当时正是冬季,寒风猛烈,黄河河面上已有碎冰顺流而下。石勒正为渡河而犯愁之时,探马来报,黄河河面冰凌开始融化,寒风变微风。石勒大喜,传令所部兵马开始渡河。四万兵马顺利渡过黄河后,黄河河面流冰又现,寒风刺骨。石勒以为神助,便将此渡口命名为灵津渡。

大军渡过黄河,兵锋向西直指洛阳。行进途中,石勒对徐光说道:"刘曜派重兵把守成皋关(今河南省荥阳市西北汜水镇),是上策。沿洛水布阵,构筑营垒,是中策。坐守洛阳,是为下策,只有被擒。"

十二月初一,后赵国各路兵马在河南郡成皋县完成集结,步兵六万,骑兵二万七千。石勒发现汉赵国在成皋关并无一兵一卒,欣喜异常。石勒举手指天,又用手指指自己的额头,掩盖不住内心的喜悦,说道:"天意啊!"

石勒传令众将士,卷甲衔木,从小道行进。大军很快从巩县(今河南省巩义市)与訾(读音如资)县(今河南省巩义市西)之间的小道轻装快速穿过,离洛阳不足百里。

第四章 二赵相争

石勒听说刘曜将十万兵马部署在洛阳城西,洛水一带只有少量巡逻士兵,大喜。石勒对左右将领说道:"你们可以向孤祝贺了。"

石勒开始部署攻打洛阳城的方案,令中山公石虎率三万名步兵,从城北向西行进,攻打刘曜的中军;石聪、石堪等将各率八千名精锐骑兵从城西向北行进,攻打刘曜的前锋,在西阳门展开激战;石勒自率四万步骑兵在宣阳门攻城。

汉赵国皇帝刘曜围攻金墉城三个多月,不仅未能攻下金墉城,而且没有想到后赵国会派重兵前来解救洛阳。刘曜不爱护士兵,每天只与他宠爱的大臣、将领们饮酒博戏。左右有人进谏,劝刘曜妥加布防,刘曜认为妖言惑众,将进谏之人杀掉。不久,大风拔树,一片昏暗,探马报说石虎率部已抵石门,石勒大军已渡黄河,刘曜这才与众将领商讨增加荥阳的防守,堵住黄马关。

刘曜的命令才传下去不久,又报洛水岸边的侦察士兵与石勒前锋兵马交战,抓到一名羯族士兵。刘曜命人将这名羯族士兵押了过来,刘曜问道:"大胡亲自来了吗?有多少兵马?"

羯族士兵答道:"大胡亲自来了,兵马众多强盛不可挡。"

刘曜听后,确信后赵国不仅派重兵来援洛阳,而且石勒亲自来了。刘曜的脸色一下子变了,传令解除金墉城之围,将十万兵马沿洛河西岸布阵,南北连营十余里。

十二月初五,二赵洛阳决战开始。石勒穿上甲胄亲率四万步骑兵从宣阳门攻入,直取太极前殿,再从洛阳城西边的阊阖门杀出。这时,石聪、石堪在洛阳城西门外与刘曜的前锋展开激战。石勒所部出了阊阖门,与石聪、石堪对刘曜的前锋兵马形成两面夹击之势,刘曜的前锋兵马不敌大败。

刘曜决定亲自上阵对敌。刘曜向来喜爱饮酒,年纪大了更为喜爱,就要上阵了,刘曜令左右取来数斗酒,片刻饮尽。左右再牵来刘曜平时所骑赤马,高大肥胖的刘曜猛跨赤马,赤马无故低首蜷足不起。刘曜只好改乘一匹小马,跨上小马后,刘曜又饮酒一斗多。

十三、石勒刘曜,决战洛阳

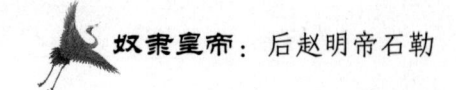

不多时，刘曜到达西阳门，传令兵马向平坦处移动，重整阵型。石堪利用刘曜兵马重新部署之机，向刘曜发起猛烈攻击。刘曜兵马队形随即大乱，刘曜所乘小马受惊往后逃奔。此时的刘曜昏醉沉沉，任由小马向石渠奔去。到达石渠后，小马突然跌倒，刘曜被摔在冰面之上，刘曜受伤十余处，三处伤及内部，石堪追至，将刘曜擒获。

石勒大获全胜，杀死汉赵国士兵五万余人。石勒传令道："孤征洛阳，要擒获的，只刘曜一人而已。现已擒获刘曜，传令各将领，停止追击杀戮，给残兵败将一条逃生之路吧。"

第四章 二赵相争

十四、进入长安，占领雍州

石堪将刘曜押到石勒的面前。

石勒见到刘曜，并不言语。刘曜看着石勒，问道："石王，还记得十八年前的重门之盟吗？"

石勒会如何回答刘曜呢？石勒照例将这件事交给参军徐光。石勒于是转身对一旁的徐光说道："你来回答他。"

徐光已经不止一次替石勒做这样的事了。第一次面对被俘的幽州刺史王浚，以及第二次面对被俘的冀州刺史邵续，徐光都说了长长的话。那么徐光这一次会说些什么呢？

徐光对刘曜答道："今日之事，出于天意，还有什么可说的呢？"

石勒下令将刘曜幽禁在河南郡丞的官署里，又派金疮医李永给刘曜治伤。

东晋成帝咸和三年（328）十二月十一日，石勒任命司州刺史石生为卫大将军，仍驻守洛阳，接着传令班师返回襄国。

由于刘曜伤势严重，石勒准许他乘坐马车，李永与其同车，随时照应。石勒派征东将军石邃负责护送刘曜，正在这时，北苑市三老孙机求见石勒，请求见一见刘曜，石勒准许。

孙机带着酒来到刘曜的马车前，边敬酒边对刘曜说道："仆谷王，关西的百姓称你为皇帝，你应当慎重出兵，保卫疆土。没想到你轻率用兵，以致兵败洛阳，你的国运已尽，岂非天意？请让我敬你一

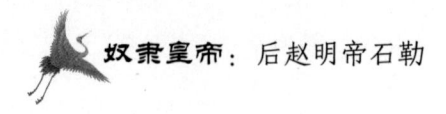

杯酒吧。"

刘曜回道："你怎么那么健康，请让朕为你敬杯酒吧。"

一旁的石勒听后，感到凄然，但随即面容严肃地说道："亡国之人，足以让老人数落他。"

十二月二十五日，石勒回到襄国。

石勒将刘曜安顿在永丰小城，还给他一些歌妓小妾，派人严加看守。当日，石勒还令三年前被俘的汉赵国中山王刘岳、刘震等人乘坐马车，带着家人，衣冠齐整，前来看望刘曜。刘曜见到刘岳等人三年来并无大碍，叹息道："朕以为你们早成灰土，没想到石王仁厚，保全你们到今天，而朕却杀了他的将领石佗。今日之祸，是对朕的报应。"

刘曜将刘岳等人留在永丰小城，宴饮一整天，才让他们离开。

石勒让刘曜给他的太子刘熙写信，劝刘熙向后赵国投降。刘曜不想就此投降。刘曜于是写了这样的信："太子当与各位大臣匡复国家，不要因朕之被俘而改变主意。"石勒得知后非常生气，不久便将刘曜杀害。

东晋成帝咸和四年（329）二月，刘曜被俘虏的消息才传到汉赵国都城长安。皇太子刘熙非常惊恐，连忙与兄长南阳王刘胤等人商议对策。

刘熙、刘胤及太尉汝南王刘咸提出撤离长安，将都城迁往秦州的上邽（今甘肃省天水市）。尚书胡勋劝谏道："如今虽然失去国君，国家尚且完整。再说将士同心，无人叛离，完全可以抵御敌人。如果抵挡不了，再西迁不迟。"

刘胤听了此言，认为胡勋妖言惑众，扰乱军心。刘胤大怒异常，立即下令将胡勋杀掉。文武百官无人再敢劝阻。汉赵国便在太子刘熙与南阳王刘胤的带领下西迁，百官纷纷跟随，关中一时大乱。

刘熙、刘胤等人离开长安，将领蒋英与辛恕集结数十万人，占领长安，派人向石勒投降。蒋英与辛恕还请石勒派人前来接应。于是，石勒派司州刺史石生率领所部兵马从洛阳前往长安。

　　长安被后赵国占领，雍州也就丢了，汉赵国只剩下一个秦州。太子刘熙与兄长刘胤对此一定不甘心，兄弟二人当然想把长安收复。半年之后，刘胤重整兵马，向长安发起进攻。

十四、进入长安，占领雍州

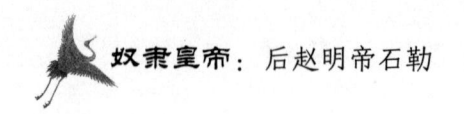

十五、攻取上邽，消灭汉赵

东晋成帝咸和四年（329）八月，汉赵国南阳王刘胤率领数万兵马向长安杀来。刘胤的行动，得到秦州的武都郡、雍州的安定郡、新平郡、北地郡、扶风郡、始平郡等六个郡的胡人、汉人的响应，声势非常浩大。刘胤很快便挺进到仲桥（今陕西省礼泉县），离长安只有一百里。

消息传到长安，石生自知兵马不足，决定固守城池待援。

石生当初从洛阳来到长安，所带兵马有限。向后赵国投降的蒋英、辛恕的兵马虽多，但由于是临时聚集，不过是乌合之众，战斗力并不强。再者，刘胤来攻，蒋英、辛恕还有倒戈的可能。

石勒很快也得到刘胤来攻长安的消息，石勒知道石生兵力不足，赶紧派兵前往增援。石勒会派谁前往长安呢？这一战，很可能是后赵国与汉赵国的最后一战，石勒要抓住这一机会，一举将汉赵国消灭。这么重要的一战，石勒仍没有想御驾亲征。石勒将这个重要的任务交给了侄儿石虎。是的，关键时刻，石勒总是会想到石虎。

路途遥远，军情紧急，石勒派给石虎两万名骑兵。

石虎率领两万名骑兵昼夜兼程赶往长安时，刘胤并未向长安城发起攻击。长安城里的蒋英、辛恕二将看到石虎来援，也不敢生出二心。刘胤已经失去了攻打长安的最佳时机，逐渐由主动变成了被动。

刘胤听说石虎前来，更是不敢向长安城发起进攻。刘胤甚至非常害怕石虎，竟然下令撤回秦州。石虎当然不会放过刘胤，立即率部追击。刘胤一时慌不择路，竟然一路向西北方向撤去。

九月，石虎在一个叫义渠（今甘肃省庆阳市西峰区）的地方追上刘胤。义渠一战，又是一场恶战。刘胤虽有数万兵马，数量上优于石虎，但石虎骑兵勇猛异常，再加上数月前洛阳决战的气势，因而个个奋勇争先，刘胤的士兵很快被冲乱阵脚。

刘胤不敌石虎，赶紧往上邽方向撤退。石虎乘胜追击，一路上汉赵国被杀士兵的尸体排列长达千里。史书上说有千里长，多少有些夸张，但被杀的士兵一定很多。这一战，汉赵国最后的兵力便为之丧失。

刘胤逃回了上邽城，石虎带领骑兵也追到了上邽城下。此时的汉赵国，虽然太子、亲王、臣属都在，但已无可战之兵，上邽城只能坐等被攻了。

上邽城很快便被石虎攻破，皇太子刘熙、大司马南阳王刘胤、太尉汝南王刘咸、太宰刘雅、太傅呼延晏、太保刘昶、大司空卜泰、大司徒河间王刘述等将相诸王及公侯以下共三千余人全部被俘。石虎下令将被俘的三千余人全部杀掉，一个不留。

史书上说石虎将三千余人全部杀掉，当然包括汉赵国的皇家人员。其实有一个人没有被石虎杀掉，那就是刘曜的女儿，也就是汉赵国的公主。这位公主，当年只有12岁，是石虎的随军将领张豺找来献给石虎的，石虎便将这位公主收为妾。

汉赵国至此灭亡，前后历时25年、五位帝王。

石虎将汉赵国文武官员、关东流民、秦州雍州大族九千余人迁往襄国，再派主簿赵封将汉赵国的传国玉玺、金玺、太子玉玺各一枚送往襄国，交给石勒。秦州境内的氐族首领蒲洪、羌族酋长姚弋仲也向石虎归降，石虎上书推荐蒲洪为监六夷军事，姚弋仲为六夷左都督，把氐、羌部落十五万篷帐迁到司州、冀州境内。石虎留下将领临深带领一部兵马驻屯上邽，镇守秦州，自率余部兵马回师襄

十五、攻取上邽，消灭汉赵

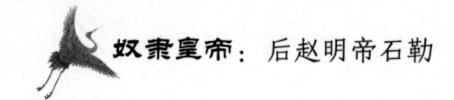

国。石虎经过洛阳时，还将匈奴五部贵族屠各部五千余人坑杀，以防匈奴族起兵叛乱。

　　汉赵国的传国玉玺便是当年从洛阳城西晋皇帝那里夺来的，这可是正宗的传国玉玺。由于玉玺一直在汉赵国以及后赵国，东晋的皇帝便被称为"白板天子"。现在传国玉玺到了襄国，赵王石勒便要考虑称帝事宜了。

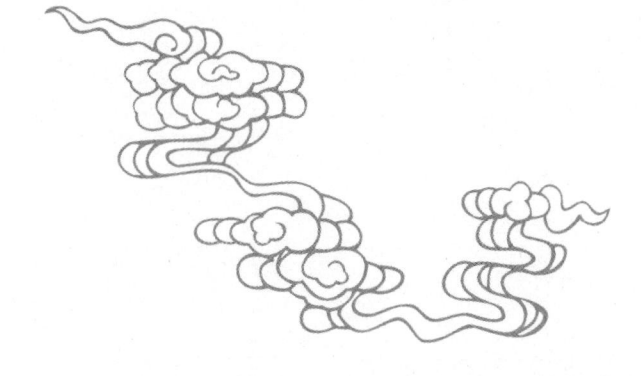

第五章　称雄北方

第五章 称雄北方

一、代国归附，石勒称帝

石勒消灭了汉赵国，他的后赵国领地增加了两个州，即雍州与秦州。当时的华夏大地，后赵、东晋、成汉、前凉四国并存。后赵国完全占领幽、并、冀、青、兖、豫、徐、司、雍、秦十州，还占据东晋的扬州、荆州部分郡县。东晋拥有扬州、荆州、宁州、广州与交州。成汉国拥有益州与梁州。张骏占据凉州，形同独立王国，史称前凉。慕容鲜卑割据平州，还宣称效忠东晋，离称王建国也为期不远。西晋时期的十九州，被四个国家与慕容鲜卑分食，其中后赵国领地最大，又在中原，实力最强。

北方四大鲜卑中，只有慕容鲜卑没有归附后赵国，而段氏鲜卑、宇文鲜卑已经向后赵国归附，只是拓跋鲜卑还有些不一样。拓跋鲜卑曾经归附过后赵国，但后来又不再归附，这要从十多年前讲起。

公元316年三月，代国发生政变，拓跋六修杀害其父、代王拓跋猗卢，拓跋猗卢侄子拓跋普根又杀了拓跋六修，自立为代王。四月，拓跋普根去世，其子刚出世不久，拓跋普根的母亲惟氏便扶立这个孙子为代王。十二月，这个小代王又去世，族人又拥立拓跋猗卢的侄子拓跋郁律为代王。惟氏忌惮拓跋郁律，便于公元321年十二月谋害了拓跋郁律。拓跋郁律的儿子拓跋什翼犍尚在襁褓之中，其母王氏将其藏在裤子里，还祷告道："如果上天要你活下去，你就不要啼哭。"拓跋什翼犍真的没有哭，便逃过一劫。

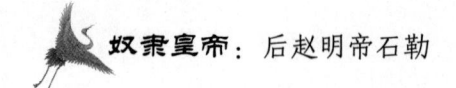

惟氏又立其子拓跋贺傉（读音如怒）为代王，并派使前往后赵国联络修好，后赵国称代国使节为女国的使节。公元325年十二月，拓跋贺傉去世，其弟拓跋纥那继位。公元327年十二月，后赵国派石虎攻打拓跋纥那，史书并未记载原因，很可能是拓跋纥那继位后，不再向后赵国归附，才引起后赵国的讨伐。

东晋成帝咸和四年（329）十二月，代国再次发生政变，住在贺兰部（今内蒙古阴山之北）的拓跋郁律之子拓跋翳槐被拥立为代王，原代王拓跋纥那投奔宇文鲜卑。拓跋翳槐决定与后赵国和解，还送其弟拓跋什翼犍到襄国做人质。石勒命人将拓跋什翼犍妥善安顿。拓跋什翼犍当时只有10岁，在后赵国为质达十年之久。

随着汉赵国的灭亡、代国的归附，后赵国的领地已经非常之大。后赵国文武百官认为石勒的功业已隆，而且祥瑞荟萃，纷纷上疏劝进。石虎等人还奉上皇帝的印玺绶带，请石勒上皇帝尊号。

石勒会接受劝进吗？十年前，石勒与汉赵国皇帝刘曜决裂时，众文武就曾劝石勒称帝，石勒左让右让，才勉强称王。现在汉赵国已经被消灭，石勒是不是就当仁不让了呢？

石勒还是要让。石勒没有接受石虎等人的劝进。

东晋成帝咸和五年（330）二月，群臣再次请求石勒称帝，石勒这一次终于接受。然而石勒还是没有一步到位，决定只称大赵天王，行皇帝事。当了天王、行皇帝事，就相当于是皇帝，就要给祖宗追封，给家人晋封，给群臣加官晋爵。

石勒先给祖宗追封，尊祖父石邪为宣王，父亲石周为元王。石勒再为家人册封加官：王后刘氏为天王后；世子石弘为太子；子石宏为骠骑大将军、都督中外诸军事、大单于，封秦王；小儿子石恢为辅国将军，封南阳王。

石勒当然不会忘记为其立下汗马功劳的侄儿石虎，以及几位养子，也为他们加官晋爵：石虎为太尉、守尚书令，封中山王；石生为河东王；石堪为彭城王；石勒给石虎的几个儿子也加官晋爵：石邃为冀州刺史，封齐王，加散骑常侍、武卫将军；石宣为左将军；石斌封太原王；石挺为侍中，封梁王。

石勒再任命百官：左长史郭敖为尚书左仆射；右长史程遐为尚书右仆射、兼吏部尚书；左司马夔安、右司马郭殷、从事中郎李凤、前郎中令裴宪为尚书；参军徐光为中书令、兼秘书监。石勒又封二十一人为开国郡公，二十四人为侯，二十六人为县公，二十二人为县侯，其余文官武将各有不同封授。

石勒此次任命中有八公官职，但只任命了八公当中的太尉一职。八公是指太师、太傅、太保、太尉、司徒、司空、大将军及大司马。石勒此次还任命了八座官职，即尚书令、尚书左仆射、尚书右仆射及五位尚书。随着三公九卿官制向三省六部官制过渡，八公虽然享有最高俸禄，但并无实际权力，掌管国家政权的是八座。石虎不仅是八公，还当了八座的首官，显然地位与众不同。

石勒对国家大事十分重视，也很勤政，曾颁下诏书称："从今天起，如遇疑难大事，八坐高官及委丞郎共到东堂，认真审查议定。如有军队、国家重要事务需要禀报，可以由尚书令、仆射入宫陈述，寒暑黑夜都可。"

石勒称天王大封群臣，同为石勒养子的石聪未能封王，而石生、石堪均被封王。石生封王当在意料之中，石堪封王也许与其擒获刘曜有关。石聪没有被封王，也许没有怨言，但有一个人即使封了王，也非常不满，那就是石虎。石虎倒不是对晋封中山王不满，而是对大单于一职授予石宏不满。

朝会结束后，石虎回到府中，对其子石邃愤然说道："主上自从定都襄国以来，我对他的旨意恭敬不二。主上在襄国养尊处优，而用我的身体去抵挡流矢飞石。十八年间，我南擒刘岳、北逐索头、东平齐鲁、西定秦雍，攻伐消灭了十三个州，成就赵国大业的功臣应当是我。主上应当把大单于的位置给我，现在却给了石宏那个年幼小儿。想到这里，我就寝食难安。等到主上百年之后，一个种

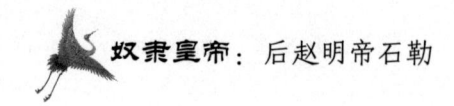

也不给他留下！"

后赵国的江山，石虎确实打下很多。石虎所说的十三个州，可能包括没有全部占领的扬州、荆州、凉州等。然而，石虎虽然功居第一，也不能说这十三个州全部是他一个人打下的，石生、石堪、石聪、石佗、石瞻等人也有功劳。石勒虽然没有亲自去打这么多个州，但坐镇襄国，运筹帷幄，统驭诸将，也是要有非凡的本领的。再说，石勒也并非一直在襄国养尊处优，幽州、并州便是石勒亲自带兵夺取的，而二赵洛阳决战时，石勒更是亲自到场。

石勒虽然当了天王，但群臣仍不死心。

九月，在群臣的一再劝进下，石勒终于正式即皇帝位，改元建平，大赦境内。石勒先追尊高祖为顺皇、曾祖为威皇、祖父为宣皇、父亲为世宗元皇帝、母亲为元昭皇太后，再册立刘氏为皇后、石弘为皇太子，文武百官也各依等级擢升。

二、南攻东晋，西使凉州

石勒称天王不久，尚书右仆射程遐进言道："现今天下大体安定，陛下应当改变治国方略，鼓励忠贞，惩罚叛逆。陛下自起兵以来，遇有忠于君王之人，必定加以褒扬，而对背叛君王之人，一定会予以诛杀，天下百姓，因之归心。祖约于一年前归降赵国，对这样曾经抵抗赵国，又背叛其之人，竟在襄国好端端地活着，臣实不解。"

安西大将军姚弋仲也劝石勒将祖约杀掉。于是，石勒下旨逮捕祖约，连同其内外亲属、族人共一百余口男人全部诛杀，而将祖约的妻妾、女儿分赏给胡人中的高级官员。

已在后赵国官至左卫大将军的匈奴人王安，曾在祖逖身边任职，得到过祖逖的厚待。王安听说石勒要杀祖氏全族，叹道："岂能让祖逖无后？"

王安来到刑场，看到祖逖的庶子祖道重年方10岁左右，与族人一起被缚待刑。王安赶紧疏通刑场官吏，将祖道重救出。王安又将祖道重带至家中藏匿，后再将祖道重送至寺院之中，隐姓埋名。21年后，祖道重方才重返江南，投奔东晋。

史书上说祖约因为背叛自己的朝廷而被石勒杀掉。祖约背叛的当然是东晋朝廷，当年他的兄长祖逖肩负北伐重任，曾一直向北推进到黄河岸边，让后赵国无力南侵。祖逖病逝后，祖约接管了兄长的兵马，继续与后赵国对抗。然而祖约的能力不及祖逖，最后被后赵国将

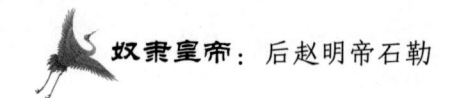

领逼退到扬州的淮南郡境内，直到丢掉淮南而继续南撤。祖约最后又被东晋朝廷的兵马击败，而投奔后赵国。纵观祖约的所作所为，与其兄长祖逖真是天壤之别。

石勒消灭了汉赵国，先称天王又称帝，下面会向何处用兵呢？

石勒没有满足现有的领地，他还要继续开疆拓土。石勒想继续攻打东晋，甚至想消灭东晋。当时，后赵国领地已经深入到东晋的扬州、荆州境内，但石勒并没有命令二州前线将领继续南进。石勒另有攻打东晋的策略。

这个策略，可以说是一个很特别的策略。

石勒想从海路南下，攻打东晋都城的后方。多年来，后赵国一直从陆路正面攻打东晋，从未想到从海路攻打东晋的后方。史书并没有详细记载是何人所提的这个策略，也许是青州刺史刘徵。刘徵是石勒的"十八骑"之一，在青州为任刺史已有七个年头。

石勒称天王不久，刘徵便率大船从大海南下了。

公元330年五月，刘徵在扬州东部海边攻掠。南沙县（今江苏省常熟市西北）都尉许儒带领人马抵挡，不敌刘徵被杀。刘徵此次从海路南征，未能取得大的战果，便率部北返了。

石勒不仅关注南方，也关注北方。北方只有凉、平二州没有攻下，石勒想先解决凉州，因为凉州的张骏并不安分。

说到张骏，早不出兵、迟不出兵，却在汉赵国被灭之后才出兵。如果二赵洛阳决战前，张骏出兵攻打汉赵国，汉赵国皇帝刘曜说不定会放弃洛阳，回师长安，也就不会有二赵洛阳决战的事了。如果二赵决战洛阳之际，张骏趁机出兵抢夺汉赵国领地，说不定刘曜也会放弃决战而西撤。总之，如果张骏早点出兵，说不定就会救了汉赵国。

汉赵国被消灭了，张骏反而出兵了。就在后赵国将领刘徵攻打东晋之时，张骏派兵南渡黄河，收复了金城郡（今甘肃省兰州市），还将兵马推进到秦州南安郡的狄道县（今甘肃省临洮县）境内。张骏在洮水沿岸设立五个屯，每个屯都有护军，他想以洮水来防御后赵国。

金城郡虽在黄河南边，但本来就属于凉州，也就是所谓的河南地。金城郡是三年前被汉赵国抢走的，现在被张骏收复，也许正常。然而，张骏不只是想维持凉州的完整，他还将兵马深入到秦州境内。对于张骏的行为，石勒会做怎样的反应呢？

石勒想不战而屈人之兵。

石勒任命孟毅为大鸿胪，令孟毅出使凉州，任命张骏为征西大将军、凉州牧、加九锡。石勒想通过此举来感化张骏，最终使得张骏称臣归附。

孟毅离开襄国不久，有一个部族主动前来归附后赵国。这个部族叫丁零部，世居康居王国（中亚地区）。丁零部人在酋长翟斌的带领下来到中原。翟斌还亲自到襄国朝见石勒。石勒大喜，封翟斌为句町王，准许其在后赵国境内居住。

丁零部主动前来归附后赵国，而张骏却不愿做后赵国的臣属。当石勒的使者孟毅到达凉州的治所姑臧（今甘肃省武威市）时，张骏将他扣留，不让他返回后赵国。后赵国的都城襄国，离凉州的治所姑臧，路途十分遥远，石勒一时也不知孟毅此行结果。

石勒继续关注前线将领攻打东晋之事。

二、南攻东晋，西使凉州

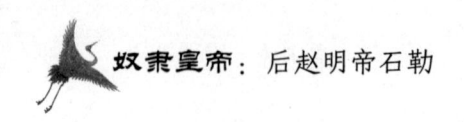

三、计退周抚，夺取襄阳

青州刺史刘徵从海路南征东晋，没有取得大的战果，便率部北返。刘徵此次南征，可能是一种尝试，探探路。如果在刘徵南攻之际，扬州前线的将领再从陆路进攻东晋，让东晋腹背受敌，也许会收到更大的效果。

石勒没有想前后夹击东晋。石勒计划从荆州打开缺口，向东晋发起攻击。而从荆州用兵，自古兵家必争之地襄阳（今湖北省襄阳市）便成了石勒的最佳突破口。

襄阳郡所在的襄阳县城位于汉水之畔，南岸是襄阳城（今湖北省襄阳市襄城区），北岸是樊城（今湖北省襄阳市樊城区），二城隔汉水相望。东晋襄阳守将周抚就驻守在汉水南岸的襄阳城中。

周抚，字道和，庐江寻阳（今江西省九江市）人，西晋梁州刺史周访之子。周抚刚毅有其父之风，但统兵能力不及其父。周抚后来被王敦任命为从事中郎，参与"王敦之乱"。"王敦之乱"被平定后，周抚出逃。后来东晋朝廷赦免王敦余党，周抚也得到赦免。公元326年，东晋司徒王导任命周抚为从事中郎。周抚后来参与平定"苏峻之乱"，于公元329年被任命为南中郎将、监沔北军事，镇守襄阳。周抚到达襄阳后，将兵马屯于汉水南岸的襄阳城，而汉水北岸的樊城没有什么守兵。

石勒将夺取襄阳的任务交给了荆州监军郭敬。郭敬应当就是石勒的那位恩公，当时正与南蛮校尉董幼一同驻屯在荆州最北边的南阳郡（今河南省南阳市）。

石勒对攻打襄阳特别重视，担心郭敬兵马少于周抚而不敌。石勒十分担心郭敬的安危，毕竟郭敬是石勒的恩公，曾在石勒最困难的时候帮助过他。石勒不仅让郭敬带兵，还关注这次作战的具体方案。

石勒想了一个以少胜多而且万全的计策。他派驿马传旨，令郭敬进驻汉水北岸的樊城，与汉水南岸的周抚隔水对峙。

公元330年九月，郭敬将所部兵马推进到汉水北岸的樊城，一路顺利，毫无阻挡。

汉水南岸的东晋守将周抚得知郭敬到达樊城，便派斥候到汉水边打探军情。斥候到了汉水边，就听到汉水北岸后赵国的士兵在喊话："晋国守将听着，你们要好自坚守，七八日后，赵国快骑就会到来，你们将插翅难飞。"

斥候不信，继续打探。

数日后，果然见到后赵国士兵牵着很多战马来到汉水北岸渡口，给战马洗澡。洗完一批，又来一批，日夜不停。东晋的斥候终于相信后赵国的骑兵来了，不然不会有这么多战马。

其实斥候不知，后赵国的骑兵并未到来，这只是一个假象，郭敬用的是循环浴马计，也就是说第二天洗的战马就是前一天的战马。这个计策，正是石勒教给郭敬的。

斥候赶紧向周抚报告，周抚没有识破郭敬的计策。周抚担心敌不过后赵国的骑兵，决定撤离襄阳。周抚这一撤，竟撤了六七百里，一直到达武昌郡（今湖北省鄂州市）境内才驻扎兵马。

郭敬于是率部南渡汉水，占领襄阳。

进入襄阳后，郭敬传令众将领，管好所带士兵，不得抢掠百姓，于是襄阳城内一片安定。驻守在石城（今湖北省钟祥市）的东晋守将魏遐，听说郭敬占领襄阳，就带领部众来到襄阳，向郭敬投降。

郭敬是后赵国将领，而后赵国主要在汉水之北，郭敬认为襄阳城

三、计退周抚，夺取襄阳

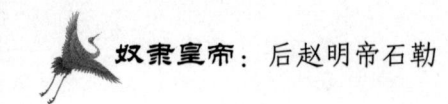

背依汉水，无法坚守。郭敬想在汉水北岸的樊城驻兵，面临汉水防御东晋。郭敬不想让襄阳城得而复失，于是下令将襄阳城城墙拆毁。郭敬还加修樊城，留兵驻守。

石勒得知郭敬占领襄阳，下旨升郭敬为荆州刺史，令郭敬镇守襄阳。而东晋朝廷得知周抚不战而退，丢失襄阳，下旨罢免周抚的官。

四、石生西进，威震凉州

石勒在谋取襄阳之时，使节孟毅被扣留凉州的消息也传到了后赵国都城襄国。史书上没有记载石勒得知这一消息后的反应，可以想象，石勒一定非常生气。张骏当年只有24岁，也太不把石勒放在眼里了。石勒决定寻找机会教训一下张骏，一定要让张骏这小子前来称臣纳贡。

不久，机会就从秦州刺史临深这里传来了。

临深原为王弥堂弟王桑的长史。公元312年四月，赵固、王桑听说王弥被石勒杀害，担心也被吞并，便准备回到汉赵国的都城平阳。在硗碛津西渡黄河时，王桑担心受到魏郡太守刘演的截击，便将临深送给刘演的叔父、并州刺史刘琨做人质。六月，赵固、王桑到达怀县，又想重归汉赵国，而临深与另一将领牟穆却带领一万人投奔刘演。七月，石勒从葛陂北上经过邺城时，临深、牟穆又向石勒投降。石勒让临深担任参军，后又出任渤海郡太守。后赵国消灭汉赵国后，临深镇守上邽，出任秦州刺史，成为后赵国的边疆大吏。

东晋成帝咸和五年（330）九月，桑城（今甘肃省临洮县南）境内的休屠王石羌（《晋书》上叫王羌）宣称脱离后赵国，向东晋归降。桑城在秦州西边的陇西郡境内，离秦州的治所上邽城四百多里。

临深得到这个消息，马上决定派兵讨伐石羌。

临深当时只有州府之兵，数量不多，但临深仍然派长史管光率领

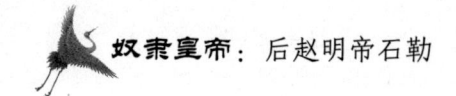

这支兵马先行攻打石羌，同时派人前往襄国，向石勒奏报。

由于路途遥远，管光到达桑城时，本来就为数不多的兵马已经非常疲惫。石羌的兵马可以说是以逸待劳。两军刚一交战，管光便遭到失败。管光这一败可不得了，秦州陇西郡一带氐、羌部落听闻后，竟纷纷叛离后赵国，陇西一带一时大乱。管光连忙派人快马加鞭，返回上邽向刺史临深禀报。

临深得到消息，马上向襄国城中的石勒奏报。石勒当时在考虑向秦凉边境用兵之事，一来已经收到临深奏报，说石羌背叛；二来也想趁机给凉州的张骏施加压力，看看张骏有何反应。石勒命令镇守在长安的河东王石生率部西进秦州。

当临深得知管光战败的消息时，石生已经进驻陇城（今甘肃省张家川回族自治县），离临深驻守的上邽城只有一百余里。史书上并没有讲石生与临深是否谋面商讨，但可以想象，二人一定有所联络，管光战败的消息也一定传到石生那里。石生也觉得石羌兵马太强，而且自己又是远道奔袭，担心胜算不足。

石生到底是久经沙场的将领，决定计取石羌。

石生得知，休屠王石羌有个堂兄弟叫石擢（《晋书》上叫王擢），二人之间有仇，一直不和。石生决定拉拢石擢，以对抗石羌。石生于是派使带着重金前往桑城，悄悄拜见石擢，说河东王石生正率领数万名精兵从长安而来，很快就会到达桑城，希望石擢归降后赵国与石生一同讨伐石羌。使者给石擢送上重金，石擢当即答应愿做石生的内应。

数日后，石生率部抵达桑城，向石羌发起攻击。石擢果然响应石生，一同攻打石羌。石羌大败，带着少数亲信、家人逃往凉州，投奔张骏。石生担心秦州境内夷族再反，于是传令将秦州境内五千余户夷族富豪向东迁到雍州境内。

石羌来到姑臧城，投奔前凉西平公张骏。张骏得知石羌惨败、石生已经到达桑城，离黄河只有一百余里，感到非常害怕。张骏知道自己乘乱抢占河南地，还扣留后赵国的使节，早已得罪了后赵国。张骏此时非常担心石生继续北上攻打凉州。

  张骏思来想去，决定放还后赵国的大鸿胪孟毅，接受后赵国的任命。张骏还派长史马诜与孟毅一同前往后赵国都城襄国，向石勒称臣、进贡。至此，凉州归附后赵国，张骏成了后赵国的凉州牧。

四、石生西进，威震凉州

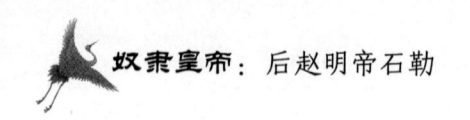

五、接见使臣，三赦境内

张骏的使者马诜到了后赵国的都城襄国。

石勒接见了马诜，马诜带着凉州地方特产，手捧舆图，敬献给石勒。《晋书》中还说马诜护送高昌、于阗、鄯善、大宛的使者一道来见石勒，并都献上地方特产。

石勒对张骏的归附非常高兴，传旨封张骏为武威郡公，凉州诸郡为其食邑，特赦凉州境内死囚。石勒不仅给张骏加封，凉州计吏也有赏赐，计吏都授为郎中，赐绢十匹、绵十斤。

我们不妨回顾一下张骏的官爵。张骏自称是凉州牧、西平公，汉赵国皇帝刘曜曾授予张骏凉州牧、凉王，而石勒给张骏的官爵为凉州牧、武威郡公。刘曜给张骏的爵位是凉王，而石勒没有，在石勒看来，张骏只是后赵国的一位地方官员。

石勒接见张骏的使者，时间大致在公元330年底到331年春。石勒接见西部来使后，接着便接见同样遥远的东北来使。东北的使者是由高句丽王国与肃慎国所派，两国使者都向石勒进献了楛（读音如护）矢。楛矢是用楛木制作的弓箭。石勒也传旨赏赐两国使者财物。

宇文鲜卑的使者也来朝见石勒，向石勒进献名马。

石勒还接见了一个使者，这个使者非同寻常，因为这是东晋一位重要人物所派的使者。这位重要人物就是东晋名将、荆州牧陶侃。

陶侃，字士行，时年73岁，鄱阳（今江西省都昌县）人，后徙居寻阳（今江西省九江市西）。陶侃出身贫寒，曾任县吏、武昌郡太守等职。公元313年，陶侃升任荆州刺史，官至侍中、太尉、都督八州诸军事。陶侃平定陈敏、杜弢、张昌起义，又作为盟主平定了"苏峻之乱"，为稳定东晋政权，立下赫赫战功。

陶侃所派使者为其长史王敷。王敷向石勒进献江南珍宝奇兽，并表达了陶侃与石勒结交的想法。陶侃作为东晋的边疆大吏，结交石勒也许不可信，因为《资治通鉴》上没有记载陶侃派使去见石勒，《晋书·陶侃传》中也无记载，只在《晋书》之《石勒载记》中有载。然而，《晋书·陶侃传》中记载了这样一件事：苏峻的部将冯铁杀了陶侃的儿子陶瞻，最后兵败投奔石勒，石勒任用冯铁为边关守将。陶侃将冯铁的所作所为告知石勒，石勒便将冯铁杀掉。由此可见，陶侃、石勒二人都有彼此结交的想法，可能都有平息边疆战乱的意愿。

石勒见过各地使者，后赵国境内的州史郡守也纷纷呈献方物、奏报祥瑞。秦州刺史临深派人送来白兽、白鹿，荆州刺史郭敬派人送来白雉、白兔。济阴长出连理树，苑乡普降甘霖。

石勒见到国内祥瑞齐现、远方慕仪，心情十分欢畅，颁布诏书道："赦免三年以下囚犯，减免百姓去年所欠租税。从今天起，各类处罚之事，必须全部依照法令。如果因朕愤恨而惩罚，而犯罪者确实功高德博、不宜训斥处罚的，门下省要一一列出呈给朕，以示提醒，朕会思虑再三重新处理。"

石勒带领群臣祭天。石勒行礼刚毕，只见一股白气从神坛直冲云霄，群臣皆称神异。石勒非常高兴，回宫后，立即宣布赦免四年以下囚犯。

第二日，石勒又带领大臣到田间春耕播种。石勒见百姓安居乐业、勤于劳作，荒芜之地都得到了开垦，非常高兴。石勒当即传旨赦免五年以下囚犯，赏赐公卿以下官史金帛各不等。

数日后，天空出现日食，石勒以为上天罚其不明，三日不敢登临正殿议事，令群臣只呈封事。石勒又颁下诏令，州郡之中，凡不符合本朝制度的祠堂都要拆除，那些对百姓有益的，由郡县为其重建新祠，种植嘉树。

五、接见使臣，三赦境内

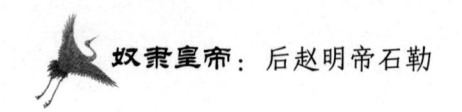

六、海路南下，再袭东晋

石勒的后赵国已经让张骏臣服，但北方还有慕容鲜卑没有臣服。石勒暂且没有考虑去攻打慕容鲜卑，石勒当时只想向东晋用兵，而且目标是东晋的都城建康，看来攻打东晋还是首要任务。

南方其实有两个国家，东边是东晋，西边是成汉国，都与后赵国相邻。成汉国皇帝李雄与石勒同年，这些年也在大力开拓疆土，但只是向东晋夺取领土，主要是南边的宁州与东边的荆州。成汉国与后赵国一直没有冲突，石勒也没有想攻打成汉国。

石勒想攻打东晋，正面战场便是突破淮河防线，或是从荆州的襄阳向南推进。荆州有名将陶侃镇守，从这里突破，难度很大。而突破淮河防线，前面还有长江防线，难度更是不可想象。

石勒的将领仍在尝试从海路袭击扬州。

从海路袭击扬州，实质是攻打东晋的后方，对东晋的都城建康是个很大的威胁，这的确是一个很不错的策略。然而由海路南下，对船只的要求很高，不然就不能运送大量的士兵与粮草。没有大量的士兵与粮草，攻击的力量就不强，就不能对东晋形成有力的打击。

青州刺史刘徵第一次由海路袭击扬州，只攻入南沙县（今江苏省常熟市福山街道）境内，结果只是杀死都尉许儒。南沙县离建康有五六百里，很难对建康构成威胁。然而，有了第一次，就会有第二次、第三次。

公元331年正月，刘徵又一次从海路南下，袭击扬州。刘徵这一次一直深入到扬州的吴郡（今江苏省苏州市）境内。刘徵先袭击了娄县（今江苏省昆山市），接着向北深入到毗陵郡境内的武进县（今江苏省常州市武进区）。

武进县离建康只有两百余里，东晋朝廷不能不感到紧张。东晋朝廷立即派驻防丹徒（今江苏省镇江市）的徐州刺史郗鉴前往阻击刘徵。刘徵未能取胜，只得率部撤退。刘徵第二次从海路攻击扬州，是史书上最后一次提到刘徵。刘徵是不是在第二次海路攻击东晋时战死，或是返回后去世，史书没有明确记载。

一年后，东晋的将领赵胤攻打后赵淮南郡境内的马头城（今安徽省蚌埠市禹会区马城镇），一战而克。后赵国彭城王石堪得到消息后，立即派属将韩雍前往援救。当韩雍赶到马头时，已经来不及了。韩雍于是放弃夺取马头，沿着淮河一路向东进入大海，然后由海路南下，攻略东晋后方。韩雍此次由海路攻击东晋，所到达的也是扬州的南沙县与海虞（今江苏省常熟市）。韩雍此次攻击，俘获东晋五千余人。

从韩雍的策略来看，从海路攻打东晋似乎成了首选。明明是东晋将领正面夺取淮南，后赵国的将领反而从淮河入海，再从海路攻打东晋。看来从扬州正面攻击东晋，已经不被后赵国君臣看好。

后赵国三次从海路攻击东晋，虽然没有取得大的战果，但对东晋来说还是有一定的影响的。东晋后来加强了京口（今江苏省镇江市）的镇守防御，有力地保证了都城建康的安全。后赵国此后再没有从海路攻击东晋，与东晋加强京口的守卫多少有些关系。

后赵国在荆州前线的将领又会如何作战呢？

六、海路南下，再袭东晋

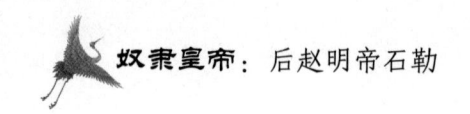

七、郭敬大意，两失襄阳

后赵国荆州刺史郭敬占领襄阳（今湖北省襄阳市）后，将汉水南岸的襄阳城（今湖北省襄阳市襄城区）拆毁，而在汉水北岸的樊城加修城防，派兵驻守。郭敬这样部署，一年半时间平安无事。

公元332年三月，东晋军队进入襄阳，一举收复了襄阳城。当然，这样的城池就是夺了回去也是很难防守的，因为这已是一座被破坏的城池。

郭敬得到消息，自然要夺回襄阳。

四月，郭敬率部南下，赶走东晋兵马，再次占领襄阳城。郭敬此次在襄阳城留下守兵，然后北返。

郭敬没有被动防守，还准备主动向东晋进攻。

半年之后，已经是秋天，郭敬率领士兵到江西一带攻掠。由于史料的缺乏，我们无法得知郭敬此次出兵是不是后赵国皇帝石勒的命令。江西与江东相对，这一带的区域很大，离襄阳也很远，不知郭敬为何要到这么远、这么大的地方去作战？郭敬难道不怕东晋驻守荆州的将领北上夺取襄阳吗？

郭敬离开了襄阳，果然有人趁机派兵前来，想收复襄阳，此人便是荆州牧陶侃。陶侃是东晋太尉，也是东晋名将，当时正驻兵武昌郡的治所武昌县（今湖北省鄂州市）。陶侃马上派南中郎将桓宣与其子平西参军陶斌率领兵马北上，直取襄阳。陶侃又令荆州竟陵郡（今湖北省钟祥市）太守李阳与其侄陶臻率领另一支兵马北上，以为后援。

桓宣十五年前曾是南中郎将王含的参军，曾帮助祖逖说服了谯城的樊雅，多年以后也升任为南中郎将。桓宣接到太尉陶侃的命令后，立即与平西参军陶斌率兵北上。

不多日，桓宣与陶斌到达襄阳，很快就占领汉水南岸的襄阳城。二将接着渡汉水北攻樊城。由于郭敬留守兵马不多，无力抵挡桓宣、陶斌的进攻，樊城很快被攻占，后赵国樊城守兵全部被俘。

桓宣攻陷襄阳，并没有就此驻足，而是继续举兵北上，攻取义阳郡，试图为东晋收复其祖父曾经做过太守的地方。后赵国在义阳郡境内并无多少兵马，桓宣兵马所过之处，无不闻风而降。

郭敬听说襄阳失守，非常惊慌，连忙回兵来救襄阳。郭敬率部到达襄阳时，桓宣、陶斌已经北上攻掠义阳郡。郭敬于是向北追击桓宣、陶斌，最后在涅水（今河南省镇平县南）一带追上桓宣、陶斌。两军混战，桓宣、陶斌大败，郭敬的前锋兵马死伤也非常惨重。桓宣、陶斌放弃所俘兵马南撤，郭敬夺回被俘兵马与辎重。

郭敬想南下追击桓宣、陶斌，同时打算再次占领襄阳。岂料陶侃所派的另一路兵马在李阳、陶臻的带领下也已到达义阳郡境内，而且一战就攻陷了新野县城（今河南省新野县）。郭敬停止南下，放弃攻占襄阳的打算。

陶侃令桓宣镇守在襄阳。桓宣在襄阳招抚百姓，远近之人多来归附。桓宣还劝课农桑，用官府的车马帮助百姓载运农具，亲自到田间耕作，百姓都安心居守襄阳，不再迁移。桓宣在襄阳十二年，直到去世。后赵国曾多次发动进攻，均被桓宣以弱小兵马击退，时人都将桓宣与祖逖相比。

郭敬丢失襄阳之后，史书再未提及郭敬。

七、郭敬大意，两失襄阳

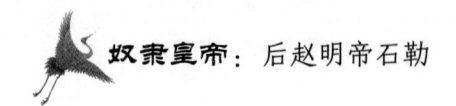

八、修建邺宫，忠臣力谏

东晋成帝咸和六年（331）四月，石勒准备在邺城修建宫殿。

石勒为何要在邺城修建宫殿呢？石勒认为邺城是一个重要的地方。当年石虎刚刚攻占邺城时，石勒就想在邺城修建宅第。后来，石勒让世子石弘镇守邺城时，石弘的舅舅程遐便劝石勒在邺城修建宫殿。时隔五年，石勒又提出在邺城修建宫殿，是想有一天迁都邺城。

然而，石勒想要修建宫殿的想法，被人浇了冷水。

廷尉续咸得知石勒想在邺城修建宫殿，不明白石勒的心情，只知道修建宫殿会劳民伤财。续咸于是立即上书反对。续咸的奏表内容如下：

> 臣闻唐虞之治，采椽茅茨，土阶三尺，美彰于《诗》《书》。汉文惜百金，不营露台，称之于千古。迨夏商之琼台瑶陛，楚章华、秦阿房，资财内竭，华夷外叛。

石勒看到续咸反对，当即大怒道："不杀掉这个老臣，朕的宫殿建不成！"

石勒发起火来，群臣也是十分畏惧的。有一回，石勒去看诸将博戏，他的姐夫广威将军张越言语之中，冒犯了石勒。石勒当场命人将张越的胫骨折断致其而死。尽管张越是石勒的"十八骑"之一，石勒也没有饶恕他。石勒当时还没有称王建国。

现在石勒贵为皇帝,要杀续咸,如果没有人劝,续咸就一定会被杀头。那么会有人敢劝石勒吗?群臣之中,还是有人敢劝的,那就是中书令徐光。徐光对石勒说道:"陛下天姿聪颖睿智,胜过尧舜,现在不听忠臣之言,岂不成了夏桀、商纣?大臣之言如果可以采纳就采纳,如果不能采纳也应当宽容,岂能因大臣直言不讳而诛杀呢?"

石勒听了徐光的话,压住了怒火,叹息道:"唉,作为君主,都不能这样独断行事。朕岂不知续咸之忠?刚才只是戏言罢了。一户人家有了百匹资财,尚且打算购买别宅,何况拥有天下的君王呢?这座宫殿总还是要建的,但现在要暂停兴建,以成续咸之忠,扬忠臣之正气。"

石勒还下旨赏赐续咸一百匹绢与一百斛稻谷。

在邺城修建宫殿的事停下了,石勒不久便在襄国修建了明堂、辟雍、灵台。这三样建筑是国家的必要设施,不同于皇帝的宫殿。明堂是天子理政、百官朝拜的场所,辟雍是尊儒学、行典礼的地方,而灵台则是观测天文的设施。

石勒还颁下诏书,令公卿百僚每年都举荐贤良、方正、直言、秀异、至孝、廉清各一人,还须参加策试,成绩优秀者授为议郎,中等者为中郎,下等者为郎中。不仅如此,被举荐之人还可举荐他人,以示朝廷广开招贤之路。

石勒当然没有忘记在邺城修建他的宫殿,只是一直在等待机会。当年夏天,大雨不止,冀州中山国(今河北省定州市)境内洪水暴发,冲倒大量树木。石勒由此又想到在邺城兴建宫殿一事。石勒在朝会之上对群臣说道:"诸卿知否,这不是天灾,这是上天要朕兴建邺都啊。"

石勒已经不只说是修建宫殿了,而是明确地说要修建邺都,还利用洪水冲树为契机,再提此事。群臣听后都明白石勒再建邺宫的决心,自然也就没有人反对了。石勒于是命令少府任汪、都水使者张渐

八、修建邺宫,忠臣力谏

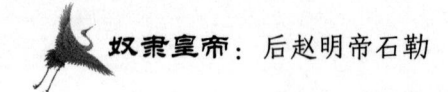

前往邺城，负责邺宫的营建。朝会之后，石勒还亲自将邺宫建设规模告知二人。由此可见石勒对修建邺宫是多么看重。

九月，邺宫终于开始修建。

九、谈古论史，自知之明

在中国历史上的皇帝当中，石勒有两个特别之处。一个是石勒出身低微，还曾沦为奴隶。还有一个是，石勒不识字，但却对史书有着浓厚的兴趣。可是，不识字如何去阅读史书呢？石勒的办法是让文臣读给他听。即使在早期南征北战的军旅之中，石勒也没有停止对史书的听读。

石勒不仅爱听史书，还喜爱评价历史人物，而且非常有见地，群臣无不心悦诚服。有一回听属下读《汉书》，听到郦食其劝刘邦封六国后裔为王，石勒吃惊地打断阅读，插言道："刘邦这样做是要犯错误的，后来是怎么能够得到天下的呢？"当听到属下继续读到张良劝阻刘邦时，石勒舒了一口气，说道："多亏了张良有此一劝。"

石勒喜爱史书，也喜爱评价历史人物，这回竟要评价自己了。

公元332年正月，石勒已经59岁了，当皇帝也快有两年了。这日，高句丽以及宇文屋孤的使者又来到襄国朝见石勒，石勒与文武百官设宴款待两国来使。酒兴正浓时，石勒笑问中书令徐光道："自古开创基业的君主之中，朕可与何人相比？"

徐光答道："陛下神明威武、宏谋大略胜过汉高祖刘邦，雄才绝伦超过魏武帝曹操。自三王以来无人可与陛下相比，可以说仅次于轩辕黄帝。"

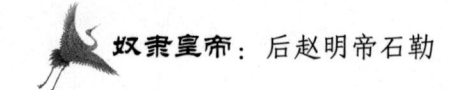

石勒笑道："人岂无自知之明，卿之所言也太过分了。朕如果遇到汉高祖，必当北面而侍奉他，与韩信、彭越并肩齐驱而争为人先。如果遇到光武帝，当一同驰骋于中原，未知鹿死谁手。大丈夫行事要光明磊落，不能像曹操、司马懿父子，欺侮孤儿寡妇，以狐媚手段来篡取天下。朕当在二刘之间，哪能与轩辕黄帝相比呢？"

群臣一齐顿首，高呼万岁圣明。

史书记载的这段故事，主要表明石勒有自知之明，能与谁相比不能与谁相比，石勒非常清楚。至于石勒的功绩是否高于东汉的开国皇帝刘秀，读史之人仁者见仁，智者见智。

且不管石勒的自我评价是否得当，但至少让人看出其内心有一丝满足之感，少了一些进取之心。刘秀怎么说也统一了全国，而石勒当时只是基本占领了北方。当然我们不能以成败论英雄，更不能说石勒称帝后就不再想开疆拓土了。石勒当时虽没有大规模向东晋用兵，但并没有停止征伐。就在当年春天，将领韩雍便沿淮入海，袭击东晋的后方，一直到达扬州的南沙县（今江苏省常熟市福山街道）与海虞（今江苏省常熟市）。当年秋天，荆州刺史郭敬还到江西一带作战，只是没有取得战果，还因此丢掉了襄阳城（今湖北省襄阳市）。

当然，石勒暂且不想大规模对外用兵，让后赵国内的百姓得到休养生息，这也许不是一件坏事。从"八王之乱"开始，到此时已经三十余年，天下乱得也很久了，老百姓早就希望天下安宁，哪怕是片刻的安宁。

天下实在太乱，石勒要想完全统一天下，几乎不太可能，毕竟他已经快60岁了，而且已经奋战了将近三十年。曹操当年奋战了三十年，也无法统一天下，这不是他的能力不足，这是天下尚未具备统一的条件。也许经过一段时间的休整，后赵国实力雄厚之后，才能实现统一天下的大业，这个大任，只能交给后人了。

石勒可能就是这么想的，他决定与东晋修好，实现边境安宁。

第五章 称雄北方

东晋成帝咸和八年（333）正月，年已60的石勒派使前往江东，带着礼物、文书，主动与东晋修好。岂料东晋朝廷焚烧后赵国的礼物、文书，拒不接受修好请求。石勒得知后并没有因此向东晋开战。

石勒这些年，更加注重的是境内的治理。

九、谈古论史，自知之明

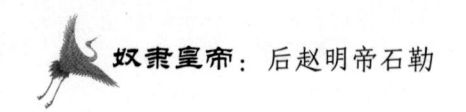

十、治理雹灾，勤政爱民

东晋成帝咸和七年（332）夏天，后赵国境内连降大雨。一天，突然，襄国城上空一声巨雷，建德殿端门、襄国城西门被击而损，五人当场被雷击而死。

石勒得到消息，非常担忧，传令迅速了解各地灾情。

不久，各地灾情传至襄国。此次因多日大雨加巨雷，已经造成多处百姓受灾。多个郡县还广降冰雹，并州的西河、太原、乐平、上党以及冀州的赵郡、巨鹿甚至都城襄国所在的司州广平郡一千余里的田地皆受雹灾，树木折断，庄稼荡然无存。西河郡介休县介山一带冰雹有鸡蛋般大，在平地上堆积了三尺厚，低洼的地方竟然有一丈左右，行人与禽兽死亡近万。

石勒召集群臣到建德殿东堂议事。

石勒问中书令徐光："历代以来，有过几次这样的灾害？"

徐光答道："周、汉、魏、晋各代都有过。其实这样的天灾是自古以来常有之事，但明智的君主不妨采取一些措施，以表达对上天发怒的敬畏之情。去年陛下下旨禁止了寒食节。大家都知道，寒食节是为了纪念介子推的。介子推是春秋晋国的贤臣，后人尊为介子。因介子推割股奉君之壮举，深受世人怀念。介子推死后被葬于介休县绵山，后来晋文公重耳改绵山为介山，并立庙祭祀。介子推也是帝乡之神，很多百姓认为不能忘却介子推，因而不宜禁止寒食节。纵然天下

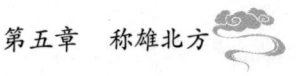

不能同此风俗，介山一带本是晋文公封赏之地，应当准许百姓尊奉介子推。"

石勒听后，也担心禁止寒食节会引起百姓不满，但又担心恢复寒食节也会产生弊端。石勒说道："寒食节虽是朕之家乡并州的旧俗，只因之前有人议论说，介子推是诸侯之臣，君王不应为他立忌日，是故朕听从了这个议论。也许因此导致了这场灾害。介子推已是天地之神，取消祭祀，也不能毫无规矩。责令尚书查阅旧法典，拟定意见奏报于朕。"

不久，有司奏报认为，介子推为历代所尊崇，应当普遍恢复寒食节。此外还要种嘉树，设立祠堂，供给各户祭祀用品。

石勒的黄门郎韦謏（读音如小）反驳道："介子推之前，冰雹从何产生？再者说，介子推乃是贤者，岂能如此施行暴虐呢？此次冰灾乃与筑有冰室且冰室不在严寒之地有关。从《春秋》获知，藏冰有失天道，阴阳错乱、阴气过度便会形成冰雹。因介子推忠诚贤良，准许介山一带百姓尊奉他就可以了，为何一定要遍及天下呢？"

石勒赞同韦謏的说法，下旨将冰室迁到严寒之地，并准许并州恢复寒食节。

史书较为详细地记载了石勒与群臣商讨恢复寒食节的事，主要表明石勒勤政爱民。关于石勒爱民的事，史书上的记载还有很多件，这里不妨再列举几件。

石勒称王立国后不久，黎阳（今河南省浚县）人陈武的妻子一胎生了三男一女。陈武带着妻儿来到襄国，向石勒奏报此事。石勒得知后，特地颁下诏书，称这是天地协调、和谐所致，赐给陈武家一位乳娘，一百石粮食，四十匹杂色丝织品。

春耕之际，石勒选派官员，到各州郡劝课农桑。石勒任命右常侍霍皓为劝课大夫，朱表为典农使者，陆充为典劝都尉，派三人到各州郡巡行，核定户口，劝课农桑。为勉励百姓注重农桑，石勒还给农桑最佳者赐爵为五大夫。

十、治理雹灾，勤政爱民

一些郡县为了多增农田，开始填坟，岂料在填坟时竟将坟中尸骨露于野外，百姓对此非常愤怒。石勒下旨问责那些郡县的官员，对于已经露于野外的尸骨，由所在县负责购买棺木，妥加安葬。

对于谏言，石勒也是能够听取的。

二赵洛阳决战后不久，石勒到冀州各郡县巡行。每到一个郡，石勒就让该郡的内史将本郡的高年、孝悌、力田、文学等各类人士请来相见。石勒根据他们不同的等级，给他们赏赐谷帛。石勒还对州郡牧守传旨道："各地百姓、士人如有不同言论，都不要隐讳，一定要让众人知道朝廷虚怀之心、渴求忠言之望。"

有一次，石勒要到郊外狩猎。主簿程琅劝谏道："刘曜、司马家的刺客，到处都是，如果突然袭击，即使帝王也只能抵挡一人。孙策之祸怎么可以忘记？大王出城，枯木朽株也是隐患，纵马驰骋也要注意安全。"

石勒听后，勃然大怒道："郊外狩猎能有甚隐患？孤的能力足以应对这些事情。你只需注重你的文书之事，不要对孤狩猎说三道四。"

石勒来到郊外，射中一头野兽，野兽带箭而跑。石勒纵马追赶，突然坐骑撞上一棵大树，当场毙命，石勒也跌落在地，差点丧命。石勒这才说道："不听忠臣之劝，方有此灾，这都是孤的错啊。"石勒于是赏赐程琅朝服锦绢，封爵为关内侯。从此，朝会之上，群臣谏言竞相上达。

石勒非常严厉，还特别忌讳"胡"字，但也有例外。

一个羯族人喝醉了酒，骑着马闯进宫殿的止车门。石勒得知此事后，非常生气。石勒将宫门执法官冯翥（读音如驻）传来，责问道："君主制定法令，是希望权威遍行天下。现在竟在皇宫大门之间都不能执行。刚才那个骑马闯进宫门的是什么人？你为何不阻止，为何不禀报？"

冯翥被吓得一时语无伦次，忘记对"胡"字的忌讳，随口答道："刚才那个胡人喝醉了酒，骑着马直奔宫门，我严加呵斥，也进行阻拦，但无法与此人对话。"

石勒听后，竟然没有生气，还笑了起来，说道："胡人本来就是野蛮而无法对话的。"石勒最后没有责怪冯翥。

还有一回，石勒任命参军樊坦为冀州章武郡内史，看到樊坦衣服十分破旧，非常惊讶地问道："樊参军为何如此贫困？"

樊坦诚实纯朴，不假思索地回道："臣的家中近来遭到羯贼抢掠，财物荡然无存。"

石勒笑道："羯贼如此凶恶吗？孤今天当给你赔偿。"

樊坦听后突然想到自己说错了话，要知道石勒作为羯族人，连"胡"字都不能乱说，更何况"羯贼"二字。樊坦马上跪下叩头，流泪谢罪。

石勒笑道："孤的律令是用来防备俗士的，与你这样的老书生无关。"

石勒最后不仅没有责怪樊坦，还赏给樊坦车马、衣服以及三百万钱，将樊坦送到章武郡赴任。

十、治理雹灾，勤政爱民

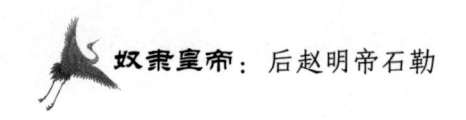

十一、劝说石勒，铲除石虎

太子石弘喜爱儒家经典，喜作诗赋，虚怀爱士，他所亲近之人都具有儒者的品德操行。石勒曾为此感到担忧。一天，石勒对中书令徐光叹息道："大雅品性不似将门之子。"

大雅便是石弘的小名。

徐光说道："汉高祖马上得天下，汉文帝无为治天下。"

石勒听后，非常高兴。

徐光随即又说道："太子仁义孝顺、温良谦恭，而中山王逞雄强暴，多有诈伪。陛下一旦百年，臣恐国家将有危险。陛下应当夺去中山王的威权，让太子早日参与朝政。"石勒虽然赞同这个说法，但没有立即实施。

作为太子石弘的舅舅，尚书右仆射程遐也感到忧虑。程遐看到尚书令、中山王石虎的权势越来越大，感到非常担心，甚至恐惧。

石勒在世的儿子只有三个，即太子石弘、秦王石宏以及南阳王石恢。石弘生性温和，喜爱儒学，不争权力。至于石宏、石恢，年龄尚小，没有战功，无法独当一面。

再看石虎，虽然只有38岁，但战功赫赫，手下将领众多，权倾朝野。不仅如此，石虎的儿子很多，比如石邃、石宣、石韬、石鉴、石苞、石斌、石挺、石琨、石遵等，他们有的参与战事，有的凶猛异常。最为重要的是，石虎生性狡诈、残忍。

程遐想到这里，便寝食难安。程遐尤其对石勒一直没有采取措施而着急。程遐决定再去劝说石勒。

公元332年四月的一天，程遐对石勒说道："中山王的凶悍、权术、谋略，在文武百官之中，无人能及。观其志向，除了陛下，均不放在眼里。中山王多年征战，且多有战功，威震内外。多年的征战，也让中山王手下将士众多，一声号令，无所不从。臣看到中山王几个儿子都已长大，且多参与战事，担任要职。中山王如今可谓权势大不可挡。陛下健在，中山王自不敢有二心，但其内心难服太子。应当尽早铲除中山王，以使陛下大业有继。"

石勒说道："当今天下尚未平定，战乱不止，太子幼弱，需要强有力的辅佐之臣。中山王正是辅佐王命的功臣，朕正要委任他伊尹、霍光那样的重任，中山王的为人岂是你所说的那样。你大概担心到时候不能独擅帝舅之权吧。你放心，到那时，朕也会任命你为顾命大臣，不要过分担忧。"

程遐听后，知道石勒错怪他了，哭道："臣所言完全出自公心，陛下却以私利来拒绝臣，这岂是明君敞开胸怀、容纳谏言的做法？中山王虽为皇太后所抚养，但并非陛下所亲生，不能期望他有父子之义。中山王依仗陛下之神谋，建立微薄之功，陛下只需用恩宠荣耀报答他就可以了。陛下难道不知，魏用司马懿父子，最终皇权旁落。由此可见，中山王难道是值得信赖之人吗？臣因机缘而受到陛下的宠幸，把后辈亲戚托付在后宫，臣不向陛下倾尽忠言，还会有谁如此进言呢？陛下如果不除掉中山王，臣已预见国之不测矣。"

石勒仍然没有接受程遐的劝谏。

程遐哭泣着退出，去找中书令徐光。程遐告诉徐光，石勒将委石虎以伊尹、霍光那样的重任。徐光听后也非常吃惊，对程遐说道："中山王一直把我们二人恨得咬牙切齿，我担心不仅有国危，还将有家祸。我们应当筹划出安国定家的计策，不能坐等祸乱的发生。"徐光决定寻找机会再去劝说石勒。

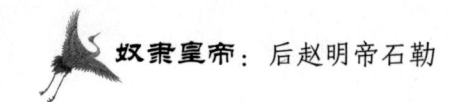

一日，徐光见石勒面有忧色，便趁机问道："陛下占据天下十个州，海内称帝，为何不悦？"

石勒说道："如今晋、成占据吴、蜀之地，天下并未一统，尤其是司马氏仍然占据建康没有灭亡，朕担心后世史官不承认朕之正统。每当想到此，朕心里就感到不悦。"

徐光马上劝道："臣以为陛下所忧的并非是腹心之疾，不必如此多虑。何以言之？魏继承汉朝之天运，成就一代改朝换代的帝王，刘备虽在巴蜀继起，不能说汉朝没有灭亡。孙吴虽横跨江东，并不有损魏之强大。现今陛下拥有洛阳、长安两座都城，成为中原一带的帝王，不是正统，还有谁是正统？江东晋国司马家的儿孙就如同当年孙权之吴国，而成都李雄不正是当年的刘备吗？这些都不是心腹之患。中山王凭借陛下亲授的神略，建有尺寸之功，然其残暴奸诈，见利忘义，根本没有伊尹、霍光那样的忠诚。况且中山王父子爵位显赫，权势压过陛下诸王，仍常有不满之心。近来中山王在东宫参加太子宴会，竟然露出轻视太子的神色。陛下一再纵容中山王，臣恐陛下万年之后，宗庙定会险象环生，这才是心腹之疾，陛下当忧虑之。"

石勒听后默然不语。石勒觉得徐光所言虽然有理，但并不想因此而除掉石虎，毕竟石勒对石虎太信任了。石勒当时或许还存有一种想法，那就是担心石弘不能掌控国家，他在乱世之中建立的赵国会很快夭折，而有了石虎辅佐，他才会安心。

然而经过徐光之劝，石勒也开始担心石虎权力太大，会对石弘形成威胁。石勒终于采取了一些措施，那就是让石弘参与裁决尚书台事务，以削减石虎的权力。石勒还担心石弘不能胜任，便让中常侍严震帮助太子决断，只有征伐、诛杀大事才向石勒呈报。从此，石虎这个尚书令的权势锐减，尚书府门可罗雀，石虎怏怏不快，怀恨在心。

十二、身患重病，石勒去世

东晋成帝咸和八年（333）春夏之交，天气转暖，石勒带领群臣来到邺城，察看正在修建中的宫殿。邺城作为陪都，各类宫殿已经修建了近两年，工程即将结束，石勒看后非常满意。

石勒又来到中山王石虎镇守邺城时所居住的府第。石勒看到石虎的府第陈旧，也非常矮小，便安慰石虎道："等宫殿建成后，就为你重新修建府第，切勿以眼前的低矮而心中不快。"

石虎听后，连忙免冠行礼拜谢。

石勒笑道："朕与中山王共有天下，何谢之有？"

石勒在邺城时，天空出异象。有一颗流星，大如巨象，自北向南，尾足呈蛇形，坠入黄河，九百里之内都能听到声响。不多时，石勒就听到奏报，说邺城一口井中出现黑龙。石勒大喜，就在邺城朝见群臣。

回到襄国后，石勒患病了，但并没有疏于国政。

石勒要求各郡设立学官，每郡置博士祭酒二人，弟子一百五十人，经过三次考试修成学业的，大力提拔至台府任职。石勒又在太学生中擢升五人为佐著作郎，负责记录时事要务。

当时境内出现大旱，石勒担心执法不公，亲自来到廷尉处，了解审讯囚徒情况。对于五年以下刑期的都从轻判决遣送回家，特别严重的，赐其酒食并让其沐浴，等秋后再论是否要斩。石勒回到宫中时，

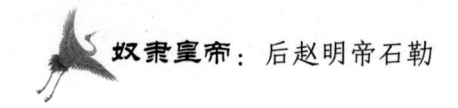

天降及时雨。

五月，石勒病情开始加重。石勒召中山王石虎与太子石弘、中常侍严震到宫中侍候。石虎假传圣旨，将石弘、严震以及百官挡在宫门之外。石虎亲自侍奉汤药，石勒的病情只有石虎一人知晓。

石虎又假传圣旨，将在外镇守的石宏、石堪召回。

秦王石宏是石勒的第三子，自石弘任太子后，就代替石弘镇守邺城。彭城王石堪作为石勒的养子，深得石勒信任，当时正领兵镇守在外。

石宏、石堪回到襄国后，入宫拜见石勒，石勒这一天病情有了好转，石虎只好让石宏、石堪朝见。石勒见到二人，大吃一惊，问道："秦王为何回到襄国？朕派诸王驻守各地，正是为了防备有朝一日朕之不测。是你自己回来的，还是有人召你回来？召你回来之人应当处死！"

一旁的石虎听后非常害怕，马上说道："秦王非常想念陛下，所以回来看望陛下，即日就让他返回邺城。"

石宏、石堪也未多言，只得离开皇宫，但已没有办法离开襄国，只能居于襄国的府第之中。

数日后，石勒问石虎："秦王等人返回驻防之地了吗？"

石虎说道："当日即返，现正在途中了吧。"

石虎不仅控制了襄国，还控制冀州。当时冀州刺史正是石虎的儿子齐王石邃，石虎利用冀州境内出现蝗灾之机，命石邃率三千兵马在灾区巡逻，目的是为了加强襄国郊外的防卫，并可随时投入战斗。

七月，石勒的病情越发严重，留下遗诏道："朕崩之后，三日即葬，给朕穿平常的衣服入殓，载用普通的车辆，不要用金银财宝、器具玩物陪葬。下葬之后，王宫内外僚属即除去丧服，不得耽误政事。朕丧期间，不要禁止婚嫁、祭祀、饮酒、食肉，各地驻军将领和地方官员不得擅离职守前来奔丧。太子与各位兄弟要和睦友善，司马氏乃是前车之鉴。太子幼弱，恐不能荷承朕之志向以继续大业，中山王要三思汉朝周勃、霍光之事，切勿成为后世的话柄。文武百官要尽忠职守，不要违背朕之旨意。"

七月二十一日，石勒病逝，年60岁，在位15年。三日之后的深夜，石勒被安葬在山谷之中，无人知晓其处。随后，又以盛大的仪式将一口空棺材安葬在襄国城南，陵墓称高平陵。石勒的谥号为明皇帝，庙号为高祖。

《资治通鉴》的编写者司马光评价石勒道："勒以渊聪残隶，崛起阜（读音如皂）枥之间，连百万之众，横行天下，靳（读音如斫）丧晋室。东擒苟晞、北取王浚、西逐刘琨、南举兖豫，皆如俯拾地芥。刘曜席战胜之威，长驱伊洛，有并吞山东之志，勒举鞭一麾，曜惛（读音如昏）然就缚，遂兼其国，奄有中区，羌氏咸服其才，不有过人者能如是乎？"

《晋书》对石勒的评价也很高："石勒出自羌渠，见奇丑类。闻鞞（同鼙）上党，季子鉴其非凡；倚啸洛城，夷甫识其为乱。及惠皇失统，宇内崩离，遂乃招聚蚁徒，乘间煽祸，虔刘我都邑，翦害我黎元。朝市沦胥，若沈航于鲸浪；王公颠仆，譬游魂于龙漠。岂天厌晋德而假兹妖孽者欤！观其对敌临危，运筹贾勇，奇谋间发，猛气横飞。远嗤魏武，则风情慷慨；近答刘琨，则音词偃傥。焚元超于苦县，陈其乱政之愆；戮彭祖于襄国，数以无君之罪。于是跨蹑燕、赵，并吞韩、魏，杖奇材而窃徽号，拥旧都而抗王室，褫（读音如尺）毯裘，袭冠带，释介胄，开庠序，邻敌惧威而献款，绝域承风而纳贡，则古之为国，曷以加诸！虽曰凶残，亦一时杰也。而托授非所，贻厥无谋，身陨嗣灭，业归携养，斯乃知人之暗焉。"这里所说的季子即郭敬，夷甫即王衍，元超即司马越，彭祖即王浚。

十二、身患重病，石勒去世

附　录

西晋十九州

西晋王朝行政区划分为州、郡、县，与郡同等的还有国。一个州分若干郡国，一个郡国分若干县。州的最高官职称牧或刺史，郡的最高官职为太守，国的最高官职为内史，县的最高官职为县令或县长（大县称令、小县称长）。

西晋王朝共设十九个州，一百七十三个郡国。东北地区有平州，关东地区有幽州、并州、冀州、青州、兖州、豫州、徐州、司州，关西地区有雍州、秦州，河西地区有凉州。在西南地区有梁州、益州、宁州，在南方有扬州、荆州以及广州、交州。以下十九州所设郡国及户口数目，取自《晋书》。

平州共五个郡国：昌黎郡、辽东国、乐浪郡、玄菟（读音如图）郡、带方郡，人口18100户；

幽州共七个郡国：范阳国、燕国、北平郡、上谷郡、广宁郡、代郡、辽西郡，人口59020户；

冀州共十三个郡国：赵国、巨鹿国、安平国、平原国、乐陵国、渤海郡、章武国、河间国、高阳国、博陵郡、清河国、中山国、常山郡，人口326000户；

并州共六个郡国：太原国、上党郡、西河国、乐平郡、雁门郡、新兴郡，人口59300户；

司州共十二个郡：河南郡、荥阳郡、弘农郡、上洛郡、平阳郡、河东郡、汲郡、河内郡、广平郡、阳平郡、魏郡、顿丘郡，人口475700户；

豫州共十个郡国：颖川郡、汝南郡、襄城郡、汝阴郡、梁国、沛国、谯郡、鲁郡、弋阳郡、安丰郡，人口116796户；

青州共七个郡国：齐国、北海郡、济南郡、乐安国、城阳郡、东莱国、长广郡，人口53000户；

兖州共八个郡国：陈留国、濮阳国、济阳郡、高平国、任城国、东平国、济北国、泰山郡，人口83300户；

徐州共七个郡国：彭城国、下邳国、东海郡、琅琊国、东莞郡、广陵郡、临淮郡，人口81021户；

扬州共十八个郡：丹杨郡、宣城郡、淮南郡、庐江郡、毗陵郡、吴郡、吴兴郡、会稽郡、东阳郡、新安郡、临海郡、建安郡、晋安郡、豫章郡、临川郡、鄱阳郡、庐陵郡、南康郡，人口311400户；

荆州共二十二个郡国：江夏郡、南郡、襄阳郡、南阳国、顺阳郡、义阳郡、新城郡、魏兴郡、上庸郡、建平郡、宜都郡、南平郡、武陵郡、天门郡、长沙郡、衡阳郡、湘东郡、零陵郡、邵陵郡、桂阳郡、武昌郡、安成郡，人口357548户；

雍州共七个郡：京兆郡、冯翊郡、扶风郡、安定郡、北地郡、始平郡、新平郡，人口99500户；

秦州共六个郡：陇西郡、南安郡、天水郡、略阳郡、武都郡、阴平郡，人口32100户；

凉州共八个郡：金城郡、西平郡、武威郡、张掖郡、西郡、酒泉郡、敦煌郡、西海郡，人口30700户；

梁州共八个郡：汉中郡、梓潼郡、广汉郡、新都郡、涪陵郡、巴郡、巴西郡、巴东郡，人口76300户；

益州共八个郡：蜀郡、犍（读音如前）为郡、汶山郡、汉嘉郡、江阳郡、朱提（读音如书时）郡、越嶲（读音如西）郡、牂（读音如臧）柯郡，人口149300户；

宁州共四个郡：云南郡、兴古郡、建宁郡、永昌郡，人口83000户；

广州共十个郡：南海郡、临贺郡、始安郡、始兴郡、苍梧郡、鬱（音义同郁）林郡、桂林郡、高凉郡、高兴郡、宁浦郡，人口43120户；

交州共七个郡：合浦郡、交阯郡、新昌郡、武平郡、九真郡、九德郡、日南郡，人口25600户。

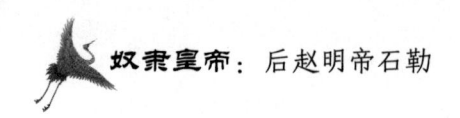

石勒"十八骑"

公元302年至公元303年，是西晋惠帝太安年间，石勒遭遇饥荒，沦为奴隶。石勒当时将近30岁。"十八骑"都是石勒沦为奴隶后结交的人，其中不少是胡人。一开始有八个人跟着石勒，他们是王阳、夔安、支雄、冀保、吴豫、刘膺、桃豹、逯明。后来又有十个人前来投奔，他们是郭敖、刘徵、刘宝、张曀仆、呼延莫、郭黑略、张越、孔苌、赵鹿、支屈六。石勒一开始带着"十八骑"到处抢劫，还把所抢财物送给牧马场的牧率汲桑。公元305年七月，石勒带着"十八骑"追随汲桑投入军旅生涯，之后的历程分为两大阶段。

第一阶段是公元305年七月，到公元312年秋。这一阶段，石勒四处作战，居无定所，七年下来并无一处占领之地。由于石勒亲自带领兵马，"十八骑"一直跟随，没有机会单独领兵出战。这一阶段有三次提到"十八骑"，主要是夔安与支雄。呼延莫、王阳、桃豹、逯明、吴豫只是提到名字，并无史事记载。

第二阶段是公元312年秋，到公元333年七月石勒去世。这一阶段，石勒坐镇襄国，派将四处作战，开疆拓土，建立后赵直到鼎盛。由于石勒运筹帷幄，各将领得到四处作战的机会，但此时除了"十八骑"，后来加入的将领也不少，而且能征善战，"十八骑"的战功反而不明显。尽管如此，有七个人的记载仍相对较多，他们是王阳、夔安、支雄、桃豹、逯明、郭敖、刘徵。

石勒去世后，儿子石弘继位，侄子石虎控制朝政，不久夺取帝位。这一阶段，"十八骑"有的被杀，有的反而得到重用。左仆射郭敖就被降为将领，后又被杀害。夔安、桃豹、支雄、逯明便得到重用，但逯明因劝谏石虎被杀。

从"十八骑"的名字第一次出现，王阳的名字就排在第一位，让人猜想"十八骑"中，王阳可能最受石勒信任。其实王阳在史书中出现次数并不多，官职也不是最大，攻城略地的战功也不显赫。但王阳能够辅佐世子石弘镇守邺城，说明王阳是石勒非常器重的人。

郭敖是"十八骑"中第二批来投的，也算是领头的一位。郭敖在石勒时期，官至尚书左仆射，仅次于尚书令石虎，可以说是"十八骑"中官职最大的一个，当然那时王阳可能已经去世。郭敖在"十八骑"中官职最大、资历最老也许正是石虎夺位后要杀其的原因之一。

夔安在石勒时期官至尚书，并未得到高度重视，而在石虎时期却得到异常器重。从夔安与石勒在葛陂的对话，可以看出夔安是个谨慎的人，也许这样的人在君主变换时不仅能够保身，还能得到重用。

桃豹在石虎时期可以说是"十八骑"中第二个被器重的人。桃豹在石勒时期官至豫州刺史，石虎时期参加灭亡辽西段氏之战，最后官至太保。在那个短命王国迭出、史料难以保存的战乱时期，能够和夔安一样被明确记载去世日期，实属难得。

赵鹿在后赵的末期出任太宰，也许那时"十八骑"只有他这一位了。赵鹿经过石虎时期以及最后三年的内乱，不仅能够保住身家性命，还能出任太宰这样的高职，确实不同寻常，可惜史书记述甚简。

王　阳（？—？），王阳在石勒称王建赵前，任游击将军。公元319年十一月，石勒称王建赵，王阳与支雄兼门臣祭酒，专门负责胡人的诉讼。公元322年十月，石勒准备夺取黄河以南，派王阳屯兵豫州，伺机而动。后来，王阳又任骁骑将军。公元326年十月，石勒派石弘代替石虎镇守邺城，让王阳专门统管六夷来辅

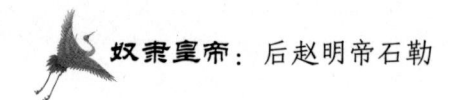

佐。石勒认为不是太平之世，不能只教石弘文章，还让王阳教石弘刺杀之术。王阳可能在石勒时期就去世了，因为石虎夺位后，史书上一直没有出现王阳。

夔　安（？—340），公元312年三月，石勒屯兵葛陂，大雨三月不止，军中饥疫，又面临被琅琊王司马睿讨伐，石勒处于历史选择关头。夔安此时为中坚将军，劝石勒"就高避水"，石勒说夔安"何其怯乎"。十二月，石勒刚到襄国不久，游纶、张豺拥众数万据守苑乡听命于幽州刺史王浚。石勒派夔安、支雄等七位将领前往攻打，攻破外垒。夔安后又任左司马。公元330年二月，石勒称天王，任命夔安为尚书。石虎夺位后，夔安先任守尚书令，又任太尉，后又被加授为太保，可以说是群官之首。公元335年秋，石虎从襄国迁都至邺城，祭告祖庙的仪式就由夔安主持。公元337年正月，夔安等人劝石虎称帝，二月，石虎称天王。公元339年八月，夔安率五位将领、七万步骑兵出征荆州、扬州北部，对东晋北伐派主动出击。夔安官至尚书令，于公元340年九月去世。

支　雄（？—？），公元312年三月，石勒屯兵葛陂，大雨三月不止，军中饥疫，又面临被琅琊王司马睿讨伐，石勒处于历史选择关头。支雄等三十余将请求主动出击，得到石勒的赞赏。石勒从葛陂北上途经枋头时，向冰集结数千部众据守枋头，成为石勒北上的障碍。支雄、孔苌奉命偷渡黄河并抢得向冰船只，石勒部众得以击败向冰并顺利通过枋头。十二月，石勒刚到襄国不久，游纶、张豺拥众数万据守苑乡听命于幽州刺史王浚。石勒派夔安、支雄等七位将领前往攻打，攻破外垒。石勒消灭幽州刺史王浚后，派支雄到廪丘攻打兖州刺史刘演，被刘演打败。刘演又派部将韩弘、潘良袭击顿丘，杀了石勒任命的太守邵攀。支雄又追击韩弘、潘良，并杀了潘良。甯黑二次背叛，石勒派支雄、逯明在东武阳打败甯黑，甯黑投黄河而死，其部众一万余人被迁至襄国。公元319年十一月，石勒称王建赵，中垒将军支雄、游击将军王阳同兼门臣祭酒，专门负责胡人的诉讼。公元338年初，石虎从水陆两路攻打辽西段氏鲜卑，陆路由支雄为龙骧大将军、姚弋仲为冠军将军，率步骑兵三万为前锋，立下战功。此后，史书再无有关支雄的记载。

冀　保（？—？），史书中只提一次名字，没有任何史事记载。

吴　豫（？—？），史书中只提两次名字，没有任何史事记载。

刘　膺（？—？），史书中只提一次名字，没有任何史事记载。

桃　豹（？—339），历任魏郡太守、豫州刺史，官至太保。公元313年四月，石勒派石虎攻打邺城，先任命桃豹为魏郡太守，后改由石虎任魏郡太守。公元319年，石勒派石虎南下与祖逖交锋，担心胜算不足，又派桃豹南下。后来石虎在蓬关击退祖逖，桃豹就驻守蓬关。公元320年七月，桃豹被祖逖击败撤离蓬关，向北退至东燕城，黄河以南为祖逖收复。公元328年十一月，石勒亲率大军援救洛阳，并传令豫州刺史桃豹率部参与二赵洛阳决战。公元338年初，石虎水陆两路攻打辽西段氏鲜卑，水路由桃豹任横海将军，可惜没有详细记载。桃豹后来一直在京任职，官至太保，于公元339年十二月初七去世。

逯　明（？—345），并州刺史刘琨派司马温峤讨伐山胡，石勒派逯明截击，在潞城打败温峤。逯明又在茌平攻打甯黑，甯黑归降。接着，逯明又攻克了东燕、酸枣，把二万户归降的百姓迁到襄国。后来甯黑又叛，石勒再派支雄、逯明在东武阳打败甯黑，甯黑投黄河而死，部众一万余人被迁至襄国。石虎在位期间，逯明官至金紫光禄大夫。公元345年正月，逯明因劝石虎不要修建长安、洛阳二宫，不要大围猎场，不要征集天下美女而被石虎残忍地杀害。

郭　敖（？—334），公元328年十一月，左长史郭敖与右长史程遐劝谏石勒不要前往洛阳与汉赵国决战，石勒手按剑柄怒斥二人。

公元330年二月，石勒称天王，任命郭敖为尚书左仆射。公元334年四月，石虎派其子章武王石斌与郭敖攻打北羌王薄句大。郭敖在追击薄句大时，深入马兰羌境内，部众死伤十之七八。石虎得知后，派使前往军中，将郭敖杀害。

刘　徵（？—？），公元323年八月，石勒派石虎到青州广固攻打曹嶷时，刘徵以青州刺史的身份一同前往。石虎攻克广固后，准备杀尽曹嶷部众，刘徵极力劝阻才保留七百男女。刘徵曾两次从海路南下攻打东晋的扬州。第一次是公元330年五月，刘徵率数千人乘船到扬州境内的南沙县，斩南沙县都尉许儒。第二次是公元331年正月，刘徵再次乘船南下，到达扬州境内的娄县、武进一带，被东晋驻守京口的徐州刺史郗鉴击败逐走。石勒认为不是太平之世，不能只教石弘文章，曾让刘徵、任播教石弘兵法。刘徵可能在石勒时期就去世了，因为石虎夺位后，史书上一直没有出现刘徵。

刘　宝（？—？），史书中只提一次名字，没有任何史事记载。

张曀仆（？—？），史书中只提一次名字，没有任何史事记载。

呼延莫（？—？），史书中只提两次名字，没有任何史事记载。

郭黑略（？—？），史书中提及很少，所载之事只有一件。郭黑略在《晋书·石勒载记》中只提到一次名字，并无史料记载。在《晋书·佛图澄传》中却多次提到郭黑略，说郭黑略总能预先知道出征结果，石勒很为惊奇，后来一问才知郭黑略军中有一僧人叫佛图澄，能掐会算。石虎继位后，派郭黑略领兵征讨北山羌，兵败沦陷，佛图澄率众僧祈祷得脱，这让人怀疑史书把他与郭敖搞错了。

张　越（？—？），史书中提及很少，所载之事只有一件。张越后来成为石勒的姐夫，任广威将军。一次，张越与诸将博戏，石勒前往观看。张越与石勒戏言，冒犯了石勒；石勒命人折断他的胫骨而杀了他。

孔　苌（？—？），史书中只提一次名字，没有任何史事记载。

赵　鹿（？—？），史书中提及很少，所载之事只有一件。赵鹿是"十八骑"中最后一个还提到的人，但也只提一次。公元349年冬天，石闵杀胡，赵鹿等人从邺城逃往襄国投奔石祗。公元351年四月，赵鹿与石祗一起被已经向冉闵投降的将领刘显杀害，后赵灭亡。赵鹿那时官至太宰。

支屈六（？—？），史书中提及很少，所载之事只有一件。支屈六在史书上只提及其一次名字。公元319年十一月，劝石勒称王的人中有个左司马张屈六，可能就是支屈六。

奴隶皇帝：后赵明帝石勒

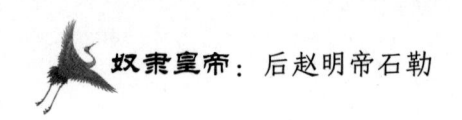

石勒的文官武将

东晋明帝太宁三年（325）六月，后赵国的领地已经完全拥有幽州、并州、冀州、青州、兖州，而豫州、徐州、司州的大部也已经归属后赵国。后赵国向南推进到淮河一线，逼近东晋的荆、扬二州。为表彰功臣，赵王石勒将三十九名佐命功臣的姓名刻在石函之上，再将石函置于建德前殿。遗憾的是，史书上未能详细记载这三十九名功臣的姓名。

"十八骑"："十八骑"多为胡人，都是石勒沦为奴隶后结交的人。一开始有八个人跟着石勒，他们是王阳、夔安、支雄、冀保、吴豫、刘膺、桃豹、逯明。后来又有十个人前来投奔，他们是郭敖、刘徵、刘宝、张曀仆、呼延莫、郭黑略、张越、孔苌、赵鹿、支屈六。详见附录《石勒"十八骑"》。

张　宾（？—322），字孟孙，赵郡人，中山太守张瑶之子。张宾是石勒的谋主，是十六国时期著名的谋士。公元309年四月，张宾投奔石勒，担任军功曹，专门负责人才选拔举荐。公元310年十月，石勒打算雄居江汉，张宾劝石勒北上，石勒没有采纳，但从此让张宾专管军中之事，任命张宾为参军都尉、兼记室，级别仅次于司马。公元312年二月，张宾、石勒在葛陂对策，开启了石勒事业的重要阶段。公元319年十一月，石勒称王建立后赵国，任命张宾为大执法，总管朝政，位居百官之首。张宾为官清廉，谦虚谨慎，任人唯贤，礼贤下士，深受石勒和群臣的尊重。石勒对张宾只称"右侯"，不叫他的名字。公元322年十二月，张宾去世，追赠散骑常侍、右光禄大夫、开府仪同三司，谥号为景。房玄龄评价张宾，"机不虚发，算无遗策"，成就石勒基业，张宾功不可没。

石 虎（295—349），石勒的侄儿。公元311年，石虎来到石勒军中。公元313年四月，石虎攻占邺城，担任魏郡太守。此后，石虎四处征战，为后赵国立下汗马功劳。十八年间，石虎南擒刘岳、北逐索头、东平齐鲁、西定秦雍，为后赵国夺取的领地最多。公元319年十一月，石勒称王建立后赵国，任命石虎为单于元辅、都督禁卫诸军事，加授骠骑大将军、侍中、开府仪同三司，封中山公。公元330年二月，石勒称天王，任命石虎为太尉、守尚书令，封中山王。公元333年七月，石勒病逝，石虎接受顾命，辅佐石弘。公元334年十一月，石虎贬石弘为海阳王，自称居摄天王。公元337年二月，石虎称天王。公元349年初，石虎称帝，不久病逝。石虎在位期间暴虐无道，曾经攻打前燕、前凉，均无战果。石虎去世后，后赵国大乱，直至灭亡。

孔 苌（？—？），石勒重要将领之一，多次出战，战功显赫。孔苌与十八骑中的"孔豚"是不是一个人，史书记载不详。史书第一次提到孔苌，是在公元309年四月。石勒当时正在冀州一带作战，前来投奔的将领、士大夫很多，石勒专门设置"君子营"，提到孔苌等人为"爪牙"。公元313年五月，孔苌攻破定陵，杀死王浚任命的兖州刺史田徽。公元319年四月，孔苌北征，夺取幽州。公元321年三月，孔苌与石虎擒获段匹磾、段文鸯兄弟，完全夺取冀州。这是史书最后一次提到孔苌。

石 会（？—？），本名张匐督，匈奴人。张匐督与冯莫突在上党境内聚众称部大，不接受汉赵国的招降。公元307年九月，石勒前来劝说张訇督，一同投奔汉赵国。石勒让张訇督更名为石会，意为二石相会。二人还结拜为兄弟，石勒称石会为兄长。公元318年八月，石会随石勒前往平阳讨伐靳准。十二月，石勒攻入平阳城，派石会与从事中郎裴宪重新整修刘渊、刘聪墓，收殓隐帝刘粲以下一百余人的尸体埋葬。这是史书中最后一次提到石会。

张伏利度（？—？），乌桓人。张伏利度在乐平郡境内聚众为首领，不接受汉赵国的招降。石勒投奔汉赵国，奉汉王刘渊之命，于公元307年十一月，将张伏利度招降。关于张伏利度，在史书中只提到一次。

张　敬（？—？），石勒的左长史。史书上首次提到张敬，是在公元309年四月。公元318年八月，石勒前往平阳讨伐靳准，张敬率五千骑兵为前锋。公元320年五月，徐龛向石勒求救，石勒派王步都前往援救，再派左长史张敬为王步都的后援。徐龛杀王步都背叛石勒，石勒传令张敬扼守险要，等待援兵。八月，石虎率四万步骑兵前来，徐龛再度投降。这是史书最后一次提到张敬，此后的左长史为"十八骑"之一的郭敖。

刁　膺（？—？），史书上首次提到刁膺，是在公元309年四月，担任石勒的右长史。公元312年二月，因所出计策不妥，石勒在葛陂将刁膺降为将军，之后在史书上再未提及刁膺，此后的左长史为张宾。

程　遐（？—333），程遐投奔石勒的时间不详，可能迟于张宾。程遐曾任冀州长乐郡太守、宁朔将军、监冀州七郡诸军事，后到襄国担任右司马。程遐的妹妹程氏嫁与石勒为妃，并于公元314年生子石弘。张宾去世后，程遐担任右长史。公元326年十月，程遐建议由石弘镇守邺城，石虎痛恨并报复程遐。公元330年二月，石勒称天王，任命程遐为尚书右仆射兼吏部尚书。程遐曾劝石勒除掉石虎，以防石勒去世后，危害石弘，石勒没有采纳。公元333年七月，石勒病逝，其子石弘继位，石虎逼迫石弘将程遐杀害。

徐　光（？—333），徐光投奔石勒的时间不详，可能是在石勒据守襄国之后投奔而来，迟于张宾。公元314年三月，石勒攻打幽州刺史王浚时，徐光作为记室参军随行。公元326年三月，石勒前往苑乡视察，召徐光随行，徐光因醉酒迟迟未至，被石勒降为牙门官。不久，徐光见到石勒，捋起衣袖，不屑一顾。石勒怒问徐光为何如此愤愤不平，徐光不予理睬。石勒大怒，将徐光及其妻儿一同囚于狱中。公元328年十一月，石勒打算前往洛阳与与汉赵国皇帝刘曜决战，众臣大都劝阻。石勒想到徐光，于是赦免徐光，召徐光问策。徐光赞同石勒亲征。公元330年二月，石勒称天王，任命徐光为中书令，兼秘书监。徐光也曾劝石虎除掉石虎，以绝后患，石勒没有采纳。公元333年七月，石勒病逝，其子石弘继位，石虎逼迫石弘将徐光杀害。

石　佗（？—325），在《晋书》上写作石他。石佗是不是羯族人，与石勒是什么关系，什么时候来到石勒军中，史书上记载不详。公元322年十月，石佗任征虏将军，南进豫州境内作战。豫州刺史祖约派将军卫荣在谯郡的鄼县与石佗交战，不敌被擒，祖约南撤至扬州境内的淮南郡。石佗后来北上并州，驻守雁门郡。公元325年三月，石佗从雁门出兵，西渡黄河奔袭上郡境内的北羌王盆句除，俘获盆句除三千余蓬帐部众，百万头牲畜，回师雁门。汉赵国皇帝刘曜派中山王刘岳追击石佗。石佗不敌刘岳，阵亡。

石　生（？—333），石生是不是羯族人，与石勒是什么关系，什么时候来到石勒军中，史书上记载不详。公元320年二月，东晋司州刺史李矩攻打洛阳城西北角的金墉城，驻守在此的汉赵国左中郎将宋始、振威将军宋恕不敌，弃守金墉城，向后赵国投降。石勒派将领石生前往接应宋始、宋恕。宋始等人又向李矩投降，石生攻打并俘虏宋始。公元324年二月，石生向驻屯新安的汉赵国将领尹平发起攻击，二赵正式兵戎相见。石生主要在司州、雍州以及秦州境内作战。公元330年二月，石勒称天王，封石生为河东王，镇守长安。公元333年七月，石勒病逝，其子石弘继位。十月，石生起兵勤王，讨伐石虎。石生部将杀害石生，向石虎投降。

石　聪（？—333），石聪本是汉人，被石勒收为义子。公元324年春天，石生在康城战败，石聪前去增援。这是史书首次提到石聪，石聪当时是汲郡内史，相当于太守。公元325年六月，石聪击败东晋司州刺史李矩，后赵国完全占领司州。公元326年十一月，石聪攻打寿春的祖约，劫掠逡遒、阜陵，威逼东晋都城建康。公元328年七月，石聪、石堪攻克寿春，祖约南逃历阳。十一月，石勒增援洛阳的石生，准备与汉赵国皇帝刘曜决战，调石聪、石堪等率部前往会战。公元333年七月，石勒病逝，石弘继位。正在谯城的石聪与谯郡太守彭彪向东晋投降，东晋朝廷派都护乔球率兵前去接应石聪。接应兵马尚未到达，石虎就派人将石聪等人杀害。

石　堪（？—333），本名田堪，因不断取得战功，被石勒收为养子。公元328年四月，石堪攻占南阳。七月，石堪与石聪攻克寿春，祖约南逃历阳。十一月，石勒增援洛阳的石生，准备与汉赵国皇帝刘曜决战，调石聪、石堪等率部前往会战。十二月，石堪擒获刘曜。公元330年二月，石勒称天王，封石堪为彭城王。公元333年五月，石勒病重，石虎假传圣旨将石堪召回襄国。七月，石勒病逝，其子石弘继位。八月，石堪和刘太后一起谋划除掉石虎，准备拥立南阳王石恢起兵勤王。九月，石堪攻打兖州，不胜，逃到谯城，在城父被石虎部将郭太俘虏。石虎将石堪活活烧死。

石　瞻（300—328），石瞻本姓冉名瞻，又名冉良，司州魏郡内黄人。冉瞻祖先曾任汉朝黎阳骑都督，世代为牙门将。冉瞻本是"乞活"军陈午的将领。公元311年，石勒率部攻打陈午时，冉瞻作战勇猛，阵前观战的石勒非常惊奇，脱口赞道："此儿勇健可嘉！"那年冉瞻12岁。石勒击败陈午、擒获冉瞻。石勒后来将冉瞻交给侄儿石虎，让石虎收为养子，更名为石瞻，担任将兵都尉。公元324年正月，石瞻横扫徐州北部四郡。公元325年四月，石瞻击败并杀死东晋兖州刺史檀斌。公元326冬天，石瞻攻克株城、兰陵。公元328年七月，石瞻随石虎攻打汉赵国的河东郡。八月，在高侯原与汉赵国皇帝刘曜兵马激战，石瞻阵亡。石瞻有子石闵，建立冉魏国，恢复本名冉闵，消灭后赵国。

石　越（？—318），石越是不是羯族人，与石勒是什么关系，什么时候来到石勒军中，史书上记载不详。公元316年七月，石勒派石越率领两万名骑兵进入上党境内，收容逃难百姓，有二十万户流民归附。公元318年五月，幽州刺史段匹磾被堂弟段末杯攻打，离开幽州南下冀州，打算投奔冀州刺史邵续，石勒派石越在盐山阻截，段匹磾只得再回幽州。石越被流箭射中而死，石勒极为伤心，三个月不听乐声，追赠石越为平南将军。

临　深（？—？），开始为王弥堂弟王桑的长史。公元312年四月，赵固、王桑听说王弥被石勒杀害，担心也被吞并，便准备回到汉赵国的都城平阳。赵固、王桑在硖硚津西渡黄河。王桑担心受到魏郡太守刘演的截击，便将临深送给刘演的叔父、并州刺史刘琨做人质。六月，赵固、王桑到达怀县，又想重归汉赵国，而临深与另一将领牟穆却带领一万人投奔刘演。七月，石勒从葛陂北上经过邺城时，临深、牟穆又向石勒投降。石勒让临深担任参军，后又出任渤海郡太守。后赵国消灭汉赵国后，临深镇守上邽，出任秦州刺史，成为后赵国的边疆大吏。公元330年九月，临深派长史管光攻打背叛后赵国的休屠王石羌。公元333年十二月，石生部将郭权来到上邽，与石虎对抗，未见临深的记载。

· 249 ·

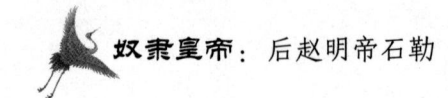

王　波（？—344），开始为牙门将。公元326年十二月，石勒升王波为记室参军，让王波先"典定九流"，再制定选拔秀才、孝廉的"试经之制"。石勒特别注重教育，不仅设有太学，还有小学。石勒还很注重考试在教育以及选官中的作用，而王波正是负责制定考试制度。石虎在位期间，王波任中书令。公元340年，后赵国与成汉国发生矛盾，石虎贬王波。公元344年，石虎腰斩王波。

西晋君王及年号

公元	皇帝	年号	重要事件	备注
265	武帝司马炎	泰始元年	十二月,曹魏皇帝曹奂禅位给司马炎,司马炎建立西晋,改元泰始。	
266	武帝司马炎	泰始二年		
267	武帝司马炎	泰始三年		
268	武帝司马炎	泰始四年		
269	武帝司马炎	泰始五年		
270	武帝司马炎	泰始六年		
271	武帝司马炎	泰始七年		
272	武帝司马炎	泰始八年		
273	武帝司马炎	泰始九年		
274	武帝司马炎	泰始十年		
275	武帝司马炎	咸宁元年	正月初一,改元咸宁。	
276	武帝司马炎	咸宁二年		
277	武帝司马炎	咸宁三年		
278	武帝司马炎	咸宁四年		

续表1

公元	皇帝	年号	重要事件	备注
279	武帝司马炎	咸宁五年		
280	武帝司马炎	咸宁六年 太康元年	三月，消灭东吴，天下一统，四月改元太康，开启十年"太康之治"。	
281	武帝司马炎	太康二年		
282	武帝司马炎	太康三年		
283	武帝司马炎	太康四年		
284	武帝司马炎	太康五年		
285	武帝司马炎	太康六年		
286	武帝司马炎	太康七年		
287	武帝司马炎	太康八年		
288	武帝司马炎	太康九年		
289	武帝司马炎	太康十年		
290	武帝司马炎 惠帝司马衷	太熙元年 永熙元年	正月初一，改元太熙。四月，司马炎病逝，子司马衷继位，改元永熙。	
291	惠帝司马衷	永平元年 元康元年	正月初一，改元永平。三月初八，皇后贾南风与楚王司马玮合谋，发动禁卫军政变，杀死辅政大臣杨骏。三月初九，改元元康。六月，贾南风杀害汝南王司马亮、楚王司马玮，开始掌管朝政大权。为"八王之乱"第一阶段。	贾南风掌权

续表2

公元	皇帝	年号	重要事件	备注
292	惠帝司马衷	元康二年		贾南风掌权
293	惠帝司马衷	元康三年		贾南风掌权
294	惠帝司马衷	元康四年		贾南风掌权
295	惠帝司马衷	元康五年		贾南风掌权
296	惠帝司马衷	元康六年		贾南风掌权
297	惠帝司马衷	元康七年		贾南风掌权
298	惠帝司马衷	元康八年		贾南风掌权
299	惠帝司马衷	元康九年	十二月，贾南风废太子司马遹。	贾南风掌权
300	惠帝司马衷	永康元年	正月初一，改元永康。三月，贾南风杀司马遹。四月，赵王司马伦联合齐王司马冏杀死贾南风。"八王之乱"第二阶段开始。	司马伦掌权

续表3

公元	皇帝	年号	重要事件	备注
301	惠帝司马衷	永宁元年	正月初九，司马伦废司马衷，自立为帝，改元建始。三月，司马冏起兵讨伐司马伦。四月初九，改元永宁。四月十三日，司马伦自杀。六月，司马冏入京辅政。	司马冏掌权
302	惠帝司马衷	永宁二年 太安元年	是年底，河间王司马颙起兵讨伐司马冏。十二月，长沙王司马乂为内应，并杀死司马冏，掌权，改元太安。	司马乂掌权
303	惠帝司马衷	太安二年	七月，司马颙与成都王司马颖讨伐司马乂。	司马乂掌权
304	惠帝司马衷	太安三年 永安元年 建武元年 永兴元年	正月二十六日，东海王司马越擒获司马乂，改元永安，司马颖以皇太弟的身份在邺城掌权。七月，司马越挟司马衷攻邺城，被司马颖击败，司马衷被俘入邺城，改元建武。八月，并州、幽州联军攻破邺城，司马颖挟司马衷回洛阳。十一月，司马颙部将张方挟司马衷、司马颖前往长安，朝政由长安的司马颙掌控。改元永安。十二月，改元永兴。	司马颖掌权
305	惠帝司马衷	永兴二年	七月，司马越起兵讨伐司马颙。	司马颙掌权

续表4

公元	皇帝	年号	重要事件	备注
306	惠帝司马衷 怀帝司马炽	永兴三年 光熙元年	六月，司马越的勤王军迎司马衷回到洛阳，改元光熙，"八王之乱"结束。十一月十八日，司马衷去世，十一月二十一日，司马衷弟司马炽继位。	司马越掌权
307	怀帝司马炽	永嘉二年	正月初二，改元永嘉。	司马越掌权
308	怀帝司马炽	永嘉三年		司马越掌权
309	怀帝司马炽	永嘉四年		司马越掌权
310	怀帝司马炽	永嘉五年		司马越掌权
311	怀帝司马炽	永嘉六年	311年三月，司马越去世。六月，司马炽被俘至汉赵国。	
312	怀帝司马炽	永嘉七年		
313	愍帝司马邺	永嘉八年 建兴元年	二月，汉赵国杀害司马炽。四月，司马炽侄司马邺在长安被拥立为帝，改元建兴。	
314	愍帝司马邺	建兴二年		
315	愍帝司马邺	建兴三年		
316	愍帝司马邺	建兴四年	十一月，汉赵国消灭西晋，司马邺被俘。	

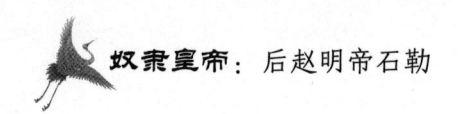

东晋君王及年号

公元	皇帝	年号	重要事件
317	元帝司马睿	建武元年	三月，司马睿称晋王，改元建武。十二月，汉赵国杀害司马邺（西晋愍帝）。
318	元帝司马睿	建武二年 太兴元年	三月，司马睿称帝，改元太兴，亦作大兴。
319	元帝司马睿	太兴二年	
320	元帝司马睿	太兴三年	
321	元帝司马睿	太兴四年	
322	元帝司马睿 明帝司马绍	永昌元年	正月初一，改元永昌。正月十四日，"王敦之乱"爆发。闰十一月初十，司马睿病逝，子司马绍继位。
323	明帝司马绍	永昌二年 太宁元年	三月初一，改元太宁。
324	明帝司马绍	太宁二年	七月，"王敦之乱"结束。

续表1

公元	皇帝	年号	重要事件
325	明帝司马绍 成帝司马衍	太宁三年	闰八月，司马绍去世，子司马衍继位。司马衍只有5岁，由王导与庾亮辅政，庾亮是司马衍的舅舅。
326	成帝司马衍	太宁四年 咸和元年	二月，改元咸和。
327	成帝司马衍	咸和二年	十月，"苏峻之乱"爆发。
328	成帝司马衍	咸和三年	
329	成帝司马衍	咸和四年	二月，"苏峻之乱"结束。
330	成帝司马衍	咸和五年	
331	成帝司马衍	咸和六年	
332	成帝司马衍	咸和七年	
333	成帝司马衍	咸和八年	
334	成帝司马衍	咸和九年	
335	成帝司马衍	咸康元年	正月初一，司马衍15岁，行加冠礼，改元咸康。
336	成帝司马衍	咸康二年	
337	成帝司马衍	咸康三年	
338	成帝司马衍	咸康四年	
339	成帝司马衍	咸康五年	七月十八日，丞相王导去世。庾亮弟弟庾冰入朝辅政。
340	成帝司马衍	咸康六年	正月初一，庾亮逝世。
341	成帝司马衍	咸康七年	

续表2

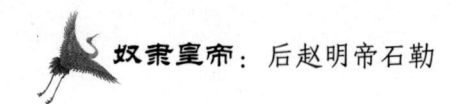

公元	皇帝	年号	重要事件
342	成帝司马衍 康帝司马岳	咸康八年	六月初八，司马衍逝世。六月初九，司马衍弟司马岳继位。
343	康帝司马岳	建元元年	正月，改元建元。
344	康帝司马岳 穆帝司马聃	建元二年	九月二十六日，司马岳病逝。九月二十七日，司马岳子司马聃继位（2岁）。十一月初九，庾冰病逝。
345	穆帝司马聃	永和元年	正月初一，改元永和。
346	穆帝司马聃	永和二年	
347	穆帝司马聃	永和三年	三月，安西将军桓温消灭成汉国。
348	穆帝司马聃	永和四年	
349	穆帝司马聃	永和五年	
350	穆帝司马聃	永和六年	
351	穆帝司马聃	永和七年	
352	穆帝司马聃	永和八年	
353	穆帝司马聃	永和九年	三月初三，王羲之写出天下第一行书：《兰亭序》。
354	穆帝司马聃	永和十年	正月，桓温掌控朝政大权。
355	穆帝司马聃	永和十一年	
356	穆帝司马聃	永和十二年	
357	穆帝司马聃	升平元年	正月初一，司马聃15岁，行加冠礼，改元升平。

续表3

公元	皇帝	年号	重要事件
358	穆帝司马聃	升平二年	
359	穆帝司马聃	升平三年	
360	穆帝司马聃	升平四年	
361	穆帝司马聃 哀帝司马丕	升平五年	五月二十二日，司马聃去世。五月二十五日，司马衍子司马丕继位。
362	哀帝司马丕	隆和元年	正月二十日，改元隆和。
363	哀帝司马丕	隆和二年 兴宁元年	二月，改元兴宁。
364	哀帝司马丕	兴宁二年	
365	哀帝司马丕 废帝司马奕	兴宁三年	二月二十二日，司马丕去世。次日，司马丕弟司马奕继位。
366	废帝司马奕	太和元年	
367	废帝司马奕	太和二年	
368	废帝司马奕	太和三年	
369	废帝司马奕	太和四年	
370	废帝司马奕	太和五年	
371	废帝司马奕 简文帝司马昱	太和六年 咸安元年	十一月十五日，大司马桓温废黜司马奕，立司马睿子司马昱为帝。
372	简文帝司马昱	咸安二年	七月二十八日，司马昱病逝，子司马曜继位。
373	孝武帝司马曜	宁康元年	正月初一，改元宁康。七月十四日，桓温病逝。两个月后，谢安开始辅政。

续表4

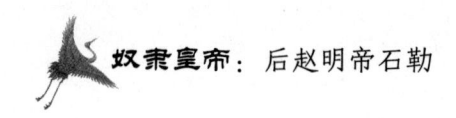

公元	皇帝	年号	重要事件
374	孝武帝司马曜	宁康二年	
375	孝武帝司马曜	宁康三年	
376	孝武帝司马曜	太元元年	正月初一，司马曜15岁，行加冠礼。正月初三，改元太元。
377	孝武帝司马曜	太元二年	
378	孝武帝司马曜	太元三年	
379	孝武帝司马曜	太元四年	
380	孝武帝司马曜	太元五年	
381	孝武帝司马曜	太元六年	
382	孝武帝司马曜	太元七年	
383	孝武帝司马曜	太元八年	十月至十一月，前秦、东晋淝水之战。
384	孝武帝司马曜	太元九年	
385	孝武帝司马曜	太元十年	八月二十二日，谢安逝世。
386	孝武帝司马曜	太元十一年	
387	孝武帝司马曜	太元十二年	
388	孝武帝司马曜	太元十三年	
389	孝武帝司马曜	太元十四年	
390	孝武帝司马曜	太元十五年	
391	孝武帝司马曜	太元十六年	
392	孝武帝司马曜	太元十七年	
393	孝武帝司马曜	太元十八年	
394	孝武帝司马曜	太元十九年	

续表5

公元	皇帝	年号	重要事件
395	孝武帝司马曜	太元二十年	
396	孝武帝司马曜 安帝司马德宗	太元二十一年	九月二十日，司马曜被害。九月二十一日，皇太子司马德宗继位。司马道子、司马元显父子辅政。
397	安帝司马德宗	隆安元年	正月初一，司马德宗16岁，行加冠礼，改元隆安。
398	安帝司马德宗	隆安二年	
399	安帝司马德宗	隆安三年	
400	安帝司马德宗	隆安四年	
401	安帝司马德宗	隆安五年	
402	安帝司马德宗	元兴元年 隆安六年 大亨元年	正月初一，下诏讨伐荆州刺史桓玄（桓温之子），改元元兴。二月，桓玄在江陵起兵。三月，桓玄攻至都城建康。三月初四，恢复隆安年号，任命桓玄为丞相。三月初五，改元大亨。桓玄后辞让丞相，担任太尉。
403	安帝司马德宗 楚武悼帝桓玄	永始元年	十二月初三，桓玄篡位，国号为楚，改元永始。
404	楚武悼帝桓玄 安帝司马德宗	永始二年 元兴三年	二月，建武将军刘裕起兵勤王。五月，桓玄被杀，司马德宗复位，使用元兴年号。

续表6

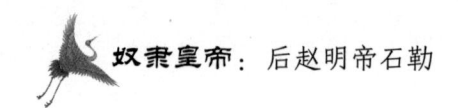

公元	皇帝	年号	重要事件
405	安帝司马德宗	义熙元年	正月十六日，改元义熙。
406	安帝司马德宗	义熙二年	
407	安帝司马德宗	义熙三年	
408	安帝司马德宗	义熙四年	
409	安帝司马德宗	义熙五年	
410	安帝司马德宗	义熙六年	二月，刘裕消灭南燕。
411	安帝司马德宗	义熙七年	
412	安帝司马德宗	义熙八年	
413	安帝司马德宗	义熙九年	
414	安帝司马德宗	义熙十年	
415	安帝司马德宗	义熙十一年	
416	安帝司马德宗	义熙十二年	
417	安帝司马德宗	义熙十三年	八月，刘裕消灭后秦。
418	安帝司马德宗 恭帝司马德文	义熙十四年	十二月十七日，宋公刘裕杀害司马德宗，立司马德宗的弟弟司马德文为帝。
419	恭帝司马德文	元熙元年	正月初一，改元元熙。
420	恭帝司马德文	元熙二年	六月，司马德文禅位给宋王刘裕，东晋灭亡。

成汉国君王及年号

公元	皇帝	年号	重要事件
304	武帝李雄	建兴元年	十月，李雄称成都王，改元建兴，无国号。
305	武帝李雄	建兴二年	
306	武帝李雄	建兴三年 晏平元年	六月，李雄称帝，改元晏平，国号为成。
307	武帝李雄	晏平二年	
308	武帝李雄	晏平三年	
309	武帝李雄	晏平四年	
310	武帝李雄	晏平五年	
311	武帝李雄	晏平六年 玉衡元年	正月十七日，改元玉衡。
312	武帝李雄	玉衡二年	
313	武帝李雄	玉衡三年	
314	武帝李雄	玉衡四年	
315	武帝李雄	玉衡五年	
316	武帝李雄	玉衡六年	

续表1

公元	皇帝	年号	重要事件
317	武帝李雄	玉衡七年	
318	武帝李雄	玉衡八年	
319	武帝李雄	玉衡九年	
320	武帝李雄	玉衡十年	
321	武帝李雄	玉衡十一年	
322	武帝李雄	玉衡十二年	
323	武帝李雄	玉衡十三年	
324	武帝李雄	玉衡十四年	
325	武帝李雄	玉衡十五年	
326	武帝李雄	玉衡十六年	
327	武帝李雄	玉衡十七年	
328	武帝李雄	玉衡十八年	
329	武帝李雄	玉衡十九年	
330	武帝李雄	玉衡二十年	
331	武帝李雄	玉衡二十一年	
332	武帝李雄	玉衡二十二年	
333	武帝李雄	玉衡二十三年	
334	武帝李雄 哀帝李班 废帝李期	玉衡二十四年	六月，李雄病逝，传侄不传子，侄李班继位。十月，李雄子李越杀李班，拥立兄弟李期继位。
335	废帝李期	玉恒元年	正月初一，改元玉恒。
336	废帝李期	玉恒二年	
337	废帝李期	玉恒三年	

续表2

公元	皇帝	年号	重要事件
338	废帝李期 昭文帝李寿	玉恒四年 汉兴元年	四月，李雄侄李寿起兵夺位，改国号为汉，改元汉兴。
339	昭文帝李寿	汉兴二年	
340	昭文帝李寿	汉兴三年	
341	昭文帝李寿	汉兴四年	
342	昭文帝李寿	汉兴五年	
343	昭文帝李寿	汉兴六年	八月，李寿去世，子李势继位。
344	李势	汉兴七年 太和元年	
345	李势	太和二年	
346	李势	太和三年 嘉宁元年	
347	李势	嘉宁二年	三月，东晋将领桓温攻入成都，李势投降，成汉灭亡。

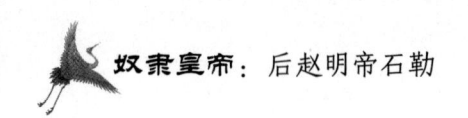

汉赵国君王及年号

公元	皇帝	年号	重要事件
304	光文帝刘渊	元熙元年	十月,刘渊称汉王,国号为汉,改元元熙。
305	光文帝刘渊	元熙二年	
306	光文帝刘渊	元熙三年	
307	光文帝刘渊	元熙四年	
308	光文帝刘渊	元熙五年 永凤元年	十月初三,刘渊称帝,改元永凤。
309	光文帝刘渊	河瑞元年	正月初一,汉赵国迁都平阳,改元河瑞。
310	光文帝刘渊 刘和 昭武帝刘聪	河瑞二年 光兴元年	七月十八日,刘渊病逝,子刘和继位。刘和在位6天,被兄弟刘聪杀害。刘聪继位,改元光兴。
311	昭武帝刘聪	光兴二年 嘉平元年	六月,汉赵国攻陷洛阳,俘虏晋怀帝司马炽。六月二十一日,刘聪大赦,改元嘉平。
312	昭武帝刘聪	嘉平二年	

续表4

公元	皇帝	年号	重要事件
313	昭武帝刘聪	嘉平三年	
314	昭武帝刘聪	嘉平四年	
315	昭武帝刘聪	嘉平五年 建元元年	三月,改元建元。
316	昭武帝刘聪	建元二年 麟嘉元年	十一月,汉赵国俘虏晋愍帝司马邺,刘聪改元麟嘉。
317	昭武帝刘聪	麟嘉二年	
318	昭武帝刘聪 隐帝刘粲 刘曜	麟嘉三年 汉昌元年 光初元年	七月,刘聪病逝,子刘粲继位,改元汉昌。八月,刘粲被靳准杀死。十月,刘渊侄刘曜继位,改国号为赵,改元光初。
319	刘曜	光初二年	
320	刘曜	光初三年	
321	刘曜	光初四年	
322	刘曜	光初五年	
323	刘曜	光初六年	
324	刘曜	光初七年	
325	刘曜	光初八年	
326	刘曜	光初九年	
327	刘曜	光初十年	
328	刘曜	光初十一年	十二月,后赵国、汉赵国决战洛阳,刘曜被俘。
329	太子刘熙	光初十二年	九月,石虎俘虏汉赵国太子刘熙,汉赵国灭亡。

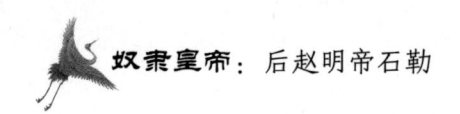

后赵国君王及年号

公元	皇帝	年号	重要事件
319	明帝石勒	赵王元年	十一月,石勒称赵王,改元为赵王元年。
320	明帝石勒	赵王二年	
321	明帝石勒	赵王三年	
322	明帝石勒	赵王四年	
323	明帝石勒	赵王五年	
324	明帝石勒	赵王六年	
325	明帝石勒	赵王七年	
326	明帝石勒	赵王八年	
327	明帝石勒	赵王九年	
328	明帝石勒	赵王十年 太和元年	二月,石勒改元太和。十二月,后赵国、汉赵国决战洛阳,汉赵国皇帝刘曜被俘。
329	明帝石勒	太和二年	九月,后赵国消灭汉赵国。
330	明帝石勒	太和三年 建平元年	二月,石勒称天王。九月,石勒称帝,改元建平。
331	明帝石勒	建平二年	
332	明帝石勒	建平三年	

续表1

公元	皇帝	年号	重要事件
333	明帝石勒 海阳王石弘	建平四年	七月，石勒病逝，子石弘继位。
334	海阳王石弘 武帝石虎	延熙元年	正月，后赵国改元延熙。十一月，石虎贬石弘为海阳王，自任居摄天王。
335	武帝石虎	建武元年	年初，石虎改元建武。
336	武帝石虎	建武二年	
337	武帝石虎	建武三年	二月，石虎称天王。
338	武帝石虎	建武四年	
339	武帝石虎	建武五年	
340	武帝石虎	建武六年	
341	武帝石虎	建武七年	
342	武帝石虎	建武八年	
343	武帝石虎	建武九年	
344	武帝石虎	建武十年	
345	武帝石虎	建武十一年	
346	武帝石虎	建武十二年	
347	武帝石虎	建武十三年	
348	武帝石虎	建武十四年	
349	武帝石虎 石世 石遵 石鉴	太宁元年	年初，石虎称帝，改元太宁。四月，石虎病逝，子石世继位。五月，石虎子石遵废石世（在位21天），登基。十一月，石闵派兵俘虏石遵（在位183天），拥立石虎子石鉴继位。

续表2

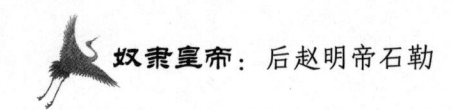

公元	皇帝	年号	重要事件
350	石鉴 石祗	青龙元年 永宁元年	正月，石闵改名李闵，改元青龙。闰正月，李闵杀石鉴（在位103天），自己称帝建国，改元永兴，国号为魏，史称冉魏。不久，李闵又恢复本姓，称冉闵。三月，石虎子石祗称帝，改元永宁，与冉魏对抗。
351	石祗	永宁二年	二月，石祗又改称赵王。四月，石祗被杀，后赵国灭亡。

前凉国君王及年号

公元	君王	年号	重要事件
314	昭王张寔	建兴二年（永安元年）	正月，朝廷任命散骑常侍张轨为凉州刺史。西晋建兴二年五月，张轨病逝，子张寔继位。十月，朝廷任命张寔为凉州刺史、西平公。张寔对外使用西晋年号"建兴"，对内使用自己的年号"永安"。
315	昭王张寔	建兴（永安）	
316	昭王张寔	建兴（永安）	
317	昭王张寔	建兴（永安）	
318	昭王张寔	建兴（永安）	三月，张寔不用东晋年号（东晋元帝太兴元年），仍用西晋年号建兴，对内使用自己的年号。
319	昭王张寔	建兴（永安）	
320	昭王张寔 成王张茂	建兴（永安） 建兴（永元）	六月，张寔被杀，弟张茂被拥立为凉州刺史、西平公，对外仍然使用西晋建兴年号，对内使用自己的年号永元。
321	成王张茂	建兴（永元）	
322	成王张茂	建兴（永元）	

续表1

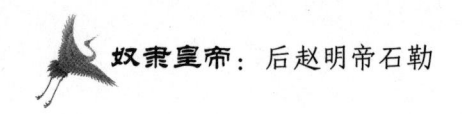

公元	君王	年号	重要事件
323	成王张茂	建兴（永元）	汉赵国任命张茂为凉州牧、封凉王。
324	成王张茂 文王张骏	建兴十二年（太元元年）	五月，张茂病逝，传位张寔子张骏。五月，张骏自称官职凉州牧、西平公。汉赵国任命张骏为凉州牧、封凉王。张骏对外仍然使用西晋建兴年号，对内使用自己的年号太元。
325	文王张骏	建兴（太元）	
326	文王张骏	建兴（太元）	
327	文王张骏	建兴（太元）	
328	文王张骏	建兴（太元）	
329	文王张骏	建兴（太元）	
330	文王张骏	建兴（太元）	九月，接受后赵国石勒的任命：凉州牧、武威公。
331	文王张骏	建兴（太元）	
332	文王张骏	建兴（太元）	
333	文王张骏	建兴（太元）	
334	文王张骏	建兴（太元）	
335	文王张骏	建兴（太元）	
336	文王张骏	建兴（太元）	
337	文王张骏	建兴（太元）	
338	文王张骏	建兴（太元）	
339	文王张骏	建兴（太元）	

续表2

公元	君王	年号	重要事件
340	文王张骏	建兴（太元）	
341	文王张骏	建兴（太元）	
342	文王张骏	建兴（太元）	
343	文王张骏	建兴（太元）	
344	文王张骏	建兴（太元）	
345	文王张骏	建兴（太元）	
346	文王张骏 桓王张重华	建兴（太元） 建兴（永乐）	五月，张骏去世，子张重华继位，自称凉州牧、西平公、假凉王。张重华对外仍然使用西晋建兴年号，对内使用自己的年号永乐。
347	桓王张重华	建兴（永乐）	
348	桓王张重华	建兴（永乐）	
349	桓王张重华	建兴（永乐）	
350	桓王张重华	建兴（永乐）	
351	桓王张重华	建兴（永乐）	
352	桓王张重华	建兴（永乐）	
353	桓王张重华 哀王张耀灵 威王张祚	建兴（永乐）	十一月，张重华病逝，子张耀灵继位，称凉州刺史、西平公。十二月，张祚夺位，称凉州牧、凉公。
354	威王张祚	和平元年	正月，张祚称帝，改元和平，不再使用建兴年号。

续表2

公元	君王	年号	重要事件
355	威王张祚 冲王张玄靓	和平二年 建兴（太始）	闰九月，张祚被杀，张玄靓被拥立为凉州牧、西平公，对外继续使西晋建兴年号（建兴四十三年），对内使用自己的年号太始。
356	冲王张玄靓	建兴（太始）	
357	冲王张玄靓	建兴（太始）	
358	冲王张玄靓	建兴（太始）	
359	冲王张玄靓	建兴（太始）	六月，取消凉王称号，只称凉州刺史。（东晋永昌二年以来，对内一直称凉王）。
360	冲王张玄靓	建兴（太始）	
361	冲王张玄靓	建兴（太始） 升平（太始）	十二月，不再使用西晋建兴年号（建兴四十九年），开始使用东晋升平年号（升平五年），东晋朝廷任命张玄靓为凉州刺史、西平公，对内仍然使用自己的年号太始。
362	冲王张玄靓	升平（太始）	
363	冲王张玄靓 悼公张天锡	升平（太始） 升平（太清）	闰八月，张玄靓被杀，张天锡继位，自称凉州牧、西平公，对外使用东晋升平年号，对内使用自己的年号太清。
364	悼公张天锡	升平（太清）	
365	悼公张天锡	升平（太清）	

续表3

公元	君王	年号	重要事件
366	悼公张天锡	升平（太清）	
367	悼公张天锡	升平（太清）	
368	悼公张天锡	升平（太清）	
369	悼公张天锡	升平（太清）	
370	悼公张天锡	升平（太清）	
371	悼公张天锡	升平（太清）	
372	悼公张天锡	升平（太清）	
373	悼公张天锡	升平（太清）	
374	悼公张天锡	升平（太清）	
375	悼公张天锡	升平（太清）	
376	悼公张天锡	升平（太清）	八月，前秦消灭前凉，俘虏张天锡。

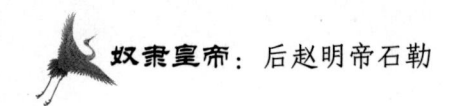

十六国简介

十六国时期开始于公元304年十月,结束于公元439年九月,前后整整一百三十五年。从历史朝代来看,十六国时期开始于西晋,历经东晋,直到南北朝开始后才结束。十六国主要由五胡建立,因此也称"五胡十六国"。

十六国时期主要分为三个阶段,每个阶段大致四十五年。

第一阶段是公元304年至公元349年。这一阶段先后出现的十六国政权有成汉、汉赵、后赵、前凉与前燕。汉赵(也称前赵)作为始乱中原者,最终被后赵取代。后赵雄踞中原,势力最强;成汉固守巴蜀,前凉在河西走廊,前燕在东北辽东。这一时期,后赵的石勒当为第一雄主,石虎虽然凶暴,但仍能维持后赵的霸主地位;成汉的李雄、前凉的张骏、前燕的慕容皝都雄据一方,但未能称霸天下。

第二阶段是公元350年至公元394年。这一阶段十六国政权有前凉、前燕、前秦以及淝水之战后出现的后燕、后秦、西秦与后凉。这一时期,前燕的慕容儁虽然消灭冉魏夺得中原,可惜英年早逝,其国虽在慕容恪辅佐下达到极盛,然而随着慕容恪的病逝,其国又盛极而衰。前秦的苻坚当为第二阶段的第一雄主,其在丞相王猛的辅佐下富国强兵,最终消灭前燕。前凉、仇池、代国只固守一隅,最终也被前秦消灭。前秦统一北方后,苻坚发动淝水之战,以图消灭东晋,一统天下,结果惨遭失败,致使前秦四分五裂。前秦分裂出的后燕、后秦、西秦、后凉以及北魏等国，经过十一年的混战，最终瓜分前秦，苻坚则被囚禁、杀害。

第三阶段是公元395年至公元439年。这一阶段十六国政权共有十个：后燕、后秦、西秦、后凉四国在前秦淝水战败后就纷纷建立，南燕、北燕、胡夏、南凉、北凉、西凉六国，则在后燕、后秦、后凉三国基础上继续分裂而建立。在此时期，后燕、后秦曾称霸一方，南凉、北凉、西秦、胡夏也在小范围内先后崛起。历经四十五年的混战，北魏最终统一北方，十六国全部退出历史舞台。

以下为简表：

序号	国名	民族	君主人数	首任君主	末任君主	国祚	国都	亡于
1	汉赵	匈奴	6	刘渊	刘熙	汉304－318年	平阳	后赵
						赵318－329年	长安	
2	后赵	羯	6	石勒	石祗	319－351年	襄国 邺城	冉魏
3	成汉	巴氐	5	李雄	李势	成306－338年	成都	东晋
						汉338－347年		
4	前凉	汉	8	张寔	张天锡	314－376年	姑臧	前秦
5	前燕	鲜卑	3	慕容儁	慕容暐	337－370年	龙城 邺城	前秦
6	前秦	氐	6	苻健	苻崇	351－394年	长安	后秦、西秦
7	后燕	鲜卑	7	慕容垂	慕容熙	384－407年	中山	北燕
8	后秦	羌	3	姚苌	姚泓	384－417年	长安	东晋

续表1

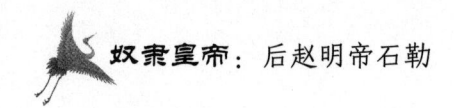

序号	国名	民族	君主人数	首任君主	末任君主	国祚	国都	亡于
9	西秦	鲜卑	4	乞伏国仁	乞伏暮末	385－400年	金城	后秦
						409－431年		胡夏
10	后凉	氐	4	吕光	吕隆	389－403年	姑臧	后秦
11	南凉	鲜卑	3	秃发乌孤	秃发傉檀	397－414年	乐都	西秦
12	北凉	匈奴	5	段业	沮渠牧犍	397－439年	张掖	北魏、柔然
13	南燕	鲜卑	3	慕容德	慕容超	398－410年	广固	东晋
14	西凉	汉	3	李暠	李恂	400－421年	敦煌	北凉
15	胡夏	匈奴	3	赫连勃勃	赫连定	407－431年	统万城	吐谷浑、北魏
16	北燕	高句丽	3	高云	冯弘	407－436年	和龙	北魏